Inhaltsverzeichnis

Vorschlag zur Stoffverteilung

Woche	*Lerninhalte*
1–4	Rechnen bis 100 (Wiederholung); Sachaufgaben
5–7	Die Einmaleinsreihen mit 3, 6, 9 und 7
8–9	Sachaufgaben und Zahlenrätsel
10–15	Die Zahlen bis 1000, Addition und Subtraktion mit H und HZ
16	Geometrie: Quader, Würfel, Kugel
17–19	Addition und Subtraktion mit HZE; Sachaufgaben
20	Kommaschreibweise bei DM und Pf; Sachaufgaben
21	Multiplikation und Division mit 10; Zehnereinmaleins
22	Multiplikation von zweistelligen Zahlen; Sachaufgaben
23–24	Längenmaße m, cm, mm, dm; Sachaufgaben
25–28	Schriftliche Addition; Runden
29–30	Geometrie: Symmetrie; Sachaufgaben
31–33	Schriftliche Subtraktion; Sachaufgaben
34	Gewichtsmaße g, kg, t
35–36	Halbschriftliche Multiplikation (Wiederholung) und Division
37	Der Kilometer; Sachaufgaben
38	Hohlmaße l und hl; Sachaufgaben

Vorwort

Dieses Lehrerhandbuch setzt die im 2. Schuljahr begonnene Arbeit fort (*Silvia Regelein:* Der gesamte Mathematikunterricht im 2. Schuljahr. München 1990, Oldenbourg Verlag). Es will eine Hilfe sein für einen nach dem derzeitigen Stand der Mathematikdidaktik ausgerichteten und zugleich kindgemäßen Unterricht, unabhängig davon, in welchem (Bundes-)Land Sie unterrichten, und auch unabhängig vom verwendeten Mathematikbuch für die Schüler. So will Sie das Buch anregen,

- Vorgaben zu reflektieren und sich von unnötigen Vorgaben zu lösen: *Mut zur Lücke!*
- den Lernstoff mit inhaltlicher und sprachlicher Systematik und Klarheit zu erarbeiten und in abwechslungsreichen Formen zu üben: *Mut zur Gründlichkeit!*
- den Lernstoff handelnd, lebendig und spielerisch zu erarbeiten und zu üben: *Mut zu entdeckendem Lernen!*
- die Umwelt-, Alltags- und Spielerfahrungen der Kinder aufzugreifen und den Mathematikunterricht sinnvoll mit den anderen Lernbereichen zu verbinden: *Mut zu einem integrativen Unterricht!*
- die Lernvoraussetzungen jedes Kindes zu ermitteln, seinen Lernstand sorgfältig zu beobachten und es entsprechend zu fördern: *Mut zu einem individualisierenden Unterricht!*

Zusammenfassend also: *Mut zu einem Unterricht, der den Kindern und der Lehrerin gleichermaßen Spaß macht!*

In diesem Buch haben wir unsere Erfahrungen zusammengestellt, die wir in mehr als 20 Jahren in der Grundschule sammeln durften. Vielleicht klingt manchmal die Freude durch, wenn uns etwas gelungen erscheint. Sie wissen selbst, daß vieles trotz besten Bemühens nicht auf Anhieb glückt, sondern erst nach mehreren Anläufen. Wir wollen mit unserem Buch keinen „Königsweg" aufzeigen, sondern Ihnen in der Praxis erprobte Anregungen für Ihre individuelle Unterrichtsplanung liefern.

- Der *Lehrgang* zeigt den methodischen Weg auf, der in kleinen, leicht zu bewältigenden Lernschritten zu den Jahreszielen führt. Dabei sollen Lernschwierigkeiten möglichst vermieden werden, denn dies ist besser, als sie später ausbügeln zu müssen.
- Wichtig erschien uns das detaillierte *Aufzeigen von Rechenwegen* und eine einprägsame grafische Darstellung. Denn alles Üben nützt nichts, wenn der Rechenweg nicht verstanden wurde.
- Damit Sie aus dem „Vollen" schöpfen und auswählen können, haben wir *zahlreiche Übungsmöglichkeiten, Zusatzangebote und auch spielerische*

Lernformen zusammengestellt, sicher mehr als in der zur Verfügung stehenden Zeit realisiert werden können.

- Auch die vielen *Kopiervorlagen für Arbeitsblätter* wollen Sie nicht gängeln, sondern zeigen: So kann man's machen. Einerseits sollen die Arbeitsblätter abwechslungsreich sein, andrerseits dürfen sie das Kind nicht überfordern. Ferner sollten auf einem Arbeitsblatt vorwiegend die Übungen angeboten werden, die die Kinder nicht selbst ins Heft schreiben können, sei es aus Zeitgründen, oder sei es wegen zu schwieriger Darstellungsformen. Die ganzseitigen Arbeitsblätter im Buch können Sie nach Vergrößerung unmittelbar im Unterricht verwenden. Sie können sich jedoch auch durch Kopieren und Zusammenkleben einzelner Aufgaben neue Arbeitsblätter und Arbeitskarten zusammenstellen.
- Im *Stoffverteilungsplan* finden Sie Zeitrichtwerte, die Ihnen den Überblick über das Schuljahr erleichtern wollen.
- Recht ausführlich mag Kapitel 1 erscheinen. Doch werden hier neben der Wiederholung grundlegende Arbeits- und Sozialformen dargestellt, auf die wir uns später immer wieder beziehen.

So ist das Buch aus der Praxis für die Praxis geschrieben. Es will zeigen, wie zugleich Rechenfertigkeit und Rechenfähigkeit, also denkendes Rechnen, entwickelt werden können. Viele haben mit ihren Fragen, Meinungen und Ideen an der allmählichen Entstehung des Buches mitgewirkt: „unsere" vielen Schülerinnen und Schüler sowie ihre Eltern, die uns immer wieder herausgefordert haben, unseren Unterricht zu überdenken und zu verbessern; erfahrene und junge Kolleginnen, mit denen wir sowohl Mißerfolge und Zweifel besprechen konnten, aber auch gemeinsam nach neuen Wegen suchten; und schließlich auch unsere Töchter, die uns Schule aus dem Blickwinkel der Mutter miterleben ließen.
Allen danken wir. Wir danken auch dem Verlag für die in langen Jahren bewährte Zusammenarbeit und all den Mitarbeitern, die an der Entstehung dieses Buches mitgewirkt haben.

Nürnberg, im Sommer 1992

Silvia Regelein
Margit Hagen

1. Rechnen bis 100

1.1 Unser Hunderterteppich

Ziele

- Zerlegen von Zahlen in Zehner und Einer
- Lokalisieren von Zahlen im (leeren) Hundertergitter
- Unterscheiden von geraden und ungeraden Zahlen
- Genaues Zeichnen mit dem Lineal (Geometrie)

Material

Hunderterteppich: Dazu wird auf zwei ausrangierte Bettlaken (ca. 150 × 200 cm) mit schwarzem Filzstift jeweils ein halbes Hundertergitter gezeichnet (vgl. AB 3, Größe eines Feldes, ca. 20 × 30 cm).
Für jedes Kind ein kariertes Heft DIN A 4 (ohne Rand), eine Zahlkarte („Verwechslungszahlen“ wie 37 und 73, 46 und 64...) sowie die Zahlkarten 1 und 100; ein Zeigestock, eine Schachtel, Klebstreifen

* *Spiel „Schlapp hat seinen Hut verloren“*
  Die Kinder setzen sich im Kreis auf den im Zimmer ausgebreiteten Hunderterteppich. Jedes erhält eine *Zahlkarte,* merkt sich seine Zahl und hält die Karte so vor sich, daß die anderen die Zahl gut lesen können. Ein Kind, z. B. mit der Zahl 37, beginnt und sagt: „Schlapp hat seinen Hut verloren, 37 hat ihn nicht, 49 (Zahl eines beliebigen Kindes) hat ihn.“ Dieses Kind muß nun sofort antworten: „Schlapp hat seinen Hut verloren, 49 hat ihn nicht, ... hat ihn.“ Wer sich dabei verspricht, muß ein Pfand abgeben.

* *Zerlegen und Lokalisieren von Zahlen*
  Die Lehrerin legt auf den *Hunderterteppich* die Zahlen 1 und 100 auf, während sich die Kinder hinter dem letzten Zehner im doppelten oder dreifachen Halbkreis versammeln. Die erste Reihe sitzt auf dem Boden, die zweite auf dem Stuhl und die dritte steht. Nacheinander legen die Kinder ihre Zahlkarte auf das richtige Feld und sprechen z. B. dazu: 73 = 7 Zehner plus 3 Einer. Wenn alle Zahlkarten ausliegen, zeigt ein Kind mit dem *Zeigestock* auf die in einer Reihe nicht belegten Zahlen und benennt diese. Das nächste Kind benennt in der nächsten Reihe die Zahlen ohne Zahlkarte usf. Dabei können schon die ersten Pfänder durch richtiges Benennen wieder ausgelöst werden. Danach setzen sich die Kinder an ihren Platz.

* *Unterscheiden von geraden und ungeraden Zahlen*
  Lehrerin: Alle Kinder, die eine gerade Zahl hatten, dürfen ihre Karte holen und an die Tafel kleben.

Wiederholen: Gerade Zahlen haben als Einer die Ziffern 2, 4, 6, 8 oder 0. Gerade Zahlen können wir halbieren und durch 2 teilen. (Mit richtigen Antworten können wiederum Pfänder ausgelöst werden!) Danach kleben die Kinder die Karten mit ungeraden Zahlen an die andere Seitentafel.

∗ *Der erste Hefteintrag*

Die Kinder nehmen ihr „großes" *Rechenheft* (Merkheft, Regelheft) her und sollen schätzen, wie viele Seiten es hat. Dann numerieren sie die Seiten und schreiben die Zahl oben in die Mitte oder in die äußere Ecke.

Hinweis: Das Numerieren der Seiten hat sich in jedem Heft als günstig erwiesen und erleichtert die schriftliche Kommunikation, z. B.: Auf S... hast Du schöner geschrieben. Auf S... fehlt noch etwas.

Nun wird besprochen, wie grundsätzlich alle *Hefteinträge* anzufertigen sind:

- Kopfzeile: (Rechenbuch) Seite ... Nr. ... und Datum
- Überschrift oder Hausaufgabe
- Jede Ziffer und jedes Zeichen wird in ein Kästchen geschrieben.
- Zwischen jeder Zeile bleibt eine Kästchenreihe frei.
- Wenn zwei „Aufgabenpäckchen" nebeneinander geschrieben werden, bleiben zwischen den Päckchen zwei Kästchen frei.
- Alle Striche werden mit dem Lineal gezogen, und zwar mit Bleistift oder Farbstift, keinesfalls mit Füller (Tinte verwischt!).

Tafelanschrift: Meine Hundertertafel

Vor den Augen der Kinder zeichnet die Lehrerin zwei waagrechte Reihen des Hundertergitters (ohne Zahlen) mit je 10 Feldern. Ein Feld an der Tafel hat jeweils vier Kästchen.

Auftrag: Schreibe die Überschrift ab und zeichne mit dem Lineal zehn solche Reihen mit je zehn Feldern. Jedes Feld soll vier Kästchen haben. Trage dann die Zahlen von der Tafel mit Bleistift richtig ein!

Für fertige Kinder hat die Lehrerin entweder eine Einzelarbeit vorbereitet, oder diese setzen sich auf den Hunderterteppich und lösen von der Lehrerin gestellte *Zahlenrätsel* wie z. B.: Welche von unseren Zahlen ist um 5 größer als 68? ... um 5 kleiner als 42?

∗ *Hausaufgabe und Weiterführung*

a) Eintragen der restlichen Zahlen im Heft mit Füller
b) Zerlegen der mit Bleistift eingetragenen Zahlen in Zehner und Einer
c) Aufschreiben von Einer- und Zehnernachbarn zu den „Bleistiftzahlen"
d) Ergänzen jeder „Bleistiftzahl" auf 100

An der *Tafel* wird ein Beispiel vorgegeben:

Zerlegen	Nachbarzahlen	Ergänzen auf 100
73 = 70 + 3	70 | 72 | 73 | 74 | 80	73 + □ = 100

1.2 Anfangstest

Die Aufgaben auf Arbeitsblatt 1 und 2 sind eine kurze Zusammenfassung des Stoffs im zweiten Schuljahr. So müßte eigentlich jedes Kind sie als Voraussetzung für das Lernen im dritten Schuljahr richtig lösen können. Es werden nur Grundkenntnisse abgefragt, so daß sich weiterreichende Fähigkeiten kaum daran erkennen lassen, wenngleich fehlerlose Lösungen, kurze Arbeitszeit und saubere Anfertigung diese vermuten lassen. Deshalb wird dieser Test auch nicht benotet. Als Mindestleistung wird das richtige Lösen von etwa zwei Dritteln der Aufgaben (also ca. 36 Punkte) angesehen. Wird diese Schwelle unterschritten, erscheint ein erfolgreiches Lernen im dritten Schuljahr äußerst fraglich.

Zu den Aufgaben:	*Bewertungsvorschlag:*
① Zerlegen von zweistelligen Zahlen Für jede richtige Zahl im Kästchen ¼ Punkt, also 11 × ¼ P.	2¾ P.
② Vergleichen von Zahlen und Termen 2 × ¼ P. + 4 × ½ P.	2½ P.
③ Plus- und Minusaufgaben ohne Zehnerübergang Platzhalter am Ende 4 × ¼ P. Platzhalter nicht am Ende 8 × ½ P.	5 P.
④ Plus- und Minusaufgaben mit Zehnerübergang Platzhalter am Ende 4 × ¼ P. Platzhalter nicht am Ende 8 × ½ P.	5 P.
⑤ Einfache Sachaufgabe mit vorgegebener Frage je 1 P. für Ansatz, Lösung, Antwort	3 P.
⑥ Einfache Sachaufgabe ohne Frage je 1 P. für Frage, Ansatz, Lösung, Antwort	4 P.
⑦ Messen: Je ¼ P. für Richtigkeit und Genauigkeit	1 P.
⑧ Malaufgaben: Je ¼ P. für Lösung und für die richtigen Tausch- und Umkehraufgaben, also 20 × ¼ P.	5 P.
⑨ Mal- und Geteiltaufgaben: 12 × ½ P.	6 P.
⑩ Ergänzen der Vielfachen von 5, 2, 4, 8: 28 × ¼ P.	7 P.
⑪ Einfache Sachaufgabe mit Frage	3 P.
⑫ Einfache Sachaufgabe ohne Frage	4 P.
⑬ Halbieren und Verdoppeln: 22 × ¼ P.	5½ P.
Summe:	53¾ P.

Nach einer sorgfältigen *Fehleranalyse* legt die Lehrerin nun das Ausmaß und die Art der Wiederholung des Rechnens bis 100 fest. Erfahrungsgemäß sind häufig Lernlücken festzustellen

- beim Zehnerübergang,
- beim Verdoppeln und Halbieren
- sowie bei den Einmaleinsreihen.

Name:	Datum:	AB 1

Ich zeige, was ich aus dem 2. Schuljahr noch kann.

1 Zerlege in Zehner und Einer!

94 = 90 + ☐ 18 = ☐ + ☐ 35 = ☐ + ☐

49 = ☐ + ☐ 81 = ☐ + ☐ 53 = ☐ + ☐

2 Vergleiche die Zahlen und setze > oder < ein!

27 ◯ 72 20 + 30 ◯ 60 80 – 50 ◯ 20

84 ◯ 48 30 + 60 ◯ 100 100 – 40 ◯ 50

3

83 + 4 = ☐ 32 + ☐ = 37 ☐ + 6 = 69

99 – 5 = ☐ 48 – ☐ = 43 ☐ – 3 = 35

64 + 36 = ☐ 26 + ☐ = 100 ☐ + 22 = 86

78 – 52 = ☐ 57 – ☐ = 30 ☐ – 65 = 12

4

58 + 5 = ☐ 37 + ☐ = 43 ☐ + 7 = 96

24 – 6 = ☐ 74 – ☐ = 66 ☐ – 9 = 44

45 + 39 = ☐ 16 + ☐ = 51 ☐ + 28 = 76

92 – 48 = ☐ 83 – ☐ = 29 ☐ – 55 = 17

5 In der Klasse 3a sind 28 Kinder, in der Klasse 3b 29 Kinder. Wie viele Kinder sind es zusammen?

R ____________________ A ____________________

6 In der Klasse 4a und 4b sind zusammen 52 Kinder. Davon sind 27 Kinder in der Klasse 4b.

F ____

R ____________________ A ____________________

7 Miß mit dem Lineal und zeichne rot ein!

7 cm |____

12 cm |____

Von ___ Punkten ___ Punkte erreicht	Arbeitszeit: Etwa ___ Min.

Name:	Datum:	AB 2

Ich zeige, was ich aus dem 2. Schuljahr noch kann.

8 T Tauschaufgaben — U Umkehraufgaben

7 · 10 = ☐	T	______	4 · 10 = ☐	U	______
9 · 5 = ☐	T	______	7 · 5 = ☐	U	______
3 · 4 = ☐	T	______	6 · 2 = ☐	U	______
9 · 2 = ☐	T	______	9 · 4 = ☐	U	______
6 · 8 = ☐	T	______	7 · 8 = ☐	U	______

9

☐ · 4 = 28	☐ · 8 = 32	12 : 3 = ☐	72 : 8 = ☐
☐ · 2 = 14	☐ · 8 = 64	25 : 5 = ☐	40 : 8 = ☐
☐ · 5 = 30	☐ · 2 = 16	24 : 4 = ☐	15 : 5 = ☐

10 Wie heißen die fehlenden Zahlen?

5	10								50
20	18								2
4	8								40
8	16								80

11 In der Klasse 2b sitzen die 28 Kinder in Vierergruppen. Wie viele Vierergruppen sind es?

R ______________ A ______________

12 In der Klasse 2a gibt es 6 Vierergruppen.

F ______________

R ______________ A ______________

13

◐	die Hälfte			11			13				17	
●	die Zahl	30			14	18			48			
●●	das Doppelte		100					64		80		92

Von ___ Punkten ___ Punkte erreicht	Arbeitszeit: Etwa ___ Min.

1.3 Rechnen mit Zehnerzahlen

Ziele

– Lösen von Plus-, Minus-, Mal- und Geteiltaufgaben mit Zehnerzahlen
– Bilden von Tausch- und Umkehraufgaben
– Lösen von Aufgaben mit Platzhalter

Material

Hunderterteppich, Kärtchen mit den Zehnerzahlen 10, 20...100, Zeigestock, Folie mit Hundertergitter (s. AB 3), Arbeitsblätter 3 bis 5

∗ *Kopfrechnen:* Einmaleinsreihen mit 5, 10, 2, 4 und 8.

∗ *Differenzierung*

– Schwierigere Aufgaben für *Rechenprofis,* wie z.B. die *magischen Hunderterhäuser*

(aus: Johann Schnauder, Lernspiele zur Neuen Mathematik in Grund- und Hauptschule. Ansbach 1980: Prögel Verlag, S. 18f.)

Superrechner können auch selbst ein magisches Hunderterhaus als Rätsel für die anderen entwerfen.

– *Wer baut den höchsten Zahlenturm?*

Dabei suchen die Kinder zu einer Zahl möglichst viele Aufgaben, die jeweils andere Namen für diese eine Zahl sind.
Wettbewerb: Wer findet zu einer Zahl die meisten Namen?

70
35 + 35
7 · 10
14 · 5
53 + 17
100 – 30

– Die *Rechenmuffel* versammeln sich hinter dem Hunderterteppich, auf dem die Karten mit den Zahlen 1, 10, 20, 30...100 ausgelegt werden.
Lehrerin: Auf unserem Teppich können wir auch Rechnungen zeigen. Zeige 50 + 30!
Ein Kind zeigt mit dem Stock auf 50 und „rutscht" dann drei Reihen weiter auf 80. Nach drei Plusaufgaben werden analog einige Minusaufgaben gezeigt wie 80 – 20, 90 – 40 ... Die Kinder gehen zurück an ihren Platz.

∗ *Tausch- und Umkehraufgaben*

Die Lehrerin zeigt die *Folie mit dem leeren Hundertergitter* (s. AB 3).
Tafelanschrift: 50 + 30 = ☐
Auftrag: Wer kann diese Aufgabe 50 + 30 auch hier zeigen?
Ein Kind zeigt und erklärt, während die Lehrerin von 50 zu 80 einen Pfeil einzeichnet (mit wasserlöslichem Folienstift).

Auftrag: Wir sind nun von 50 auf 80 gesprungen. Kehre wieder um!
Kinder: Die Umkehraufgabe heißt 80 − 30 = 50. Nun müssen wir den Pfeil von 80 zu 50 zeichnen.
Tafelanschrift: 50 + 30 = 80 [T> 80 − 30 = 50

Hinweis: Die Fähnchen mit U und T werden konsequent bei jeder Umkehr- und Tauschaufgabe mitgeschrieben.

Lehrerin: Wie heißt die Tauschaufgabe von 50 + 30?

Tafelanschrift:

50 + 30 = 80	[U>	80 − 30 = 50
[T] ↓		[T] ↓
30 + 50 = 80	[U>	80 − 50 = 30

Auch die Tauschaufgabe wird an der Folie mit einem Pfeil markiert. Die Kinder nennen zu weiteren Aufgaben Tausch- und Umkehraufgaben.

∗ *Sicherung: Arbeitsblatt 4 und 5*

Um die Differenzierung zu erleichtern, sind die Aufgaben für Kinder mit Lernschwierigkeiten mit dem Symbol (Fundamentum, Basiswissen) gekennzeichnet, während die schwierigen Aufgaben für Rechenprofis an dem Symbol  (Zusatz- und Knobelaufgaben) kenntlich sind. Aufgaben ohne Symbol sind für alle Kinder gedacht.

AB 4 Nr. ①: Gerade Kinder mit Lernschwierigkeiten brauchen immer wieder anschauliche Hilfen. Reines „Päckchenrechnen" kann ihre Lernprobleme nicht mindern. Deshalb soll hier die Zahlvorstellung gefestigt werden, ggf. unterstützt durch Legen mit Stäben oder Rechengeld.

AB 5: Das sichere Umformen von Aufgaben in Tausch- und Umkehraufgaben ist eine unabdingbare Voraussetzung für das Rechnen mit Platzhaltern, die nicht am Ende stehen. Sind die Kinder dabei unsicher, empfiehlt sich das Aushängen eines *Merkplakats* mit den Beispielaufgaben Nr. 1 und 2.

Hundertertafel	AB 3

Magische Hunderterhäuser

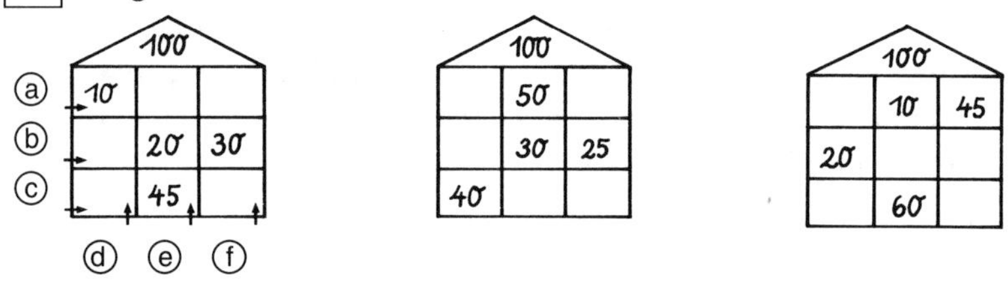

ⓐ 10 + □ + □ = 100 ⓓ □ + □ + 10 = 100

ⓑ □ + 20 + 30 = 100 ⓔ 45 + 20 + □ = 100

ⓒ □ + 45 + □ = 100 ⓕ □ + 30 + □ = 100

Immer 100!

Beginne immer bei einer Reihe mit zwei Zahlen, also bei ⓑ oder ⓔ!

Name:	Datum:	AB 4

Wir rechnen mit Zehnerzahlen bis 100

1 Male an und schreibe die Zahlwörter dazu!

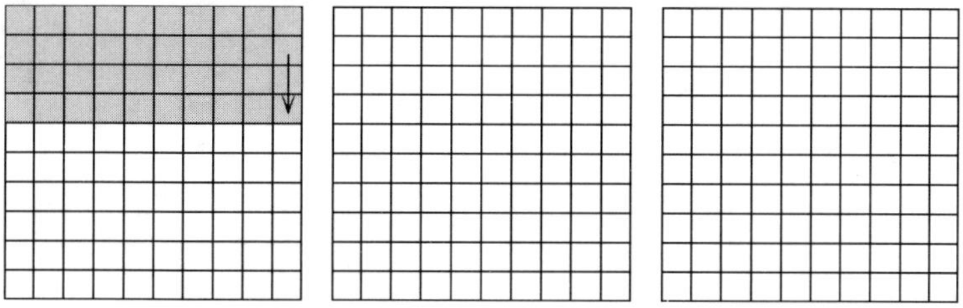

4 Z = 40 E	7 Z =	
4 · 10 = 40		9 · 10 =

v_______   _______   _______

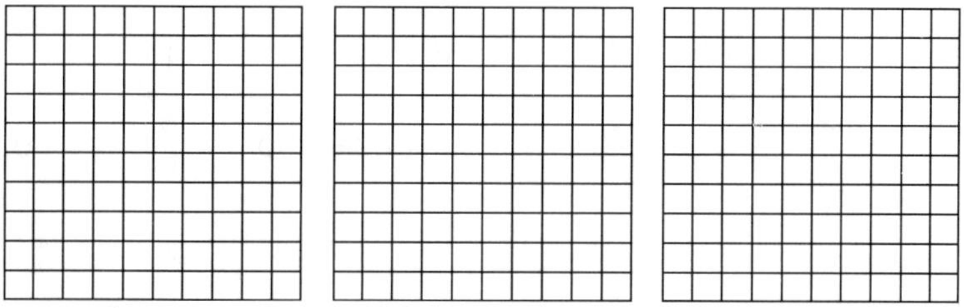

		100 E
80		

_______   f_______   _______

fünfzig | vierzig | siebzig | achtzig | neunzig | hundert

2 Zeichne bei **1** zu diesen Rechnungen Pfeile ein!

20 + 20 = ☐   40 + 30 = ☐   50 + 40 = ☐

50 + 30 = ☐   20 + 30 = ☐   50 + 50 = ☐

3 Zerlegaufgaben

60 = ☐ · 10   40 = ☐ · 10   50 = ☐ · 10

30 = ☐ · 10   80 = ☐ · 10   100 = ☐ · 10

Name:	Datum:	AB 5

Wir rechnen mit Zehnerzahlen

1 Immer vier Aufgaben sind verwandt!

30 (+40) = □ **U** □ (−40) = 30

T **T**

40 (+30) = □ **U** □ (−30) = 40

Umkehraufgabe	Tauschaufgabe	Aufgabe	Umkehraufgabe
		60 + 30 =	
	20 + 60 =		
			90 – 70 =
60 – 50 =			

2 So lösen wir schwierige Aufgaben:

ⓐ □ + 50 = 90 **U** 90 – □ = □

□ + 20 = 70 □ + 40 = 100 □ + 20 = 60

ⓑ □ – 60 = 10 **U** 10 + □ = □

□ – 10 = 40 □ – 70 = 30 □ – 40 = 40

ⓒ 90 – □ = 10 **T** 90 – 10 = □

80 – □ = 30 50 – □ = 30 100 – □ = 40

ⓓ 10 + □ = 80 **T** □ + 10 = 80 **U** 80 – 10 = □

20 – □ = 100 30 – □ = 70 20 – □ = 40

3

Umkehraufgabe	Tauschaufgabe	Aufgabe	Umkehraufgabe
		50 + 26 =	
	29 + 60 =		
			93 – 63 =
64 – 30 =			

1.4 Die Einmaleinsreihen mit 10, 5 und 2 (Wiederholung)

Lernziele

- Wiederholen der o. a. Einmaleinsreihen
- Wiederholen von Fachbegriffen wie Nachbar-, Tausch- und Umkehraufgaben, Vielfache
- Erkennen von Grundelementen bei Mustern und Fortsetzen von Mustern (Geometrie)

Material

Folie, mindestens für je zwei Kinder ein Schneidermaßband und 20 Büroklammern, zehn gleiche Bilder (Kopien) oder Gegenstände, Arbeitsblatt 6

1. Einheit: Wiederholung der Einmaleinsreihen

∗ *Einstieg mit Folie als stummer Impuls*

$$10 + 10 + 10 + 10 + 10 + 10 + 10 + 10 + 10 = \square$$
$$10 + 10 + 10 + 10 + 10 + 10 = \square$$
$$5 + 5 + 5 + 5 + 5 + 5 + 5 + 5 = \square$$
$$2 + 2 + 2 + 2 + 2 + 2 + 2 + 2 = \square$$

Die Aufgaben werden nacheinander aufgedeckt und nur ziemlich kurz gezeigt. Die Kinder sollen die Ergebniszahl auf dem *Block* notieren. → Vermutlich werden einige Kinder falsch „abgezählt“ und die Aufgaben deshalb falsch gelöst haben (Nachteil der Addition).

Lehrerin: Wie kann man diese Aufgaben so aufschreiben, daß man sie schnell und richtig rechnen kann? → Plusaufgaben mit gleichen Zahlen schreiben wir als Malaufgabe auf.

Die Kinder formen die Aufgaben um, und die Lehrerin schreibt auf der Folie die Malaufgaben daneben.

∗ *Nachbaraufgaben*

Dann nennen die Kinder zu jeder Aufgabe die Nachbaraufgaben.

Tafelanschrift: Nachbaraufgaben

$8 \cdot 10 = \square$ ⟨N] $9 \cdot 10 = 90$ [N⟩ $10 \cdot 10 = 100$

... ⟨N] $6 \cdot 10 = 60$ [N⟩ ...

...

Lehrerin: Wenn wir eine Einmaleinsreihe aufsagen, nennen wir immer die nächste Nachbaraufgabe.

Partnerarbeit: Im Wechsel sagen die Partner sich gegenseitig das 1×10, das 1×5 und das 1×2 vorwärts und rückwärts auf.
Wertung: Wer kann sagen: Mein Nachbar konnte die Einmaleinsreihen gut. → Diese Kinder melden sich.

* *Die Denkreihe*
Tafelanschrift/Folie: Ein leeres Schema der „Denkreihe" analog AB Nr. ② auf S. 21 für das 1×10

Tip für die Folie: Das Schema ohne Aufgaben mit wasserunlöslichem Stift schreiben und die Zahlen mit löslichem Stift eintragen! So kann die Folie für alle Einmaleinsreihen verwendet werden.

Lehrerin: Wer die beiden „Babyaufgaben" 1×10 und 10×10 weiß, kann alle Aufgaben durch Nachdenken finden. Deshalb nenne ich diese Reihenfolge beim Einmaleins die Denkreihe.
Entsprechend den vorgegebenen Aufträgen nennen die Kinder die fehlenden Aufgaben, die die Lehrerin in das Schema einträgt, z. B.:
Das Doppelte von $1 \times 10 = 10$ ist $2 \times 10 = 20$.

* *Tausch- und Umkehraufgaben*
Auftrag: Teile deine Heftseite mit dem Lineal in vier gleiche Spalten und laß die erste Zeile frei! Schreibe nun in die dritte Spalte (zeigen!) das 1×5 und das 1×2 untereinander ins Heft (Übungs- oder Merkheft, DIN A 5-Heft quer nehmen).
Inzwischen beginnt die Lehrerin die *Tafelanschrift:*

Umkehraufgabe	Tauschaufgabe	Aufgabe	Umkehraufgabe
$(5:1=5)$	$(5 \cdot 1 = 5)$	$1 \cdot 5 = 5$	$(5:5=1)$
...			

Die Kinder nennen die Tausch- und Umkehraufgaben und schreiben sie anschließend in die anderen drei Spalten.

2. Einheit Vielfache von 10, 5 und 2

* *Anknüpfung*
Auftrag: Stecke auf alle Zehnerzahlen am Maßband eine Büroklammer!
→ Nennen der Zehnerzahlen und *Tafelanschrift:*

Die Zehnerzahlen:	10	20	30	40	50	60	70	80	90	100

Impuls: Nun sollst du noch Klammern auf die Fünferzahlen stecken. Du kannst sie ja jetzt leicht finden. → Die Zehnerzahlen sind zugleich Fünferzahlen. Ich muß jeweils zwischen zwei Zehnerzahlen noch eine Klammer auf die Fünferzahl stecken.
Die Kinder stecken und nennen die Fünferzahlen.

Tafelanschrift:

Die Fünferzahlen:	10	20	30	40	50	60	70	80	90	100
	15	25	35	45	55	65	75	85	95	

Was stimmt?
① Alle Zehnerzahlen sind auch Fünferzahlen.
② Alle Fünferzahlen sind auch Zehnerzahlen.

Die Kinder schreiben die Nummer des ihrer Meinung nach richtigen Satzes (1) auf den Block. Beim Umhergehen und Nachsehen kann sich die Lehrerin einen guten Überblick über die *Denkfähigkeit* der Kinder verschaffen. Anschließend wird der richtige Satz vorgelesen und ins *Heft* geschrieben.

∗ *Begriffserarbeitung Vielfache*
Die Lehrerin zeigt ein *Bild* (oder einen Gegenstand): Dieses Bild habe ich nur einmal oder einfach. (Zwei Bilder zeigen:) Doch ich habe es kopiert und habe es nun doppelt oder zweifach. (Fünf Bilder an die Tafel heften:) Wenn ich fünf gleiche Bilder habe, habe ich das Bild fünffach.
Die Lehrerin heftet immer ein Bild mehr an die Tafel, während die Kinder sprechen: Jetzt ist das Bild sechsfach an der Tafel...

An der *Tafel* werden sukzessive folgende Reihen entwickelt, während die Kinder dazu sprechen: Das Einfache von 1 ist gleich 1 ...

Das Einfache	Das Zweifache	Das Fünffache
$1 \cdot 1 = \square$	$2 \cdot 2 = \square$	$5 \cdot 1 = \square$
$1 \cdot 2 = \square$	$2 \cdot 2 = \square$	$5 \cdot 2 = \square$
$1 \cdot 3 = \square$	$2 \cdot 3 = \square$	$5 \cdot 3 = \square$

...

Erkenntnis: Das sind die Tauschaufgaben zu unseren Einmaleinsreihen.
Aufträge für die Arbeit am Maßband:
- Lege auf das Fünffache von 6 einen roten Stift!
- Lege auf das Zweifache von 8 einen blauen Stift!
- Lege auf das Vierfache von 5 einen gelben Stift!
- Lege auf das Achtfache von 10 einen grünen Stift!
- Lege deinen rechten Zeigefinger auf das Zehnfache von 10 und deinen linken Zeigefinger auf das Einfache von 10!

Wo die Lehrerin kontrolliert hat, wird aufgeräumt.

∗ *Sicherung: Arbeitsblatt 6:*
Nr. ①: Wir decken die beiden unteren Reihen mit einem *Blatt* ab und zeigen nur das 1×10. Nun zeigen wir mit dem Finger und sprechen:

1 × 10 = 10, 2 × 10 = 20, 3 × 10 = 30. Dann wird das 1 × 5 aufgedeckt und aufgesagt usf.

Wir vergleichen die Zehner-, Fünfer- und Zweierreihe bis 30 bzw. 60 und sprechen: Ein Zehner ist genauso lang wie zwei Fünfer oder fünf Zweier ... Zwei / Drei Zehner ...

Das Einfache von 10 = das Zweifache von 5 = das Fünffache von 2. Das Zweifache/Dreifache von 10 ...

Nr. ⑥: Die Kinder sollen das vorgegebene Musterband mit zwei verschiedenen Farben anmalen und ausrechnen, wie viele Kästchen es sind.

∗ *Weitere Aufgaben für Rechenprofis*

- *Zahlenrätsel* (Folie/Rechenkartei)
  a) Wie heißt das Fünffache von 8?
     Schreibe so: 5 · 8 = □ Das Fünffache von 8 ist 40.
  b) Wie heißt das Zehnfache von 3?
  c) Wie heißt das Neunfache von 2?
- *Tabelle* (Folie/Rechenkartei)

Wieviel Geld ist das zusammen?

⑩	3	5	4	6	5	3	5	4	3	2
⑤	2	4	5	2	7	9	6	8	8	10
②	3	4	2	2	7	1	5	6	8	9
zusammen										

Prüfzahlen: 46, 69, 74, 77, 78, 86, 88, 90, 92, 94

Rechne im Kopf: 3 · 10 Pf + 2 · 5 Pf + 3 · 2 Pf = □

Schreibe so: 30 Pf + 10 Pf + 6 Pf = □

1.5 Addition und Subtraktion ohne Übergang

Ziele

- Wiederholung der Addition und Subtraktion
- Verwenden von Fachbegriffen

Material

Heft mit Hundertertafel (s. Kap. 3.1), für je zwei Kinder zwei Würfel und ein Gästehandtuch als lärmdämpfende Unterlage, Folie mit Hundertertafel (s. AB 3), Folien, Wortkarten, Rechengeld, Arbeitsblätter 7 bis 9

Name: **Datum:** **AB 6**

Das 1 · 10, das 1 · 5 und das 1 · 2

1

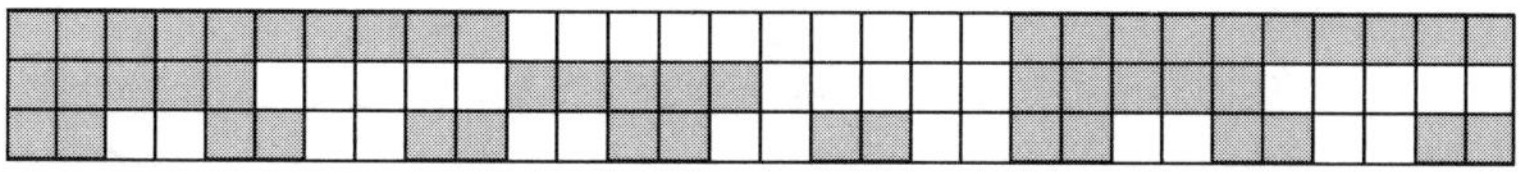

a) 1 · 10 = □ · 5
1 · 10 = □ · 2
4 · 10 = □ · 5

b) 2 · 10 = □ · 5
2 · 10 = □ · 2
5 · 10 = □ · 5

c) 3 · 10 = □ · 5
3 · 10 = □ · 2
6 · 10 = □ · 5

2 Die Denkreihe

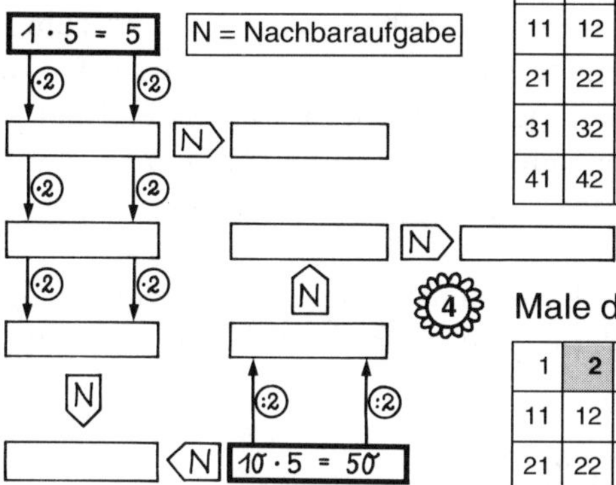

3 Male die Fünferzahlen gelb an!

1	2	3	4	**5**	6	7	8	9	10
11	12	13	14	15	16	17	18	19	20
21	22	23	24	25	26	27	28	29	30
31	32	33	34	35	36	37	38	39	40
41	42	43	44	45	46	47	48	49	50

4 Male die Zweierzahlen rot an!

1	**2**	3	4	5	6	7	8	9	10
11	12	13	14	15	16	17	18	19	20
21	22	23	24	25	26	27	28	29	30
31	32	33	34	35	36	37	38	39	40

5

Umkehraufgabe	Tauschaufgabe	Aufgabe	Umkehraufgabe
		7 · 5 =	
			18 : 2 =
		3 · 5 =	
	2 · 7 =		
			40 : 5 =
	5 · 9 =		

6 Male die Muster weiter!

□ Zweier = □ Kästchen

□ Fünfer = □ Kästchen

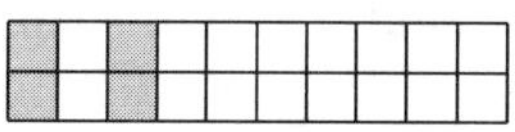

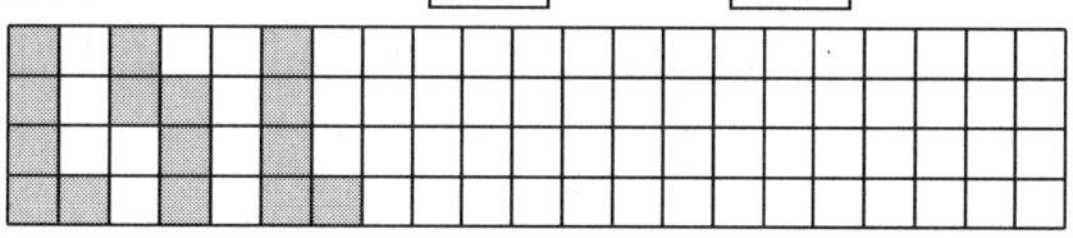

1. Einheit: Rechnen mit ZE und E

∗ *Differenziertes Kopfrechnen*
– *Rechenprofis:* Folie mit Rechenschlange

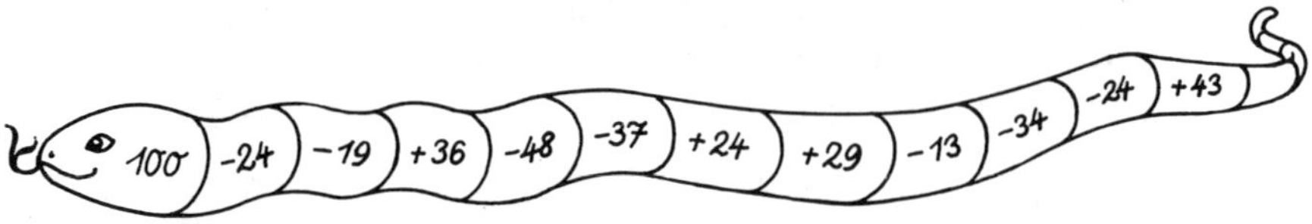

Die Kinder notieren nur die Zwischenergebnisse und die Endzahl 100.
– *Rechenreise:* Ein Kind stellt sich hinter ein anderes Kind. Nun stellt die Lehrerin den beiden eine Aufgabe, z. B. 30 + 9. Wer von den beiden zuerst das Ergebnis weiß, sagt es, und darf „weiterreisen“ zum nächsten Kind. Diese beiden bekommen wiederum eine Aufgabe usf. Wichtig ist, daß jeweils nur eines von den beiden Kindern, die an der Reihe sind, das Ergebnis laut nennt, und die anderen nur still im Kopf mitrechnen. Rufen beide Kinder gleichzeitig das Ergebnis, so wird eine neue, schwierigere Aufgabe gestellt.
Obwohl das Spiel in dieser Form den Kindern großen Spaß macht, kann man es auch umkehren: Wer eine Aufgabe *nicht* weiß, reist weiter, damit er mehr übt.

∗ *Wiederholung der Addition im Spiel*
Vorbereitung: Die Kinder richten ihr Heft mit der Hundertertafel her, einen roten Stift, das kleine Handtuch (in der Tischmitte), eine Spielfigur (Radierer, Spitzer o. ä.) und die zwei Würfel.
Spielverlauf: Je zwei Kinder würfeln abwechselnd, gute Rechner mit zwei Würfeln, die anderen mit einem Würfel und ziehen auf der Hundertertafel mit ihrer Spielfigur entsprechend vorwärts. Am besten zeigt die Lehrerin den Spielverlauf kurz mit Hilfe einer Hundertertafel auf Folie, z. B.:
Ich stehe auf der 1 und würfle mit einem Würfel eine Drei. Nun ziehe ich drei Felder weiter und komme auf die Vier. Wenn ihr später würfelt, rahmt die Zahlen, auf die ihr kommt, bitte rot ein. Ich muß also die Vier rot einrahmen. Jetzt ist mein Partner an der Reihe. Er hat eine Sechs gewürfelt und zieht deshalb von der Eins sechs Felder weiter auf die Sieben, die er in seinem Heft rot einrahmt. Nun bin ich wieder dran...
Wer gut rechnen kann, würfelt mit zwei Würfeln, zählt die Augen zusammen, z. B. 3 + 4, und zieht dann gleich sieben Felder weiter. Damit das Spiel noch spannender wird, habe ich eine wichtige Regel an die *Tafel* geschrieben:

Das Rechenreisewürfelspiel bis 100 Glückszahlen: Wer auf eine Zahl mit dem Einer 5 kommt, darf zur nächsten Zehnerzahl vorrücken. Pechzahlen: Wer auf eine Zahl mit dem Einer 4 kommt, muß zur vorigen Zehnerzahl zurück.

(Begründung dieser Regeln: Indirekte Vorübung zum Runden von Zahlen)

Nach dem Vorlesen beginnen die Kinder mit dem Spiel. Wichtig ist, daß das Einrahmen der Zahlen nicht vergessen wird. Zuletzt muß so lange gewürfelt werden, bis man genau auf 100 kommt.
Wer mit dem Spiel fertig ist, schreibt zu den eingerahmten Zahlen die Rechnungen ins Übungsheft, z.B. $1 + 3 = 4$, $4 + 6 = 10$, $10 + 5 = 15$ usw.

∗ *Erklären des Rechenwegs*
Die Lehrerin zeigt die *Folie* mit der leeren Hundertertafel, in die sie analog AB 7 Nr. ① Pfeile einträgt.
Lehrerin: Wer bis 10 rechnen kann, kann auch leicht bis 100 rechnen.
Vielleicht erinnern sich die Kinder an die „kleinen" und „großen" Aufgaben. Wenn nicht, gibt die Lehrerin die Begriffe an der Tafel vor und läßt entsprechende Aufgaben von den Kindern nennen.
Tafelanschrift:

kleine Aufgabe	große Aufgaben			
$5 + 2 = 7$	$15 + 2 = 17$	$25 + 2 = 27$	...	$95 + 2 = 97$
$4 + 5 = 9$	$14 + 5 = 19$	$24 + 5 = 29$	...	$94 + 5 = 99$
$9 - 3 = 6$	$19 - 3 = 16$	$29 - 3 = 26$	...	$99 - 3 = 96$
...				

Wir sehen: Das Rechnen ist in jedem Zehner gleich. Die Einer sind bei den großen Aufgaben genauso wie bei der kleinen Aufgabe.

∗ *Sicherung:* Arbeitsblatt 7
Zu Hause oder in der Folgestunde wird das Spiel analog mit Minusaufgaben von 100 bis 1 durchgeführt. Dabei werden die Zahlen blau eingekreist.

Name:	**Datum:**	**AB 7**

Kleine und große Aufgaben

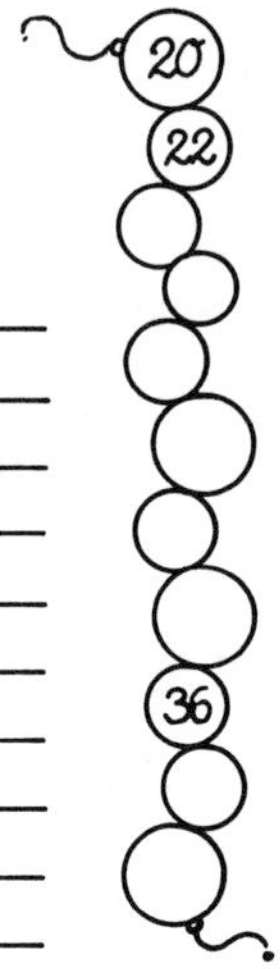

1 Schreibe zu jedem Pfeil die richtige Rechnung!

ⓐ

1	2	3	4	5	6	7	8	9	10	________
11									20	________
21									30	________
31									40	________
41									50	________
51									60	________
61									70	________
71									80	________
81									90	________
91									100	________

ⓑ

1	2	3	4	5	6	7	8	9	10	________
11									20	________
21									30	________
31									40	________
41									50	________
51									60	________
61									70	________
71									80	________
81									90	________
91									100	________

2 Male jeweils die kleine und große Aufgabe mit der gleichen Farbe an!

47 – 4 =	75 – 2 =	66 – 4 =
22 + 8 =	10 – 9 =	2 + 6 =
54 + 6 =		7 – 4 =
92 + 6 =	4 + 6 =	2 + 8 =
100 – 9 =	6 – 4 =	5 – 2 =

3 Suche die Regel für die Zahlenketten und trage die fehlenden Zahlen ein!

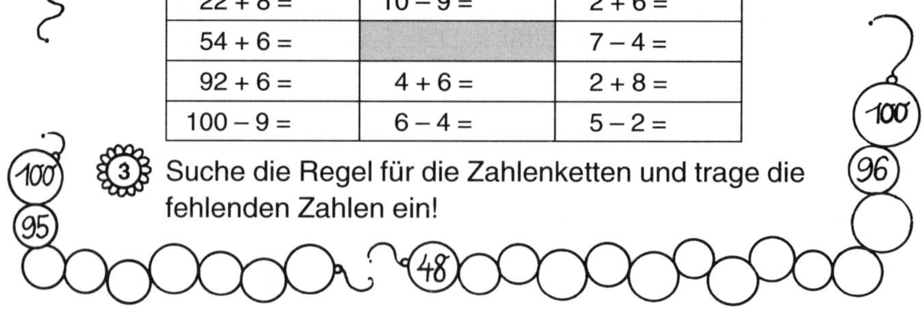

2. Einheit: Rechnen mit ZE und Z

* *Folie: Das Umknickspiel*

	Spalte 1	Spalte 2	Spalte 3
a)	Schreibe eine Zahl zwischen 20 und 80 auf!	Ergänze diese Zahl auf 100! Knicke Spalte 1 um!	Ergänze diese Zahl auf 100!
b)	Schreibe eine Zahl zwischen 50 und 100 auf!	Welche Zahl mußt du von dieser Zahl abziehen, damit du 40 erhältst?	Zähle die Zahl von Spalte 2 und 40 zusammen!
c)	Ziehe von 78 die Zahl 34 ab!	Teile diese Zahl durch 2!	Zähle zu der Zahl von Spalte 2 die Zahl 22 dazu!
d)	Teile die Zahl 40 durch 5!	Nimm diese Zahl mal 10!	Ziehe von der Zahl in Spalte 2 die Zahl 72 ab!

Ankündigung des Rechenspiels: Sicher kennt ihr das Umknickspiel, bei dem einer etwas malt oder schreibt, dann das Blatt umknickt und dem nächsten gibt. Dieser malt ebenfalls etwas, knickt wieder um und gibt das Blatt weiter. Zum Schluß ist dann meistens ein lustiges Bild oder ein spaßiger Satz entstanden. Später dürft ihr dann das Umknickspiel mit Rechenaufgaben spielen. Damit ihr versteht, was ihr tun sollt, müssen wir die Aufträge erst einmal lesen.

Die Aufträge a) bis d) werden nacheinander laut vorgelesen und besprochen, jedoch noch nicht ausgerechnet. Zu jeder Aufgabe wird auf die entsprechende *Wortkarte* gezeigt, die anschließend alle an der *Merktafel* ausgehängt werden. *Wortkarten:*

⊕ ergänzen auf ganz machen	Auf 100 ergänzen heißt, den Hunderter ganz zu machen. Man kann natürlich auch auf andere Zahlen ergänzen.
⊖ abziehen von	wegnehmen, eine Minusaufgabe rechnen
⊕ zusammenzählen	Mit einer Plusaufgabe zählen wir zwei oder mehr Zahlen zusammen.
⨀ teilen durch	Geteiltaufgaben
⨀ malnehmen mit	Malaufgaben

Spielverlauf: Immer drei Kinder spielen zusammen. Jede Gruppe richtet ein DIN A4-Blatt her, teilt es in drei Spalten ein und zieht fünf Linien. Kind 1 schreibt nun z. B. in Spalte 1 bei a) die Zahl 61, ohne daß die Mitspieler dies sehen dürfen. Dann gibt es das Blatt an Kind 2, das nun 61 auf 100 ergänzt und 49 hinschreibt. Dann knickt Kind 2 die Spalte 1 um und gibt das Blatt weiter an Kind 3. Dieses muß nun 49 auf 100 ergänzen, 61 hinschreiben und darf nun aufknicken.
Wenn richtig gerechnet wurde, stehen in Spalte 1 und 3 immer die gleichen Zahlen zur Selbstkontrolle. Bei Fehlern berichtigt die Gruppe gemeinsam. Dann wird mit Auftrag b) fortgefahren.

∗ *Erarbeitung*
Tafelanschrift: 53 + 30 = ☐
Lehrerin: Erkläre, wie du diese Aufgabe rechnest!
Die Kinder erläutern ihre Rechenwege, die die Lehrerin auch an der *Tafel* festhält, z. B.:
53 + 10 + 10 + 10 = 83
50 + 30 + 3 = 83
Dann wird die Umkehraufgabe angeschrieben, und analog werden die Rechenwege für 53 − 30 erläutert.

∗ *Differenzierung*
- Die Rechenprofis erhalten eine Einzelarbeit.
- Mit den Rechenmuffeln übt die Lehrerin am *Hunderterteppich,* auf dem die Kinder mit dem *Stock* zu Aufgaben an der Tafel zeigen. Oder es werden auf einer *Folie* mit einem leeren Hundertergitter zu den Aufgaben Pfeile gezogen.

Tafelanschrift:
Wir rechnen ZE + Z und ZE − Z

46 + 20 = ☐	U ▷ 66 − 20 = ☐	94 − 70 = ☐	U ▷ ☐
59 + 40 = ☐		76 − 40 = ☐	
24 + 60 = ☐		81 − 50 = ☐	
37 + 50 = ☐		63 − 60 = ☐	

Hefteintrag: Die erarbeiteten Ergebnisse an der Tafel werden wieder gelöscht. Die Kinder schreiben zu jeder Aufgabe Tausch- und Umkehraufgaben auf, z. B.:

46 + 20 = 66	U ▷	66 − 20 = 46
T ▽		T ▽
20 + 46 = 66	U ▷	66 − 46 = 20

Bei weiteren Lernschwierigkeiten werden analoge Aufgaben mit *Rechengeld* gelegt, z. B.:

	Lena	Jan	Tina	Mirko	
gespart	53 Pf	68 Pf	29 Pf	47 Pf	
bekommt	40 Pf	30 Pf	60 Pf	30 Pf	
zusammen					

* *Sicherung:* Arbeitsblatt 8

3. Einheit: Rechnen mit ZE und ZE:

* *Kopfrechnen:* Die Kinder sitzen im Kreis. Das erste Kind nennt eine beliebige Zahl, z. B. 33 und zählt eine beliebige Zahl dazu oder subtrahiert. (Je nach der eigenen Fähigkeit kann jeder eine leichte oder schwierigere Aufgabe wählen!). Das nächste Kind rechnet mit der Ergebniszahl weiter usf.
* *Erarbeitung*
  Tafelanschrift:

> Frau Sommer kauft für ihre Tochter zum Geburtstag ein Pferdebuch um 27 DM und das Spiel „Pferderennen" um 32 DM.

Die Kinder lesen den Text zuerst leise, dann stumm in der „Fischsprache" (nur die Lippen bewegen) und schließlich laut vor. Bei zugeklappter Tafel geben die Kinder den Text mit eigenen Worten wieder. Dann lesen sie sich den Text nochmals gegenseitig vor (Partnerlesen).
Lehrerin: Suche die Zahlen, die wir später für unsere Rechnung brauchen! Die Zahlen werden an der Tafel farbig unterstrichen. Nun suchen die Kinder die Frage und schreiben ihren Vorschlag auf den *Block.*
Anschreiben von passenden Fragen, z. B.:
Wieviel kostet alles zusammen? Wieviel muß Frau Sommer bezahlen?
Nun nennen die Kinder die Rechnung.
Tafelanschrift: 27 DM + 32 DM = ... DM
Partnergespräch: Die Kinder teilen sich gegenseitig ihren Rechenweg mit. Klassengespräch über die gefundenen Möglichkeiten, z. B.: Ich rechne so:

20 + 30 = 50	7 + 2 = 9	50 + 9 = 59
27 + 30 = 57	57 + 2 = 59	
27 + 2 = 29	29 + 30 = 59	

Lehrerin: Die beiden letzten Rechenwege kann man gut mit der Pfeilaufgabe zeigen.

Name:	Datum:	AB 8

ZE plus oder minus Z

1 Schreibe zu jedem Pfeil die richtige Rechnung!

ⓐ

1	2	3	4	5	6	7	8	9	10
11									20
21									30
31									40
41									50
51									60
61									70
71									80
81									90
91									100

9 + ☐ = ☐

ⓑ

1	2	3	4	5	6	7	8	9	10
									20
									30
									40
									50
									60
									70
									80
									90
									100

2 Immer 4 Aufgaben sind verwandt! T U

	94 − 60 =

40 + 51 =	

	78 − 38 =

37 + 50 =	

99 89 19 4 14 84 62 32 75 65 37 77 88 28 86 36

Tafelanschrift: Zwei Rechenwege

Zuerst die Zehner dazu!

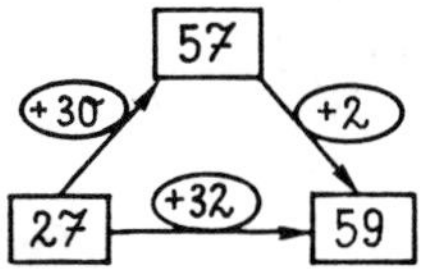

Zuerst die Einer dazu!

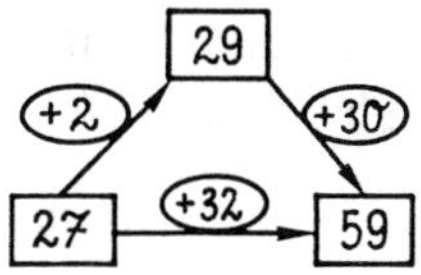

Beim Ausfüllen sprechen die Kinder: Ich zähle zuerst die Zehner dazu und rechne $27 + 30 = 57$. Dann zähle ich die Einer dazu und rechne $57 + 2 = 59$.

Lehrerin: Wir können diese beiden Rechenwege auch an der Hundertertafel mit Pfeilen zeigen.

Folie:

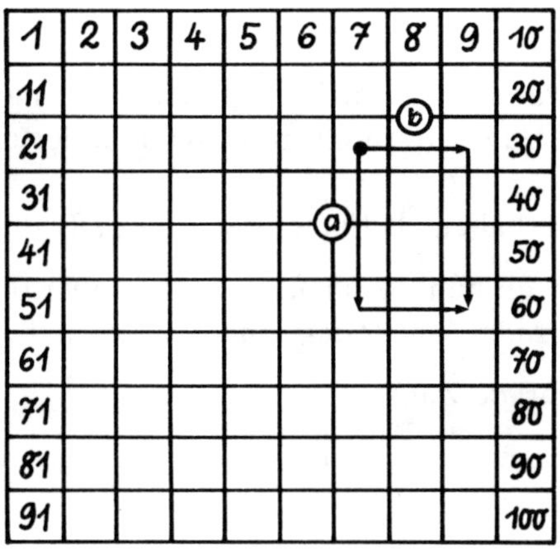

a) Zuerst die Zehner dazu!
b) Zuerst die Einer dazu!

Lehrerin: Wir können Geld legen und nachprüfen, ob wir richtig gerechnet haben.

Legen:

Hinweis: Beim Legen von Geld werden die Zehner analog der Stellenwerttafel immer links gelegt, die Einer rechts. Wenn die Kinder selbst legen, legen sie auf ihr umgedrehtes Rechenheft als „Zahlteller". So kann nämlich die Lehrerin den gelegten Betrag schnell erkennen, ohne durch weitere herumliegende Scheine und Münzen irritiert zu werden.

Tafelanschrift: 27 DM + 32 DM = 59 DM
Alles zusammen kostet 59 DM.
Frau Sommer muß 59 DM bezahlen.

Analog wird die Minusaufgabe erarbeitet.

Tafelanschrift/Folie:

Frau Sommer hat 70 DM im Geldbeutel. Sie gibt 59 DM aus.

∗ *Differenzierung*
- Einzelarbeit für die Rechenprofis
- Mit den Rechenmuffeln übt die Lehrerin an der Tafel. Jedes Kind soll dabei eine Pfeilaufgabe in Schritten vorrechnen.

∗ *Sicherung:* Arbeitsblatt 9

∗ *Weiterführung: Gerade und ungerade Zahlen als Hilfe beim Überprüfen*
Tafelanschrift als stummer Impuls:
Gerade und ungerade Zahlen.

52 + 36 = □ 42 + 47 = □ 43 + 25 = □

Vielleicht nennen die Kinder von sich aus, welche dieser Zahlen gerade bzw. ungerade sind.

Lehrerin: Welche Ziffer verrät dir, ob eine Zahl gerade oder ungerade ist?
→ Nachziehen der geraden Einerziffern mit roter Kreide, der ungeraden mit blauer Kreide.
Wiederholen: Gerade Zahlen haben als Einerziffer 2, 4, 6, 8 oder 0.

Lehrerin: Lies die Rechnungen nun nochmals vor. Sage aber dabei nicht die Zahlen, sondern nur „gerade Zahl" oder „ungerade Zahl"!

Beispiel: gerade Zahl plus gerade Zahl

Dann erklärt die Lehrerin, daß sie für „gerade Zahl" kurz g schreibt und für „ungerade" Zahl kurz u.
Tafelanschrift:
g + g = □ g + u = □ u + u = □

Nun schreiben die Kinder die Ergebnisse auf den *Block* und markieren die Einerziffer.
Sprechen und Ergänzen der *Tafelanschrift:*
g + g = g g + u = u u + u = g

Analog werden bei Minusaufgaben die Regeln erforscht.
Tafelanschrift:

78 − 34 = □	56 − 23 = □	77 − 42 = □	85 − 63 = □
g − g = g	g − u = u	u − g = u	u − u = g

Hefteintrag: Die Kinder tragen die Regeln ein und suchen zu jeder Regel drei Aufgabenbeispiele, bei denen sie die Einer farbig nachziehen.

Langfristig werden mit Hilfe dieser Regeln immer wieder Aufgaben überprüft. Evtl. *Merkplakat* aushängen!

Name:	Datum:	AB 9

ZE plus oder minus ZE

1 Male dazu und rechne!

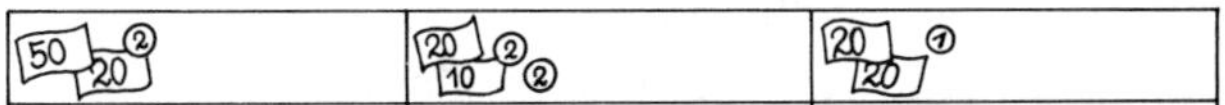

DM + 27 DM = DM	DM + 63 DM = DM	DM + 48 DM = DM

2 Streiche weg, was ausgegeben wird! Wieviel Geld bleibt übrig?

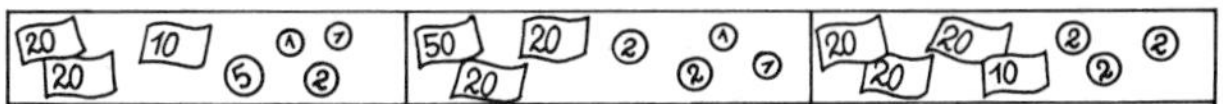

DM − 36 DM = DM	DM − 25 DM = DM	DM − 44 DM = DM

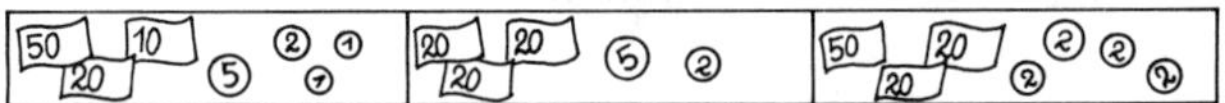

DM − 63 DM = DM	DM − 42 DM = DM	DM − 54 DM = DM

3 Wie rechnest du lieber? Fahre deinen Rechenweg grün nach!

ⓐ

Zuerst die Zehner dazu!

Zuerst die Einer dazu!

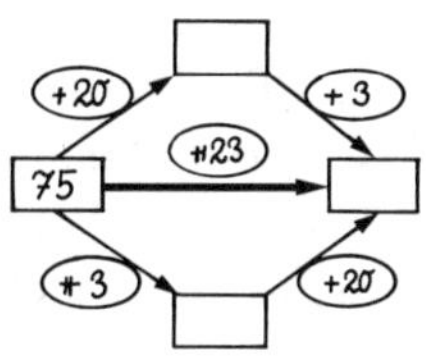

ⓑ

Zuerst die Zehner weg!

Zuerst die Einer weg!

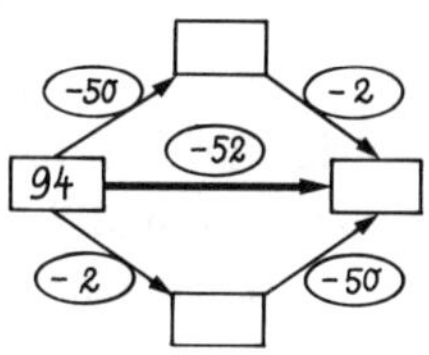

Rechne nun deinen Rechenweg!

ⓒ

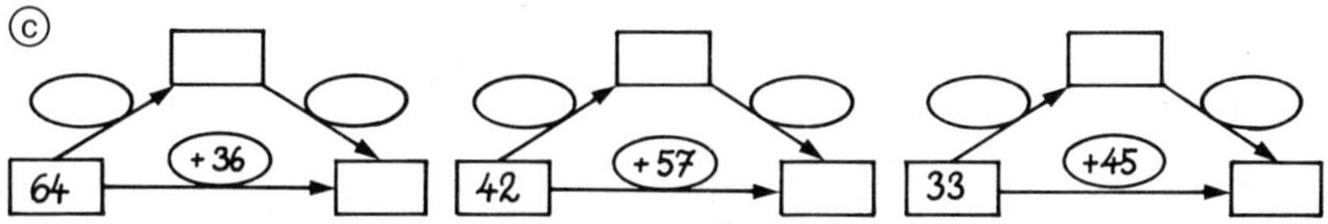

ⓓ

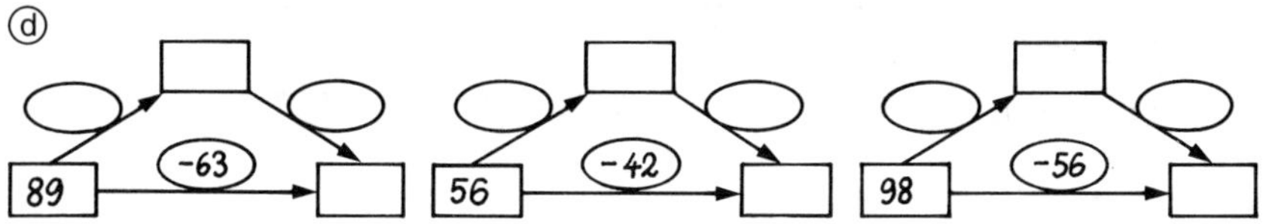

ⓔ

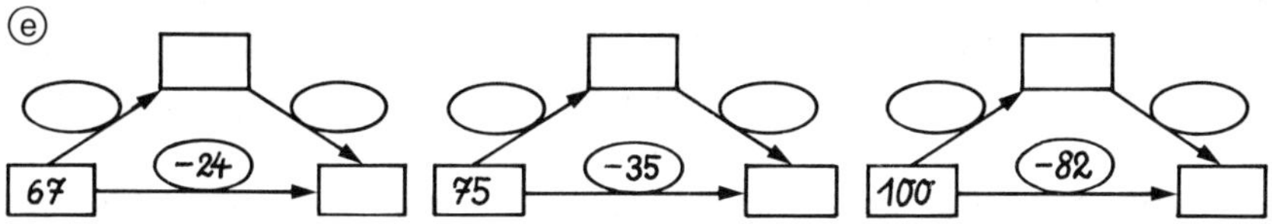

1.6 Vorteilhaftes Zusammenzählen und Abziehen

Lernziele

– Berechnen von Summen und Differenzen mit mehr als zwei Zahlen
– Vorteilhaftes Vertauschen der Zahlen beim Zusammenfassen und Abziehen (Rechenvorteil Zehnerzahlen)
– Vorteilhaftes Verändern von zehnernahen Zahlen

Material

Neun – mit einer Zahl beschriftete – Joghurtbecher, ein kleiner Softball, Folie, Cuisenairestäbe für die Flanelltafel, Arbeitsblatt 10

1. Einheit: Vorteilhaftes Zusammenzählen

* *Einstieg*

Auf einem Tisch stehen umgedreht die neun Joghurtbecher.

Lehrerin: Für ihre Geburtstagsfeier hat Susi ein Rechenspiel vorbereitet. Es geht so: Jeder darf dreimal mit dem Ball werfen und dann die getroffenen Zahlen zusammenzählen. Wer dabei die größte Zahl erreicht, hat gewonnen. Susi darf natürlich anfangen. Hier siehst du, welche Zahlen sie getroffen hat.

Folie: (zu Beginn abdecken)

	Susi	Basti	Tony	Lena	Jana
1. Wurf	24	43	16	28	26
2. Wurf	28	18	34	26	18
3. Wurf	16	37	28	32	34
zusammen					

Schüleräußerungen → *Tafelanschrift:* $24 + 28 + 16 = \square$

* *Erarbeitung*

Impuls: Susi könnte daraus eine leichtere Aufgabe machen. Die Vorschläge der Kinder und evtl. genannte Rechenwege werden an der Seitentafel notiert, die folgende Aufgabe wird unter die obige geschrieben: $24 + 16 + 28 = \square$

Lehrerin: Begründe, warum die zweite Aufgabe leichter zu rechnen ist als die erste! → Schüleräußerungen

Tafelanschrift (jeweils neben den Aufgaben):

$\boxed{24} \xrightarrow{(+\,28)} \boxed{52} \xrightarrow{(+\,16)} \boxed{68}$ $\qquad$ $\boxed{24} \xrightarrow{(+\,16)} \boxed{40} \xrightarrow{(+\,28)} \boxed{68}$

Vergleich der Rechenwege: Bei der ersten Aufgabe müssen bei $24 + 28$ über den Zehner rechnen. Dabei werden oft Fehler gemacht. Bei der zweiten Aufgabe kommen wir mit $24 + 16$ auf die Zehnerzahl 40 und können alle Zahlen leicht zusammenzählen.
Die Zehnerzahl 40 wird grün nachgezogen.
Tafelanschrift: $24 + 16 + 28 = 68$
Lehrerin: Damit wir sehen, wie wir vorteilhaft rechnen, machen wir einen grünen Rahmen um $24 + 16$.

* *Begründen des Rechenwegs*
Provokation: Darf man denn bei einer Plusaufgabe so einfach die Zahlen vertauschen? → Die Kinder erinnern an die Tauschaufgabe mit zwei Zahlen, z.B. $3 + 4 = 7$, $4 + 3 = 7$. Außerdem ist das Ergebnis 68 bei beiden Aufgaben gleich.
Lehrerin: Ich will euch beweisen, daß man auch bei Plusaufgaben mit mehreren Zahlen die Zahlen vertauschen darf.
Flanelltafel:

			4			3						6
			4						6			3
		3				4						6

	2					5						6			3				4
	2			3					5						6				4
					6				4					5			3		2

Lehrerin: Wir sehen, das Ergebnis bleibt auch beim Vertauschen der Zahlen immer gleich.

* *Vorbereitete Tafelanschrift zur Sicherung:*

> Ich rechne vorteilhaft
> Bei (Plusaufgaben) darf ich die Zahlen so (vertauschen), daß ich sie leicht (zusammenzählen) kann. Darum zähle ich zuerst die Zahlen zusammen, die eine (Zehnerzahl) ergeben.

Die Kinder lesen den Lückentext und setzen die Lückenwörter ein, die die Lehrerin ungeordnet darunter schreibt.
Die Kinder zeichnen die Stäbe an der Flanelltafel farbig (für gleiche Zahlen gleiche Farben) ins *Merkheft* und schreiben den Tafeltext dazu.

Für fertige Kinder wird die *Folie* vom Stundenbeginn mit weiteren Rechnungen aufgedeckt, die die Kinder ins Heft schreiben. Die beiden Zahlen, die zusammen eine Zehnerzahl ergeben, werden grün eingekreist.

∗ *Ausklang*
Die Kinder dürfen dreimal auf die Joghurtbecher zielen, notieren ihre Zahlen auf dem Block und rechnen.

2. Einheit: Vorteilhaftes Abziehen

∗ *Tafelanschrift* als Einstieg:
44 − 28 − 14 = ☐ → Schüleräußerungen
Hilfsimpuls: Ob man bei Minusaufgaben auch alle Zahlen vertauschen darf?
Ergebnis: Die erste Zahl darf man nicht vertauschen. Denn bei Minusaufgaben muß immer die größte Zahl vorne stehen. Doch die beiden anderen Zahlen darf man vertauschen.

Tafelanschrift: Ich rechne vorteilhaft
44 − 28 − 14 = ☐
Ich vertausche:
44 − 14 − 28 = ☐   [44] —(− 14)→ [30] —(− 28)→ [2]

Die Zahl 44 wird rot eingerahmt (Assoziation: Stop! Diese Zahl darf nicht vertauscht werden.). Die Zehnerzahl wird wieder grün nachgezogen und der Rechenweg 44 − 14 grün eingerahmt.
Lehrerin: Mit den Stäben und der kleinen Aufgabe kann ich dir die Rechenwege beim Abziehen gut zeigen.
Die Kinder nennen die kleine Aufgabe.
Tafelanschrift: 14 − 8 − 4 = ☐
Flanelltafel: *Tafel:*

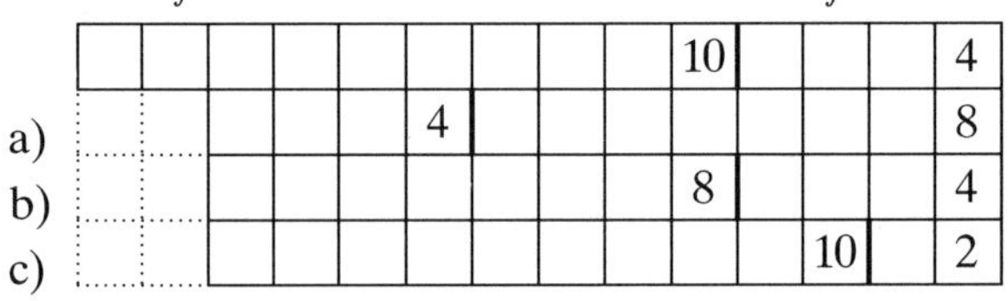

14 − 8 − 4 = ☐
14 − 4 − 8 = ☐
14 − 12 = ☐

Erklärung:
a) Ich kann die Zahlen der Reihe nach abziehen.
b) Ich kann aber auch die letzte Zahl zuerst abziehen und vorteilhaft zum Zehner rechnen.
c) Ich kann auch alle Zahlen zusammen auf einmal abziehen.

Tafelanschrift: Ziehe vorteilhaft ab!
67 − 19 − 27 = ☐   92 − 26 − 34 − 12 = ☐
82 − 25 − 32 = ☐   96 − 28 − 16 − 32 = ☐

Name:	Datum:	AB 10

Rechne vorteilhaft!

1 Vertausche und suche nach Zehnerzahlen!

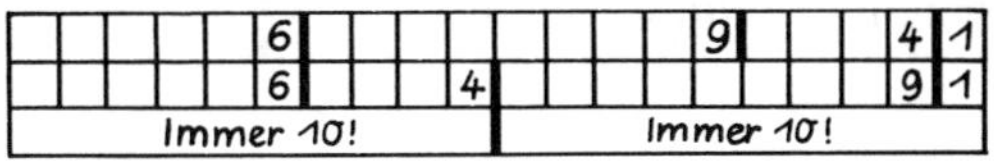

6 + 9 + 4 + 1 = ☐

10 ☐

Kreise die beiden Zahlen grün ein, die du zuerst zusammenzählst!

ⓐ 36 + 28 + 4 = ☐

18 + 29 + 41 = ☐

47 + 36 + 13 = ☐

19 + 48 + 32 = ☐

34 + 18 + 26 = ☐

ⓑ 12 + 19 + 18 + 21 = ☐

15 + 27 + 23 + 25 = ☐

44 + 19 + 16 + 11 = ☐

22 + 29 + 21 + 28 = ☐

33 + 38 + 27 + 2 = ☐

2 Welche Zahlen fehlen auf den Bällen?

11 + 9 + ☐ = 76

3 Mache ein rotes Viereck um die ersten Zahlen bei den Minusaufgaben! Kreise die Zahl grün ein, die du zuerst abziehst!

ⓐ 94 – 17 – 34 = ☐ ☐

85 – 45 – 38 = ☐ ☐

77 – 29 – 27 = ☐ ☐

96 – 39 – 16 = ☐ ☐

86 – 28 – 56 = ☐ ☐

ⓑ 53 – 14 – 23 = ☐ ☐

62 – 22 – 28 = ☐ ☐

61 – 16 – 11 = ☐ ☐

74 – 44 – 17 = ☐ ☐

47 – 27 – 18 = ☐ ☐

ⓒ Suche nun die Geheimbotschaft! Sie sagt dir, was du bist. Schreibe dazu neben das Ergebnis den richtigen Buchstaben!

C	E	H	L	N	Ö	R	W
21	2	41	12	16	34	43	13

Gemeinsam wird der vorteilhafte Rechenweg gesucht und die Aufgabe jeweils darunter in der günstigen Reihenfolge notiert. Der grüne Rahmen zeigt den Rechenweg.

∗ *Sicherung:* Arbeitsblatt 10

3. Einheit: Verändern von zehnernahen Zahlen

Tafelanschrift: 36 + 19 = ☐
Impuls: Rechenlöwen wissen einen ganz einfachen Weg für diese Aufgabe.
→ Äußerungen der Kinder
Tafelanschrift: (Wir machen eine Zahl zur Zehnerzahl. – Überschrift erst später anschreiben!)

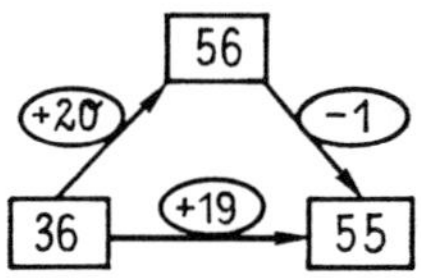

Die Lehrerin würdigt die Äußerungen der Kinder, leitet daraus den Weg + 20 − 1 ab oder gibt ihn schrittweise vor: Statt + 19 rechnen wir die leichte Aufgabe + 20. Dabei haben wir 1 zuviel dazugezählt. → Deshalb müssen wir wieder 1 abziehen.

Lehrerin: Wer findet eine passende Überschrift? → Gemeinsam wird überlegt, wie wir den Rechenweg beschreiben können.
Nachdem der Rechenweg geübt wurde (67 + 19, 58 + 19, 44 + 19) wird er auf andere Zahlen übertragen:
Folie mit noch nicht ausgefüllten Pfeilaufgaben:

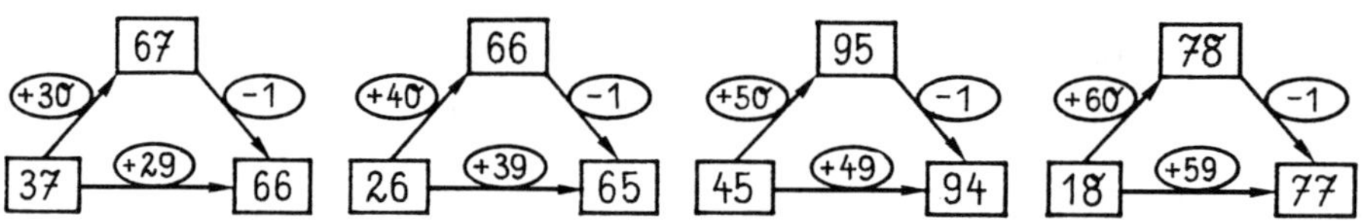

Schrittweise werden die Pfeilaufgaben ausgefüllt und dabei jeweils die Rechenwege genannt.
Eintrag von Überschrift und Pfeilaufgaben ins *Merkheft.*
Übertragen auf die Subtraktion
Folie:

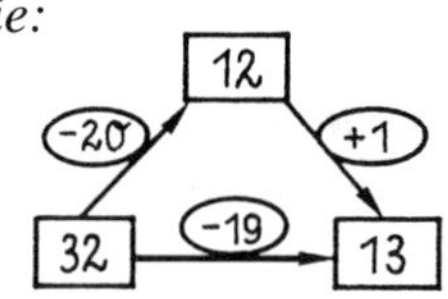

Wieder machen wir aus 19 eine Zehnerzahl, rechnen − 20 und müssen dann 1 dazuzählen.
Weitere Beispiele analog der Folie. Eintrag ins *Merkheft.*

Vertiefung: 37 + 18 = 37 + 20 − 2 usw.
37 + 17 = 37 + 20 − 3 usw.

1.7 Rechnen mit ZE und Einern (mit Zehnerübergang)

Lernziele: Zehnerüberschreitendes Addieren und Subtrahieren mit Hilfe des Zerlegens

Material
Ein Softball oder ein mit Reiskörnern, Linsen oder Bohnenkernen gefülltes Stoffsäckchen, für jede Gruppe ein halber Satz eines Romméspiels, Arbeitsblatt 11

* *Kopfrechnen*
Ergänzen und Vermindern zum nächsten Zehner. Die Lehrerin wirft den Ball oder das Säckchen zu einem Kind und nennt eine Zahl, z. B. 73. Das Kind sagt dazu die Aufgaben $73 + 7 = 80$ und $73 - 3 = 70$, nennt eine neue Zahl und wirft das Säckchen weiter.

* *Erarbeitung im Spiel*
Die Lehrerin spielt das Spiel „Umzingeln" mit etwa fünf anderen Kindern vor und erläutert es dabei.
Spielverlauf: Aus dem Kartenspiel werden zunächst Bube, Dame und König entfernt, so daß nur die Zahlwerte übrig bleiben. Man kann deshalb auch ausrangierte Spiele mit fehlenden Karten verwenden und die Kinder bitten, solche mitzubringen anstatt wegzuwerfen. Die Karten werden gemischt und verdeckt in die Mitte auf einen Stoß gelegt. Der erste Spieler wählt eine Zahl aus zwischen 30 und 60 und schreibt sie auf einen Zettel. Reihum nimmt nun jeder eine Karte vom Stoß und legt sie offen in einer Schlange aus. Dabei werden fortlaufend die gezogenen Zahlen addiert, und jeder nennt laut seine Rechnung, z. B.:

Lehrerin	Kind 1	Kind 2	Kind 3	Kind 4	Kind 5	Kind 1	Kind 2	Kind 3
3	As	6	8	7	9	10	9	4
$0 \xrightarrow{+3} 3$	$3 \xrightarrow{+1} 4$	$4 \xrightarrow{+6} 10$	$10 \xrightarrow{+8} 18$	$18 \xrightarrow{+7} 25$	$25 \xrightarrow{+9} 34$	$34 \xrightarrow{+10} 44$	$44 \xrightarrow{+9} 53$	$53 \xrightarrow{-4} 49$

Die anderen prüfen dabei, ob jeder richtig rechnet. Wird die Zielzahl, z. B. 49, überschritten, so darf auch subtrahiert werden. Meistens wird sie nicht so schnell erreicht wie hier dargestellt, sondern wird mehrmals über- und unterschritten, also umzingelt. Wer die Zielzahl erreicht, hat die Runde gewonnen und bekommt einen Punkt. Dann nennt das zweite Kind eine neue Zielzahl, und es beginnt eine neue Runde.
(Spiel aus Radatz/Schipper, S. 169)

Erklären des Rechenwegs
Lehrerin: Bei diesem Spiel muß man häufig über eine Zehnerzahl hinweg rechnen. Wer weiß noch aus der zweiten Klasse, wie das geht?
Erklärungsversuche der Kinder
Lehrerin: Das Zerlegen der zweiten Zahl können wir gut an der Pfeilaufgabe sehen.
Tafelanschrift: So rechnen wir über den Zehner:

Wir zerlegen die Einer und rechnen zuerst zum nächsten Zehner.

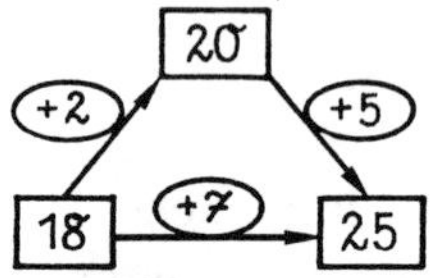

Dann zählen wir die übrigen Einer dazu.
$18 + 7 = 18 + 2 + 5 = 25$

Analog wird das Subtrahieren erklärt.
Nun wird ca. 20 bis 30 Min. in Gruppen gespielt, wobei jeder nach Möglichkeit eine Zielzahl vorschlagen darf.

* *Weiterführung*
- Unsichere Rechner rechnen an der Tafel vor, sprechen dazu und füllen eine Pfeilaufgabe aus, während die anderen Kinder für sich arbeiten. So kann die Lehrerin überprüfen, ob auch wirklich alle Kinder den Zehnerübergang beherrschen.
- Tausch- und Umkehraufgaben/Lösen von Aufgaben mit Platzhalter
- Überprüfen von Ergebnissen mit Hilfe der geraden und ungeraden Zahlen
- Arbeitsblatt 11

1.8 Die Einmaleinsreihen mit 2, 4 und 8 (Wiederholung)

Lernziele
- Wiederholen der o. a. Einmaleinsreihen
- Zusammenfassen und Zerlegen von Malaufgaben (Erkennen von Beziehungen)
- Fortsetzen von Mustern (Geometrie)

Material
Folie, Schneidermaßband und Büroklammern für schwache Rechner, AB 12

Name:	Datum:	AB 11

ZE plus oder minus E

1 Rechne zuerst zur nächsten Zehnerzahl!

ⓐ +8 (+6, +2)

14	20	
34		
74		
54		
84		

ⓑ −7

33	30	
43		
63		
73		
93		

ⓒ −9

26		
56		
66		
86		
96		

2 Pfeilaufgaben

ⓐ
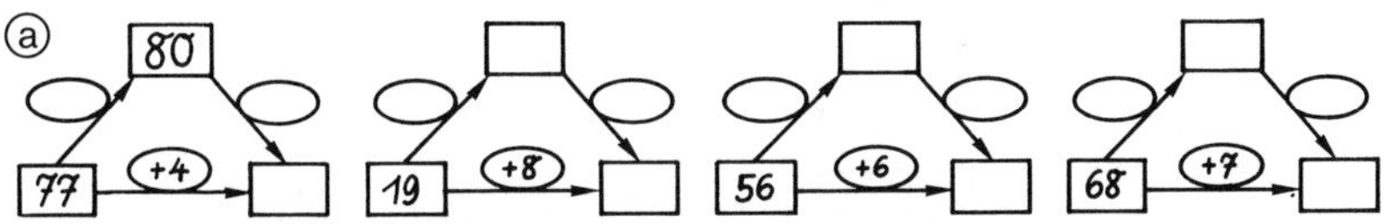

ⓑ
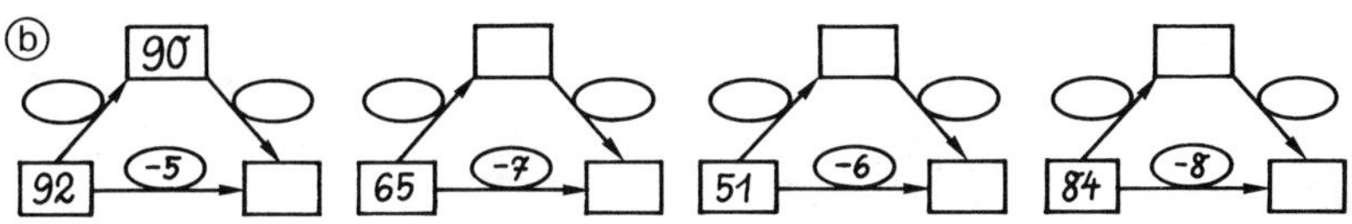

ⓒ
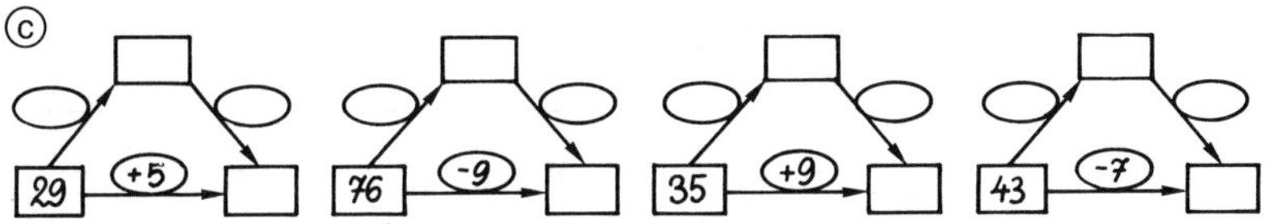

3

Umkehraufgabe	Tauschaufgabe	Aufgabe	Umkehraufgabe
		26 + 9 =	
			44 − 6 =
	5 + 67 =		
		89 + 7 =	
	3 + 38 =		

Name: **Datum:** **AB 12**

Das 1 · 2, das 1 · 4 und das 1 · 8

1

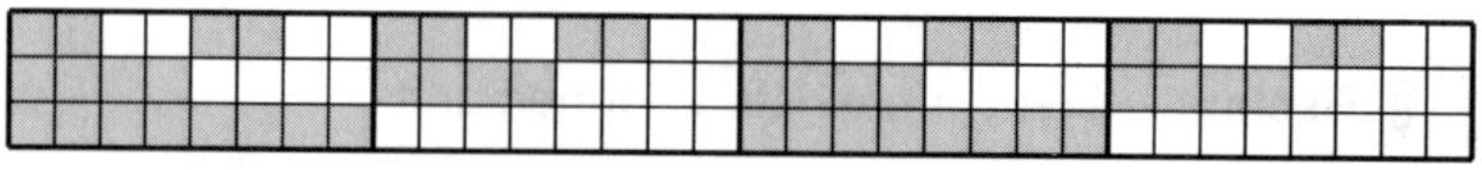

1 · 8 = ☐ · 4   2 · 8 = ☐ · 4   3 · 8 = ☐ · 4   4 · 8 = ☐ · 4

8 = ☐ · 2   16 = ☐ · 2   24 = ☐ · 2   32 = ☐ · 2

2 Die Denkreihe

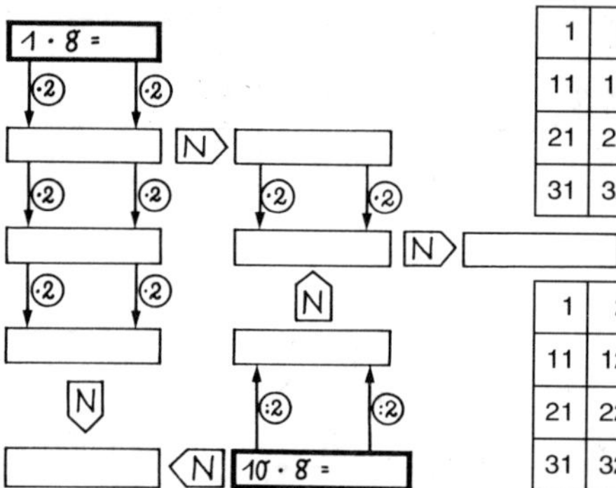

3 Male die Viererzahl lila an und unten die Achterzahlen braun!

1	2	3	4	5	6	7	8	9	10
11	12	13	14	15	16	17	18	19	20
21	22	23	24	25	26	27	28	29	30
31	32	33	34	35	36	37	38	39	40

1	2	3	4	5	6	7	8	9	10
11	12	13	14	15	16	17	18	19	20
21	22	23	24	25	26	27	28	29	30
31	32	33	34	35	36	37	38	39	40
41	42	43	44	45	46	47	48	49	50
51	52	53	54	55	56	57	58	59	60
61	62	63	64	65	66	67	68	69	70
71	72	73	74	75	76	77	78	79	80

4

Umkehraufgabe	Tauschaufgabe	Aufgabe	Umkehraufgabe
		7 · 4 =	
	4 · 9 =		
			56 : 8 =
	8 · 3 =		
			48 : 8 =
	8 · 9 =		

5 Male die Muster weiter!

☐ Vierer = ☐ Kästchen

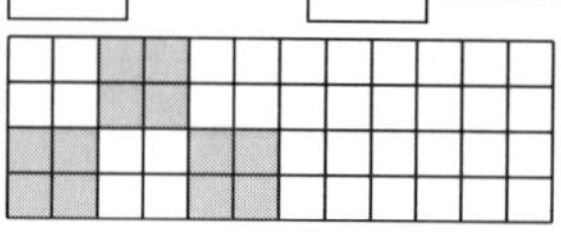

☐ Achter = ☐ Kästchen

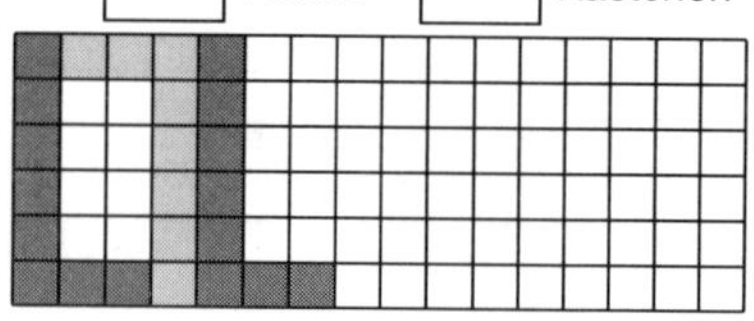

1. Einheit: Das 1 · 4

∗ *Tafelbild oder Folie:*

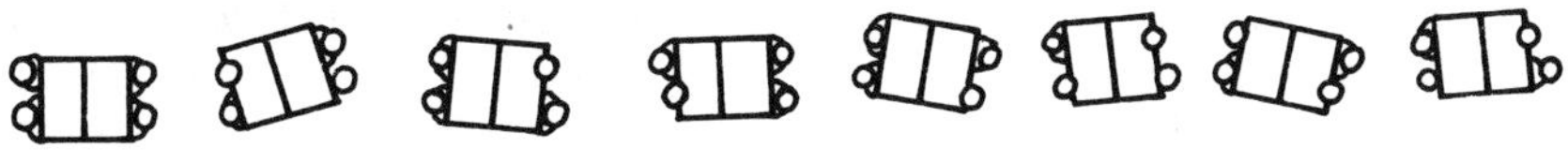

Die Abbildung wird kurz gezeigt. Die Kinder sollen sich dazu eine Rechengeschichte ausdenken. Eine gelungene Fassung schreibt die Lehrerin an die *Tafel.* Tafelanschrift, falls kein passender Vorschlag kommt:
In der Klasse 3a sitzen immer vier Kinder in einer Gruppe. Es sind 8 Tischgruppen. Wie viele Kinder sind in der Klasse 3a?
Auf dem Bild wird nun ein Vierertisch nach dem anderen aufgedeckt und dabei gesprochen: $1 \times 4 = 4$, $2 \times 4 = 8$, $3 \times 4 = 12 \ldots$

Tafelanschrift: [R] $8 \cdot 4 = 32$
[A] Es sind 32 Kinder.

∗ *Aufbau der Viererreihe an der Tafel:*

a)		b) Tauschaufgabe
$1 \cdot 2 = \square$	$1 \cdot 4 = \square$	$4 \cdot 1 = \square$
$2 \cdot 2 = \square$	$2 \cdot 4 = \square$	$4 \cdot 2 = \square$
$3 \cdot 2 = \square$	$3 \cdot 4 = \square$	$4 \cdot 3 = \square$

. . .

a) *Lehrerin:* Wer das leichte Einmalzwei kann, kann auch das Einmalvier!
→ Man muß das Einmalzwei nur verdoppeln.
Sprechen: $1 \times 2 = 2$. Das Doppelte ist $1 \times 4 = 4 \ldots$

b) Danach werden die Tauschaufgaben genannt und angeschrieben. Übernahme der Tafelanschrift als *Hefteintrag.*

∗ *Weiterführung*
- Aufbau der Denkreihe mit Hilfe einer Folie (vgl. AB 12)
- Nennen und Aufschreiben der Umkehraufgaben

2. Einheit: Zusammenfassen und Zerlegen von Malaufgaben

Die Lehrerin legt auf den *Tageslichtprojektor* vier Viererstäbe und mit Abstand daneben nochmals vier Viererstäbe.
Die Kinder nennen die Aufgaben. *Tafelanschrift:*
$4 \cdot 4 = 16$ $\quad$ $4 \cdot 4 = 16$
Lehrerin: Wer kann aus diesen beiden Malaufgaben e i n e Malaufgabe machen? → Am Projektor werden alle Viererstäbe untereinandergelegt.

Tafelanschrift:

Aus zwei leichten Malaufgaben machen wir eine schwere Malaufgabe!

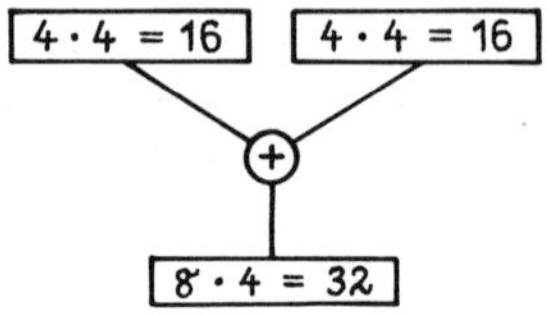

Lehrerin: Mit dem Rechenplan können wir den Rechenweg gut zeigen.

Legen von weiteren Aufgaben und entsprechende Tafelanschrift. *Arbeitsblatt* mit weiteren Aufgaben:

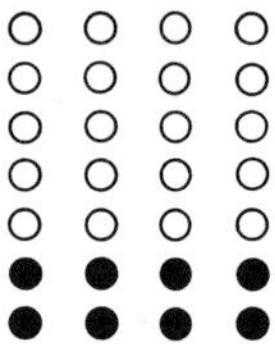

$5 \cdot 4 = \square$
$-\ 2 \cdot 4 = \square$
$\square \cdot 4 = \square$

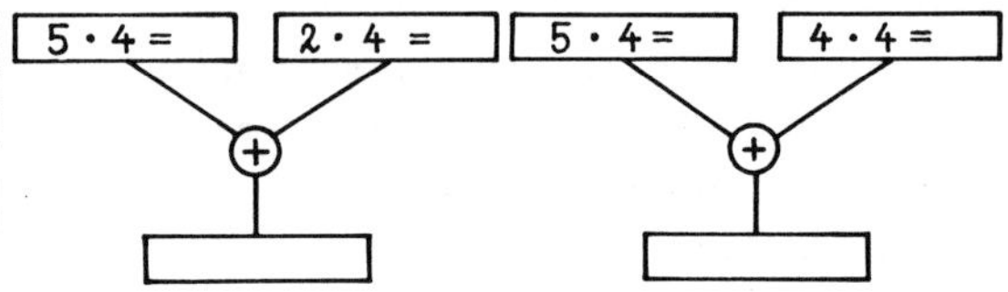

$\boxed{5 \cdot 4} + \boxed{2 \cdot 4} = 7 \cdot 4 = 28$

Erklärung: Wenn wir plus und mal rechnen sollen, müssen wir immer zuerst die Malaufgabe rechnen. (*Hilfe:* Rahmen um die Malaufgabe)

∗ *Zerlegen von Malaufgaben*
Tafelanschrift als Impuls: Aus einer schweren Malaufgabe machen wir zwei leichte Malaufgaben!

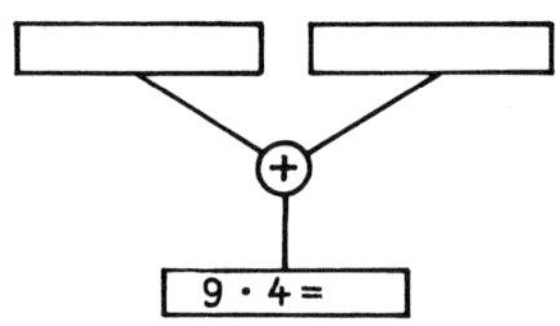

Die Kinder nennen ihre Lösungsvorschläge und schieben auf dem Projektor die neun Viererstäbe entsprechend auseinander. Die verschiedenen Möglichkeiten werden erklärt und an der *Tafel* festgehalten:

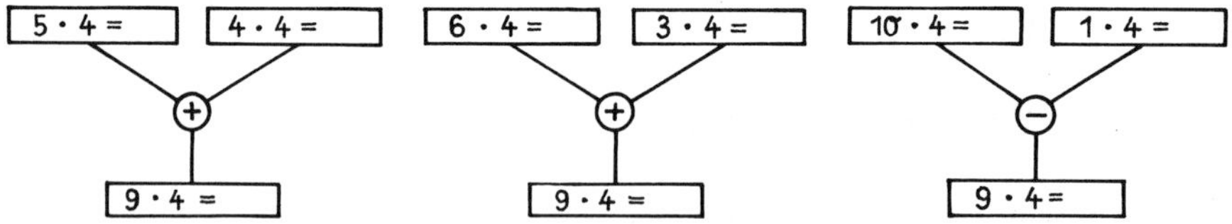

$9 \cdot 4 = \boxed{5 \cdot 4} + \boxed{4 \cdot 4}$ $\quad 9 \cdot 4 = \boxed{6 \cdot 4} + \boxed{3 \cdot 4}$ $\quad 9 \cdot 4 = \boxed{10 \cdot 4} - \boxed{1 \cdot 4}$

$9 \cdot 4 = 20 + 16$ $\quad 9 \cdot 4 = 24 + 12$ $\quad 9 \cdot 4 = 40 - 4$

Auf den neuen Rechenweg $10 \times 4 - 1 \times 4$ wird besonders eingegangen, indem zehn Viererstäbe gelegt werden, und dann einer weggenommen wird. Übertragen auf weitere Aufgaben: $9 \cdot 5, 9 \cdot 2, 8 \cdot 4, 8 \cdot 5$.

Legen weiterer Beispiele: $7 \cdot 4$, $6 \cdot 4$

Arbeitsblatt:

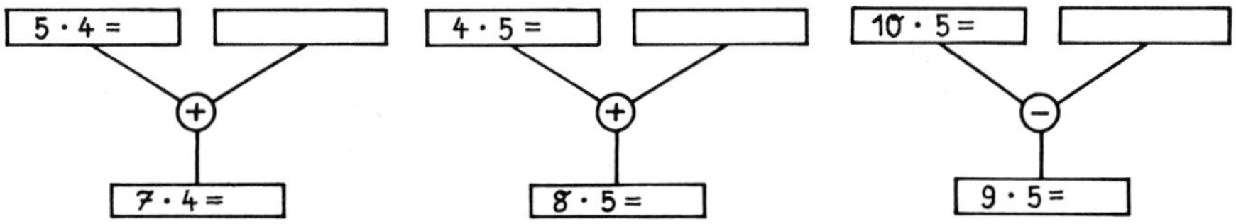

Nach dem Motto „Das Neunfache ist leicht zu rechnen." können nach dem Schema $10 \cdot x - 1 \cdot x = 9 \cdot x$ die Neunfachen von allen Einmaleinsreihen gebildet werden.

3. Einheit: Das 1 · 8

∗ *Aufbau der Achterreihe an der Tafel durch Verdoppeln der Viererreihe:*

		Tauschaufgaben
$1 \cdot 4 = 4$	$1 \cdot 8 = 8$	$8 \cdot 1 = 8$
$2 \cdot 4 = 8$	$2 \cdot 8 = 16$	$8 \cdot 2 = 16$
$3 \cdot 4 = 12$	$3 \cdot 8 = 24$	$8 \cdot 3 = 24$

...

Sprechen: $1 \cdot 4 = 4$. Das Doppelte ist $1 \cdot 8 = 8$

∗ *Weitere Übungsmöglichkeiten*
- Aufbau der Denkreihe
- Bilden der Umkehraufgaben
- Zusammenfassen und Zerlegen von Malaufgaben

∗ *Vergleichen der Einmaleinsreihen mit 2, 4 und 8*
- Schwache Rechner stecken mit Büroklammern die Viererzahlen bis 40 und die Achterzahlen bis 80 am Schneidermaßband.
- Aufträge an der Tafel/auf Folie für *Rechenprofis:*

a) Schreibe die Zweierzahlen bis 80 auf!
b) Unterstreiche die Viererzahlen blau!
c) Unterstreiche die Achterzahlen rot!
d) Schreibe die Achterzahlen auf!
e) Schreibe nur den richtigen Satz auf:
Alle Zweierzahlen sind auch Achterzahlen.
Alle Viererzahlen sind auch Achterzahlen.
Alle Achterzahlen sind zugleich Viererzahlen und Zweierzahlen.

- *Arbeitsblatt 12* Nr. ①: Zuerst Reihe für Reihe aufdecken und die Einmaleinsreihe nennen, dann die Reihen vergleichen: Vier Zweier sind genauso lang wie zwei Vierer oder ein Achter...

4. Einheit: Teiler

Lehrerin: Lena möchte für ihre Freundin ein Armband aus 24 Perlen machen. Sie will die Perlen in einem Muster auffädeln und immer nach gleich vielen Perlen die Farbe wechseln. Wie kann das Armband aussehen?
Die Kinder legen oder zeichnen und stellen dann ihren Vorschlag vor, den die Lehrerin auf *Folie* zeichnet:

○ ○	24
● ● ● ● ○ ○ ○ ○ ● ● ● ● ○ ○ ○ ○ ● ● ● ● ○ ○ ○ ○	24 : 4 = 6
○ ○ ○ ○ ○ ○ ● ● ● ● ● ● ○ ○ ○ ○ ○ ○ ● ● ● ● ● ●	24 : 6 = 4
● ● ● ● ● ● ● ● ○ ○ ○ ○ ○ ○ ○ ○ ● ● ● ● ● ● ● ●	24 : 8 = 3
○ ○ ○ ● ● ● ○ ○ ○ ● ● ● ○ ○ ○ ● ● ● ○ ○ ○ ● ● ●	24 : 3 = 8
● ● ○ ○ ● ● ○ ○ ● ● ○ ○ ● ● ○ ○ ● ● ○ ○ ● ● ○ ○	24 : 2 = 12
○ ○ ○ ○ ○ ○ ○ ○ ○ ○ ○ ○ ● ● ● ● ● ● ● ● ● ● ● ●	24 : 12 = 2

Sprechen: Lena kann immer nach vier Perlen die Farbe wechseln, denn 24 : 4 = 6 usf.
Lehrerin: 24 können wir durch viele Zahlen teilen. Wir nennen diese Zahlen Teiler von 24.
Sprechreihe: 4 ist Teiler von 24...
Lehrerin: Natürlich kann Lena auch immer nach einer Perle die Farbe wechseln. Wie heißt die Geteiltaufgabe dazu? (24 : 1 = 24) Und wie heißt die Geteiltaufgabe, wenn Lena nur Perlen in einer Farbe verwendet? (24 : 24 = 1)
Die beiden Aufgaben werden noch auf Folie geschrieben, und es wird dazu gezeichnet.
Merksatz: Jede Zahl kann man durch 1 und sich selbst teilen.
Jede Zahl hat 1 und sich selbst als Teiler.
Arbeitsblatt für Rechenprofis:

Kreuze an!	1	2	3	4	5	6	7	8	9	10	12
Teiler von 20	×	×		×	×					×	
Teiler von 24											
...											

1.9 Die Lösungsschritte einer Sachaufgabe

Lernziele

- Wiederholen der aus dem 2. Schuljahr bekannten Lösungsschritte: (Rechen)Frage, Rechnung, Antwort
- Erweitern des Schemas: Genaues Lesen, Fragen zum Text, Unterstreichen von Angaben, Überprüfen der Lösung

Material

Eine Handpuppe, für je zwei Kinder ein Folienstreifen, Arbeitsblätter 13 und 14; ein mit Papierstreifen abgedecktes *Merkplakat:*
Tips für Rechengeschichten und Sachaufgaben:

① Lies genau!

② Frage, wenn du etwas nicht verstanden hast!

F ③ Suche die Frage!

④ Unterstreiche wichtige Zahlen und Wörter!

R ⑤ Suche die Rechnung und rechne aus!

⑥ Überprüfe das Ergebnis!

A ⑦ Schreibe die Antwort auf!

* *Motivation und Zielangabe*

Die Lehrerin führt die *Handpuppe* und läßt sie sprechen: Och (seufzend), mit dieser Rechengeschichte komme und komme ich nicht weiter. Übrigens hallo, ihr kennt mich ja noch gar nicht. Ich bin der Florian und tue mir mit Rechengeschichten immer etwas schwer. Ich weiß schon, die Lehrerin hat neulich zwar erklärt, wie man eine Rechengeschichte löst. Aber na, ihr wißt schon. Entweder hab ich nicht richtig aufgepaßt, oder es schon wieder vergessen. Vielleicht könnte ihr mir ja helfen. Ich will euch mal meine Rechengeschichte zeigen.

Tafelanschrift/Folie:

Die Kinder der Klasse 3a sitzen in acht Gruppen mit je vier Kindern. Für jede Gruppe hat die Lehrerin einen Strauß mit acht Astern mitgebracht.

* *Erarbeitung*

Die Lehrerin greift passende Schüleräußerungen auf.

Lehrerin: Damit es euch nicht so geht wie dem Florian, habe ich ein *Merkplakat* mit Ratschlägen vorbereitet. (Zeigen des Plakates) Was könnte der erste Rat für Florian sein?

Nennen und Aufdecken: ① Lies genau!

Lehrerin: Florian meint sicher, er hat schon genau gelesen. Darum gib ihm Tips, was er alles tun kann. → *Tafelanschrift,* z. B.:

So lese ich genau:

Ich lese einmal in der „Fischsprache".
Ich lese zweimal still nur mit den Augen.
Ich lese meinem Nachbarn flüsternd vor.
Ich decke Satz für Satz mit der Hand ab und sage ihn auswendig.
Ich sage die ganze Rechengeschichte auswendig auf.
Ich lese noch einmal laut vor.
...

Die Kinder führen alle genannten Möglichkeiten des genauen Lesens durch. Zum Schluß führt ein Kind die Handpuppe und läßt Florian diese nochmals wiederholen.
Lehrerin mit Handpuppe: Jetzt versteh ich diese Rechengeschichte schon viel besser. Danke, Kinder! Aber eine Frage hab ich noch: Was bedeutet „acht Gruppen mit je vier Kindern"? Schüleräußerungen
Lehrerin: Was der Florian gerade getan hat, steht als zweiter Rat auf unserem Plakat.
Nennen und Aufdecken: | ② Frage, wenn Du etwas nicht verstanden hast! |
Auftrag: Lies die Rechengeschichte nochmals, und frage uns, was dir unklar ist! → Klären möglicher Fragen
Lehrerin mit Handpuppe: Ha, nun weiß ich die Rechnung. $8 \cdot 4 = 32$! → Die Kinder widersprechen und begründen: Wir müssen zuerst die Frage suchen, damit wir wissen, w a s man überhaupt ausrechnen soll. → *Aufdecken* am Plakat: | ③ Suche die Frage! |
Auftrag: Überlege zusammen mit deinem Nachbarn die richtige Frage! Einer von euch soll sie auf den *Folienstreifen* schreiben und dann auf den *Projektor* (ausgeschaltet) legen. → Partnerarbeit
Lehrerin mit Handpuppe: Nun, die Frage heißt, die Frage heißt natürlich: Wie viele Kinder sind in der Klasse 3a?
Die Fragen am Projektor werden gezeigt, vorgelesen, nach sinngemäßer Zusammengehörigkeit geordnet und auf ihre Richtigkeit hin überprüft.
Weitere mögliche falsche Fragen: Wie viele Kinder sind in jeder Gruppe? Wie viele Blumen sind in einem Strauß? Wie viele Blumen bekommt jedes Kind?...
Gespräch: Die Anzahl der Kinder ist nicht gefragt, denn sonst wäre der Satz mit den Blumen überflüssig. Es muß also mit den Blumen gerechnet werden.
Lehrerin: Man findet die Frage leichter, wenn man in der Rechengeschichte wichtige Zahlen und Wörter unterstreicht (oder mit Leuchtstift anmalt).
Aufdecken und Vorlesen: | ④ Unterstreiche wichtige Zahlen und Wörter! |
Ein Kind führt dies an der Tafel durch: acht Gruppen – für jede Gruppe – acht Astern
Lehrerin: Nun könnt ihr die falschen Fragen vom Projektor wegnehmen!
Lesen der richtigen Fragen:
Wie viele Blumen hat die Lehrerin (insgesamt) mitgebracht?
Wie viele Astern sind es insgesamt?...
Lehrerin mit Handpuppe: Danke für eure Hilfe! Nun ist es ja wirklich ein Kinderspiel. Die Rechnung heißt: $8 \times 8 = 68$.
→ Schüleräußerungen

Lehrerin: Nun können wir die beiden nächsten Streifen vom Plakat entfernen. → Aufdecken und Vorlesen:

| ⑤ Suche die Rechnung und rechne aus! |

| ⑥ Überprüfe das Ergebnis! |

Auftrag: Überlegt mit dem Nachbarn zusammen, wie Florian seine Rechnung überprüfen könnte, und schreibt euren Vorschlag auf den *Block*! → Sammeln der Vorschläge und *Tafelanschrift:*

So kann ich meine Rechnung überprüfen:
Ich lege mit Stäben.
Ich zeichne.
Ich suche eine leichtere Rechnung.

Die dritte Möglichkeit muß hier wahrscheinlich die Lehrerin vorgeben. Danach schreiben die Kinder „leichtere Rechnungen" auf (Zettel einsammeln als Hinweis auf die Denkwege der Kinder!), z. B.

- Plusaufgabe: $8 + 8 + 8 + 8 + 8 + 8 + 8 + 8 = 64$
- Zerlegte Malaufgabe: $8 \times 8 = 5 \times 8 + 3 \times 8$
  $8 \times 8 = 4 \times 8 + 4 \times 8$
  $8 \times 8 = 10 \times 8 - 2 \times 8$

Lehrerin mit Handpuppe: Ohne euch, Kinder, hätte ich das nie geschafft. Aber jetzt weiß ich endlich genau, wie ich eine Rechengeschichte lösen muß. → Die Kinder wenden ein, daß die Antwort noch fehlt. *Aufdecken und Vorlesen:*

| ⑦ Schreibe die Antwort auf! |

Lehrerin mit Handpuppe: Die Antwort?! Ach so, laß mich noch mal die Frage lesen. Wie viele Blumen hat die Lehrerin insgesamt mitgebracht? – Nun ja, wenn ich die Wörter aus dem Fragesatz umstelle, dann hab ich die Antwort gleich. Sie heißt: ...

Tafelanschrift: Die Lehrerin hat insgesamt 64 Blumen mitgebracht.

Lehrerin mit Handpuppe: Tschüs Kinder, nun muß ich aber schnell alles in mein Heft schreiben, damit ich eure tollen Tips nicht vergesse.

* *Sicherung und Anwendung*
  - Hefteinträge: Bei unsichtbarer Lösung schreiben die Kinder Frage, Rechnung, Überprüfung der Lösung und Antwort ins Heft. Abschreiben des Merkplakats (Wiederholung am nächsten Tag)
  - Arbeitsblätter 13 (Lösung ins Heft schreiben) und 14

Name:	Datum:	AB 13

Ich löse eine Rechengeschichte ganz allein.

Knicke zuerst bei ① das Blatt um!

> Im Blumengeschäft Tausendschön kostet ein Alpenveilchen 8 DM. Frau Weiß kauft um 56 DM Alpenveilchenstöcke ein.

Wenn du nicht weiterkommst, falte ① auf und knicke bei ② um!

① ?? ①

1. Hilfe zum Verstehen der Rechengeschichte

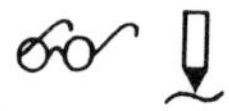

Frau Weiß bezahlt:

Findest du nun die Frage allein? Wenn nicht, falte ② auf und knicke bei ③ um!

② ?? ②

2. Hilfe

F Wie viele Stöcke kauft Frau Weiß?

Findest du nun die Rechnung allein? Wenn nicht, falte ③ auf und knicke bei ④ um!

③ ?? ③

3. Hilfe

R 56 DM : 8 DM = ☐

U ☐ · 8 DM = 56 DM

Rechenplan

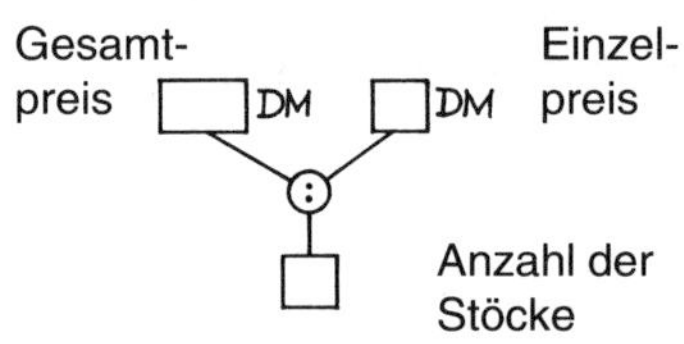

Überprüfe das Ergebnis!
Schreibe die Antwort auf, falte ④ auf und überprüfe!

④ ?? ④

4. Hilfe

A Frau Weiß kauft 7 Stöcke.

Name:	Datum:	AB 14

Im Blumengeschäft TAUSENDSCHÖN

1. Vor Flora liegen 28 Rosen. sie bindet daraus 4 gleiche Sträuße.

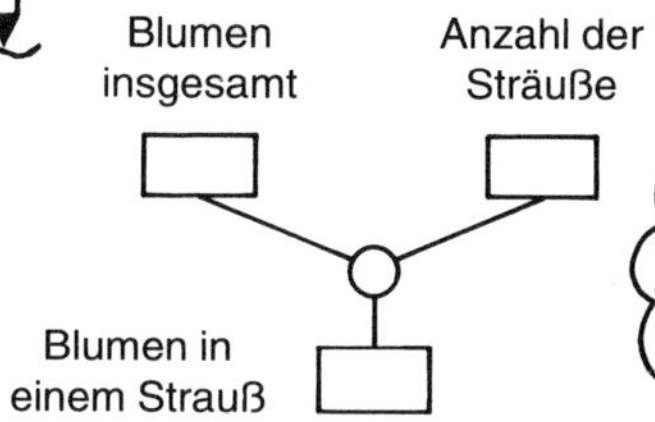

2. Linda hat 48 Nelken vor sich. Sie soll Sträuße mit je 8 Nelken binden.

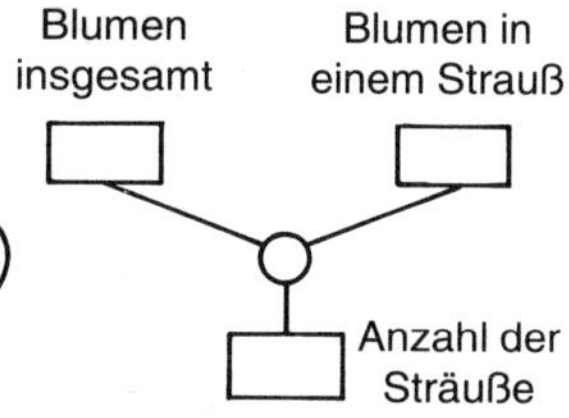

F ______________________
____
R ______________________
U ______________________
A ______________________
____

F ______________________
____
R ______________________
U ______________________
A ______________________
____

3. Welche Aufgabe paßt? Male das Feld gelb an! Rechne alle Aufgaben aus!

ⓐ Aus 45 Astern werden 5 Sträuße gemacht. Wie viele Astern sind in jedem Strauß? ☐ Astern

45 : 9 =	9 · 5 =	5 · 9 =	45 : 5 =

ⓑ Frau Blüm bindet aus 72 Nelken Sträuße mit immer 8 Nelken. Wie viele Sträuße kann sie binden? ☐ Sträuße

8 · 9 =	9 · 8 =	72 : 8 =	72 : 9 =

ⓒ Herr Ros kauft um 32 DM 8 Rosen. Wieviel kostet eine Rose? ☐ DM

32 : 4 =	32 : 8 =	4 · 8 =	8 · 4 =

ⓓ 36 Astern werden auf 4 Vasen verteilt. Wie viele Astern sind in jeder Vase? ☐ Astern

36 : 4 =	36 : 9 =	9 · 4 =	4 · 9 =

1.10 Genaues Lesen von Sachaufgaben: auf dem Volksfest

Lernziele:
- Selbständiges Formulieren von Sachaufgaben zu Zahlenvorgaben
- Genaues Lesen von Sachaufgaben
- Zuordnen von Fragen zum Text
- Anwenden des Lösungsschemas (vgl. 1.9)

Material: Folie (s. S. 51), Arbeitsblatt 15

* *Einstieg*
  Die Lehrerin zeigt die *Folie* mit der Abbildung.
  Lehrerin: Stell dir vor, du hättest einen Goldesel und könntest so viel Geld auf dem Volksfest ausgeben wie du wolltest. Was würdest du alles tun? Was würdest du dir alles kaufen? Schreibe auf den Block, was du dafür bezahlen müßtest! (Angaben auf der Folie beachten, evtl. auch weitere Preise hinzufügen!) Du kannst dabei leise mit deinem Nachbarn sprechen und beraten.
  Die Kinder notieren ihre Wünsche und die Preise.

* *Textarbeit: Eigene Formulierungsversuche*
  Ein Kind trägt seine Wünsche vor.
  Lehrerin: Wie könnten wir diese Wünsche als Rechengeschichte aufschreiben?
  Gemeinsam wird eine Sachaufgabe formuliert, die die Lehrerin als Beispiel an die *Tafel schreibt.*
  Lehrerin: Sicher möchtet ihr nun alle erzählen, was ihr auf dem Volksfest tut. Doch das würde sehr lange dauern. Schreibt deshalb eure Wünsche als Rechengeschichte auf. Dann werden wir in den nächsten Tagen all eure Rechengeschichten lesen und lösen. Jedes Kind versucht mit Hilfe des Partners, eine Rechengeschichte auf einen Zettel zu schreiben.

* *Weiterführung*
  An den folgenden Tagen schreibt die Lehrerin jeweils einige Rechengeschichten an die Tafel. Dabei werden logische Fehler gemeinsam aufgespürt und die Rechengeschichten gemeinsam so in Form gebracht, daß man sie lösen kann.

* *Rechenübung*
  Lehrerin: Familie Lustig hat keinen Goldesel und kann sich auf dem Volksfest nicht alle Wünsche erfüllen. Frau Lustig sagt deshalb: Zusammen dürfen wir höchstens 40 DM ausgeben. Schreibe auf, was sich jeder kaufen kann!

Eine Fahrt nur 6 DM!
KASSE
Zum Ponyreiten 1 Ritt 8 DM
IMBISS
★ Zuckerwatte 2 DM
★ Käsebrot 1 DM 60
★ Semmel m. Würstchen 3 DM 50
★ Big Meck 4 DM
★ Portion Pommes 1 DM 80
★ Schaschlik 4 DM 20
AUTO-SCOOTER
1 Chip 3 DM
10 Chips 20 DM
LOSE!
5 Lose 1 DM 50 Pf
10 Lose 2 DM 50 Pf
Herr Lustig
Freddi
Frau Lustig
Lena
GEISTERBAHN
1 Fahrt 5 DM 60 Pf
Schreck
1 Riesen Luftballon nur 90 Pf!
Schießbude
3 Schuß 3 DM
5 Schuß 4 DM
10 Schuß 5 DM
Zum Festzelt
1 Fahrt 2 DM
3 Fahrten 5 DM

Name: **Datum:** **AB 15**

Rechengeschichten-Puzzle

Rechengeschichte		Frage	Ergebnis
(1) Das Riesenrad hat 10 Gondeln. In jede Gondel passen 8 Leute.	Er hat 20 DM dabei.	Wie viele Hähnchen kauft sie?	5 DM 40 Pf
(2) Susi kauft sich ein Lebkuchenherz um 2 DM 50 Pf.	Davon sind 34 Plätze besetzt.	Wieviel Geld muß er bezahlen?	50 Pf
(3) Hubert gibt 5 DM 60 Pf für eine Fahrt mit der Geisterbahn aus und 9 DM für den Auto-Scooter.	Am Vormittag hat er 25 Hähnchen verkauft, am Nachmittag 63.	(1) Wie viele Leute fahren mit?	3
(4) Das Kaspertheater hat 75 Plätze.	Eine Karte für einen Ritt kostet 8 DM.	Wie viele Plätze sind frei?	7 DM 50 Pf
(5) Am Imbißstand kauft sich Freddi einen Big Meck um 4 DM.	(1) 9 Gondeln sind besetzt.	Wieviel kostet ein Schuß?	88
(6) Herr Gockel verkauft gegrillte Hähnchen.	In einer Stunde hat er 24 rote, 48 gelbe und 12 blaue Luftballons verkauft.	Wieviel Geld gibt sie aus?	41
(7) Ein halbes Hähnchen kostet 4 DM.	Dann fährt sie noch dreimal mit dem Karussell und bezahlt dafür 5 DM.	Wie viele Hähnchen hat er an diesem Tag verkauft?	72
(8) Der Luftballonverkäufer hat 100 Riesenluftballons aufgeblasen.	Dafür darf er zehnmal schießen.	Wieviel Geld bleibt ihm übrig?	5 DM 80 Pf
(9) In einer Stunde hat Frau Ritter am Ponystand 72 DM eingenommen.	Dann kauft er sich noch eine Portion Pommes um 1 DM 80 Pf.	Wie viele Karten hat sie verkauft?	16
(10) An der Schießbude gibt Herr Lustig 5 DM aus.	Frau Fröhlich kauft für 24 DM Hähnchen ein.	Wie viele Ballons hat er noch übrig?	9

Gemeinsam wird ein Beispiel an der *Tafel* erarbeitet:
4 Karten zu je 5 DM 60 Pf für die Geisterbahn:
$4 \cdot 5\,DM + 4 \cdot 60\,Pf = 22\,DM\ 40\,Pf$
einmal Karussell und einmal Reiten für Lena: 2 DM + 8 DM = 10 DM
5 Lose für Freddi: 1 DM 50 Pf
An der Schießbude 5 Schuß für Herrn Lustig: 4 DM
Zusammen: 22 DM 40 Pf + 10 DM + 5 DM 50 = 37 DM 90

∗ *Textarbeit: Erkennen von Sachzusammenhängen* (neuer Tag)
- Kopfrechnen
- Bearbeiten von ein oder zwei Rechengeschichten, die die Kinder am Vortag aufgeschrieben haben.

Lehrerin: Auf dem Blatt mit dem Rechengeschichten-Puzzle kannst du noch andere Volksfestrechengeschichten finden. Doch jede Rechengeschichte ist in zwei Teile zerteilt. Du mußt also ganz genau lesen, damit du merkst, was zusammengehört. Gib dann jedem Rechengeschichtenteil die gleiche Nummer! Danach kannst du die Teile ausschneiden, in dein Heft kleben und nun die Rechengeschichte lösen.

1.11 Halbieren und Verdoppeln

Lernziel: Verdoppeln und Halbieren durch Zerlegen der Zahl in Zehner und Einer
Material: Folie (s. S. 51), Arbeitsblatt 16

∗ *Einstieg*
Es wird nochmals die *Folie* vom Volksfest gezeigt.
Impuls: Am vorletzten Tag, am Kindernachmittag, kostet auf dem Volksfest alles nur die Hälfte.
Sprechreihe: Eine Zuckerwatte kostet statt 2 DM nur 1 DM...

∗ *Anknüpfung an Vorwissen*
Lehrerin: Es gibt Zahlen, die leicht zu halbieren sind. Die Kinder nennen eine selbst gewählte Zahl und halbieren sie, z. B. $40 = 20 + 20$. Dabei soll keine Zahl zweimal genannt werden.
Lehrerin: Nicht alle Zahlen können wir halbieren. →Nur gerade Zahlen kann man halbieren.
Je ein Kind nennt die geraden Zahlen innerhalb eines Zehners, also 2, 4, 6, 8, 10. Das nächste: 12, 14, 16, 18, 20 usf.

Name:	Datum:	AB 16

Halbieren und Verdoppeln

1 Zerlege in Z und E und verdopple!

·2

26 = 20 + 6	40 + 12 = 52
17	
39	
38	
46	
37	
19	
48	
36	
18	
49	

2 Verdopple, zeichne und rechne!

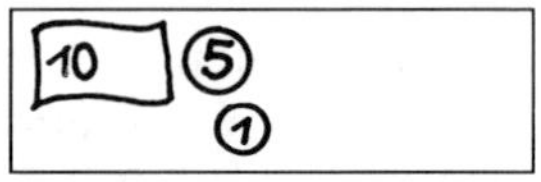

16 DM · 2 = ☐ DM

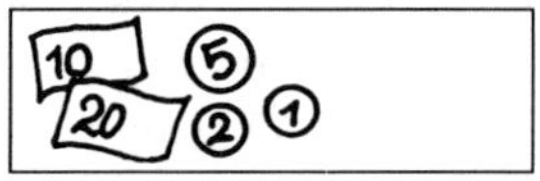

____

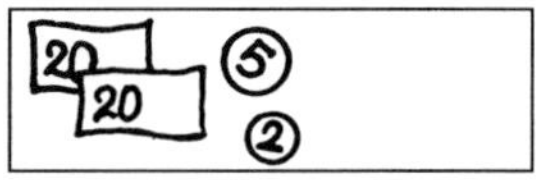

____

3 Zerlege in Z und E und halbiere!

:2

36 = 30 + 6	15 + 3 = 18
58	
72	
48	
92	
74	
96	
78	
54	
98	
56	
34	

4 Halbiere mit einem Strich und rechne!

52 DM : 2 = ☐ DM

____

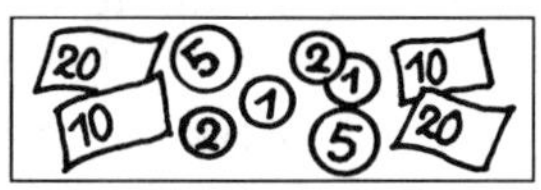

____

* *Erarbeitung:*
Tafelanschrift als Problemstellung: Wir halbieren
Zerlegaufgabe (später: Geteiltaufgabe)

$96 = \square + \square \qquad\qquad 96 : 2 = \square$

Lehrerin: Beim Halbieren teilen wir eine Zahl in zwei gleich große Teile. Wir können deshalb auch geteilt durch zwei schreiben. Gemeinsam werden die Rechenschritte gesucht und von der Lehrerin notiert:

$96 = 90 + 6$
$\quad 90 : 2 = 45$
$\quad 6 : 2 = 3$
$\quad 45 + 3 = 48 \rightarrow$ Die Hälfte von 96 ist 48.

Um das Verständnis zu überprüfen, rechnen schwache Rechner drei weitere Beispiele vor, z.B. 78, 54, 32.

* *Übertragen auf das Verdoppeln*
Lehrerin: Genauso geht es beim Verdoppeln.

Tafelanschrift: Wir verdoppeln
$29 + 29 = \square \qquad\qquad 29 \cdot 2 = \square$

Lehrerin: Beim Verdoppeln zählen wir die gleiche Zahl nochmals dazu. Statt einer Plusaufgabe können wir auch eine Malaufgabe schreiben und mal zwei rechnen. Sucht nach Rechenwegen, wie ihr diese Zahl verdoppelt!
Die Rechenwege der Kinder werden an der *Tafel* notiert und gewürdigt, z.B.:

$20 + 20 + 9 + 9 = \square \qquad\qquad \boxed{20 \cdot 2} + \boxed{9 \cdot 2} = \square$

$30 + 30 - 2 = \square \qquad\qquad \boxed{30 \cdot 2} - \boxed{1 \cdot 2} = \square$

Lehrerin: Am einfachsten rechnen wir so:
– Wir zerlegen die Zahl in Zehner und Einer: $20 = 20 + 9$
– Nun verdoppeln wir die Zehner: $20 \cdot 2 = 40$
– Dann verdoppeln wir die Einer: $9 \cdot 2 = 18$
– Und zum Schluß zählen wir Zehner und Einer zusammen: $40 + 18 = 58$

Die Rechenschritte werden jeweils an der *Tafel* notiert. Gemeinsam werden drei weitere Beispiele analog gerechnet, z.B. 46, 37, 18.

* *Sicherung*
– Arbeitsblatt 16
– Mit Rechenmuffeln arbeitet die Lehrerin zusammen und legt die Zahlen mit Rechengeld.
– Rechengeschichten auf Karten als Zusatzaufgabe für *Rechenprofis:*

Am Samstag Vormittag waren in der Geisterbahn 39 Besucher, am Nachmittag waren es doppelt so viele.
Am Imbißstand wurden an einem Tag 92 Semmeln mit Würstchen verkauft, aber nur halb so viele Käsebrote.
Pony Max schaffte am Samstag 27 Ritte, Pony Moritz doppelt so viele.
Schaschlik-Sascha hat am Samstag Vormittag 48 Schaschliks verkauft, am Samstag Nachmittag doppelt so viele.
Der Luftballonverkäufer hat am Samstag Nachmittag 24 grüne Luftballons verkauft, doppelt so viele rote und doppelt so viel gelbe wie rote.

1.12 Rechnen mit ZE und ZE (mit Zehnerübergang)

Lernziele

- Zehnerüberschreitendes Addieren und Subtrahieren mit Hilfe des Zerlegens
- Vergleichen von Rechenwegen

Material: Folie, Arbeitsblatt 17

∗ *Kopfrechnen: ZE – E mit Zehnerübergang*
Die Lehrerin stellt Aufgaben, und die Kinder notieren die Ergebnisse auf ihrem Block.

∗ *Einstieg*
Folie mit der „Zahlentreppe"

$7 + 6 = \square$
$6 + 13 = \square$
$\square + \square = \square$
$\square + \square = \square$
$\square + \square = 83$

Wer findet die fehlenden Zahlen?
→Lösungsvorschläge der Kinder

Lösung: $7 + 6 = 13$
$6 + 13 = 19$
$13 + 19 = 32$
$19 + 32 = 51$
$32 + 51 = 83$

∗ *Erarbeiten von Rechenwegen*
Lehrerin: Zwei Aufgaben der Zahlentreppe sind nicht leicht zu rechnen.
→ 13 + 19, 19 + 32
Die Kinder begründen: Man muß über den Zehner rechnen.

Name:	Datum:	AB 17

ZE plus oder minus ZE

1 Wie rechnest du? Fahre deinen Rechenweg grün nach!

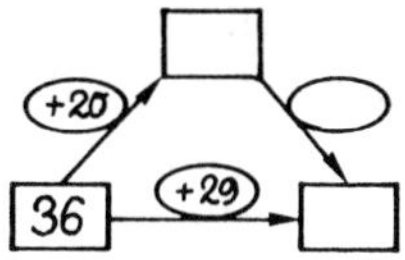

Zuerst die ☐ dazu!

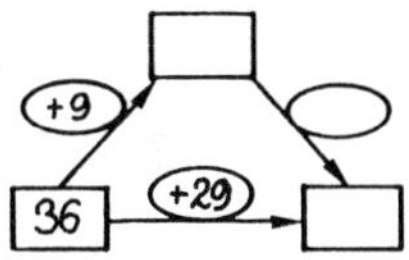

Zuerst die ☐ dazu!

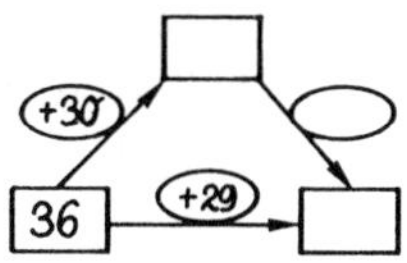

Rechenvorteil!

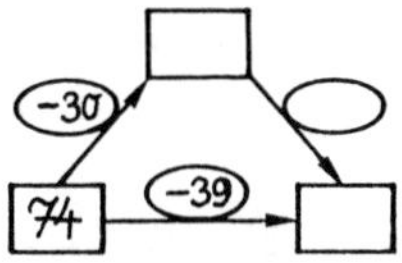

Zuerst die ☐ weg!

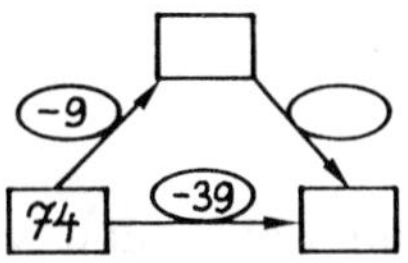

Zuerst die ☐ weg!

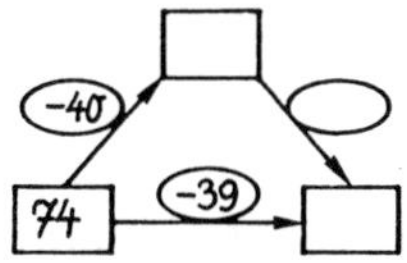

Rechenvorteil!

2 Schreibe die Rechenschritte in die Kreise!

+28

15		
27		
39		
44		
56		

−36

92		
64		
83		
71		
55		

−19

56		
91		
63		
75		
82		

3 Rechne die Schritte nun im Kopf!

rot

blau

gelb

85 – 68 = ☐	49 + 35 = ☐	71 – 45 = ☐
37 + 36 = ☐	55 + 29 = ☐	63 – 29 = ☐
49 + 24 = ☐	78 + 17 = ☐	61 – 44 = ☐
36 + 59 = ☐	81 – 47 = ☐	34 + 39 = ☐
82 – 56 = ☐	46 + 49 = ☐	53 – 36 = ☐
93 – 67 = ☐	17 + 67 = ☐	93 – 59 = ☐
75 – 58 = ☐	56 + 28 = ☐	64 – 38 = ☐

grün

lila

braun

Geschafft! Umrahme nun die Luftballons und die Ergebniszahlen mit der gleichen Farbe!

Lehrerin: Denke nach und überlege, wie du schrittweise rechnest. Überlege auch, wie du deinen Rechenweg auf den Block aufschreiben kannst.
Vortragen der Ergebnisse und Festhalten (mit den Namen der Kinder aus der Klasse) an der *Tafel:*

	ZE + ZE mit Zehnerübergang	*Mündliche Erklärung:*
Anja:	13 + 19 = 13 + 10 + 9	Zuerst die Zehner dazu!
Bernd:	13 + 19 = 13 + 9 + 10	Zuerst die Einer dazu!
Chris:	13 + 19 = 10 + 10 + 9 + 3	Zuerst alle Zehner zusammenzählen, dann alle Einer! Nun Zehner und Einer zusammenzählen!
Doris:	13 + 19 = 13 + 20 − 1	Statt 19 die Zahl 20, also 1 mehr, dazuzählen! Dann wieder 1 abziehen!

Umfrage: Die Lehrerin deutet auf jeden Rechenweg. Die Kinder melden sich jeweils bei ihrem Rechenweg. Die Lehrerin schreibt hinter jeden Weg auf, wie viele Kinder diesen bevorzugen.
Lehrerin: Wieder können wir die Rechenschritte gut mit der Pfeilaufgabe zeigen.
Tafelanschrift:

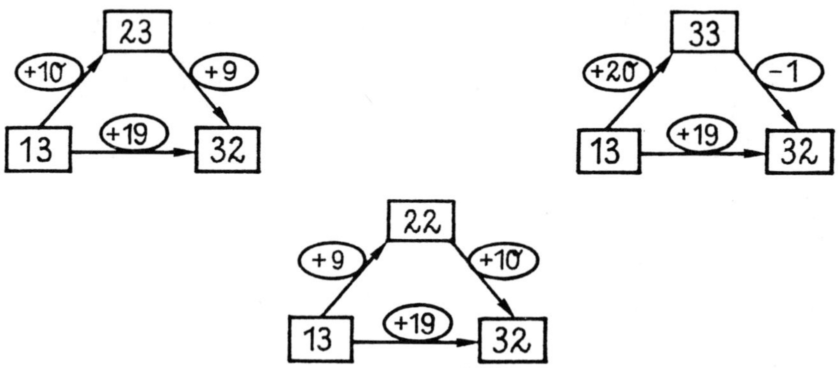

Beim Ausfüllen werden die Rechenschritte nochmals beschrieben.
Dann schreibt jeder zur Aufgabe 19 + 32 seine Rechenschritte als Pfeilaufgabe auf den Block.
Analog wird die Subtraktion erarbeitet.

* *Sicherung*
Die Kinder bearbeiten das Arbeitsblatt 17, während die Lehrerin unsichere Rechner an der Tafel eine Pfeilaufgabe vorrechnen läßt. Dies wird an den folgenden Tagen fortgesetzt, bis jeder einen Rechenweg beherrscht.

∗ *Weiterführung*
– Tausch- und Umkehraufgaben und Lösen von Aufgaben mit Platzhalter
– Zusatzaufgaben für *Rechenprofis*
a) Rechentürme *Lösung:*

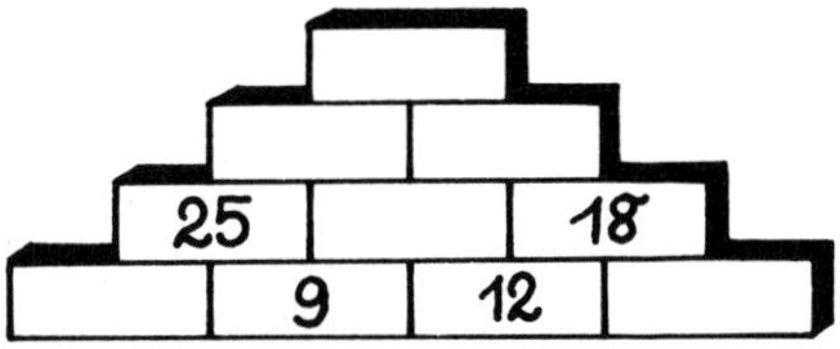

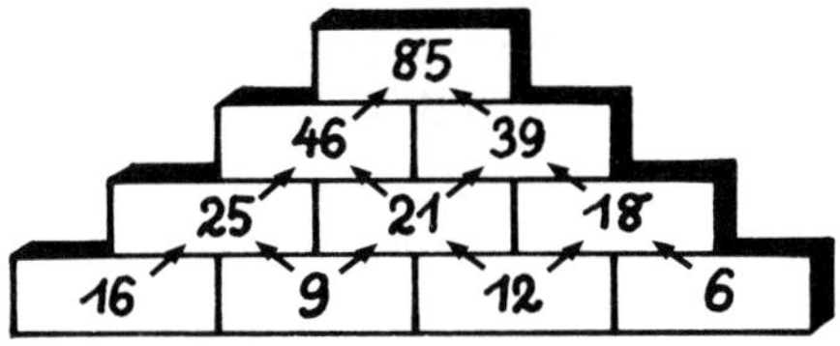

b) Prüfe nach und denke daran: Hake richtige Ergebnisse ab und berichtige die falschen!

g + g = g	u + u = g	u + g = u
14 + 38 = 51 ☐	66 + 27 = 93 ☐	27 + 27 = 54 ☐
28 + 16 = 45 ☐	28 + 43 = 72 ☐	39 + 15 = 55 ☐
28 + 34 = 62 ☐	54 + 19 = 74 ☐	43 + 39 = 83 ☐
56 + 18 = 75 ☐	44 + 47 = 91 ☐	37 + 37 = 75 ☐
78 + 22 = 100 ☐	29 + 58 = 88 ☐	15 + 51 = 66 ☐

1.13 Die Einmaleinsreihen mit 3, 6 und 9

Lernziele
– Einprägen der Einmaleinsreihen mit 3, 6 und 9
– Erfassen operativer Beziehungen beim Bilden von Nachbar-, Tausch- und Umkehraufgaben
– Legen von Figuren aus Dreiecken und Fortsetzen von Mustern (Geometrie)

Material
Für jedes Kind ein Würfel und ein kleines Gästehandtuch (als schalldämpfende Unterlage), ein Schneidermaßband und ca. 10 Büroklammern sowie ein Folienstück, Cuisenairestäbe oder Rechenstreifen für die Flanelltafel, ein Rommèspiel, Folie, Arbeitsblätter 18 bis 21, zwei leere Hundertertafeln (s. AB 3)

1. Einheit: Das 1 × 3

∗ *Möglichkeiten der Einführung des 1 × 3*

– Eine Klasse stellt sich in Dreierreihen auf. Der Reihe nach tritt eine Reihe vor und spricht: 1 mal 3 = 3, 2 mal 3 = 6 ... Dabei wird mit Stäben das Einmaldrei an der Flanelltafel aufgebaut oder es werden die Dreierreihen an die *Tafel* gezeichnet:

Wir lernen das 1 · 3

$1 \cdot 3 = 3$

$2 \cdot 3 = 6$

...

– Du darfst 20mal würfeln. Male den *Würfel* mit drei Augen jeweils auf dein *Folienstück* und zähle, wie oft du davon eine Drei gewürfelt hast! Rechne dann aus, wie viele Augen das zusammen sind!

Beispiel:

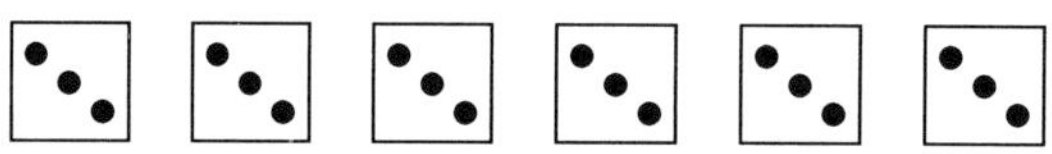

$6 \cdot 3 = \square$

Anschließend legen die Kinder ihre *Folienstücke* auf den Tageslichtprojektor, ordnen sie und bauen die Dreierreihe auf.

∗ *Aufbau der Dreierreihe*

Wettbewerb Klasse gegen Lehrerin: Wer kann das Einmaldrei mit Ergebnissen in der richtigen Reihenfolge schneller aufschreiben, ein Kind aus der Klasse (ins Heft) oder die Lehrerin an der Tafel? Alle Kinder sowie die Lehrerin schreiben das 1 × 3 auf. Ist ein Kind schneller als die Lehrerin, so hat die Klasse gewonnen. Alle Kinder überprüfen ihren Hefteintrag nochmals mit der Tafel.

Erweiterung der Tafelanschrift:

Wir lernen das 1 · 3

3 : 1 = 3 ◁U 3 · 1 = 3 ◁T 1 · 3 = 3 U▷ 3 : 3 = 1

◁U ◁T 2 · 3 = 6 U▷

Dann stecken die Kinder an ihrem *Maßband* auf jede Dreierzahl bis 30 (Rechenprofis bis 60) eine *Büroklammer* und sagen dabei das Einmaldrei leise auf.

Hefteintrag: Übernahme der Tafelanschrift ins Merkheft

Partnerarbeit für fertige Kinder: Sage deinem Nachbarn das Einmaldrei vorwärts und rückwärts auf! Übt gemeinsam!

* *Weiterführung* (neuer Tag)

– Aufbau der Denkreihe mit Hilfe einer *Folie* (s. AB 6)

– Zusammenfassen und Zerlegen von Malaufgaben (vgl. Kap. 1.8)

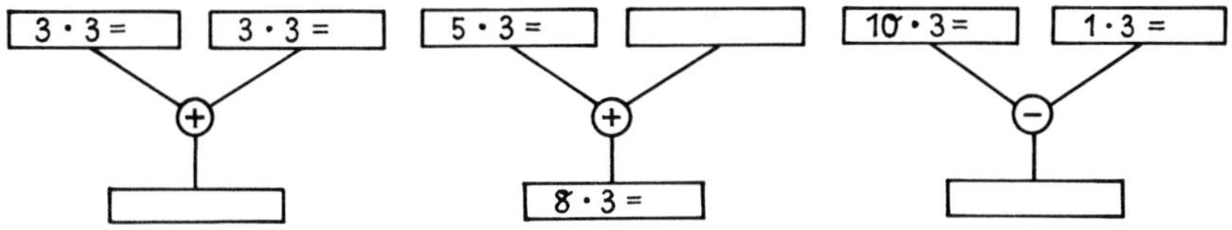

– *Arbeitsblatt 18* Nr. ①–③

– *Arbeitsblatt 19:* Die Kinder schneiden die Dreiecke aus und legen aus den Dreiecken (unbeschriftete Rückseite) beliebige Figuren, z. B. ein Schiff.
Sprechen: Aus 4 Dreiecken habe ich ein Schiff gelegt. Die 4 Dreiecke haben zusammen $4 \times 3 = 12$ Ecken.

Die Dreiecke werden in einem Briefumschlag aufbewahrt und können nach Erarbeitung der weiteren Einmaleinsreihen als Lernspiel verwendet werden.

– *Zahlenrätsel* (mündlich, für Rechenprofis auch schriftlich): Ich denke mir eine Zahl und nehme sie mal 3. Dann zähle ich 12 dazu und erhalte 33. Wie heißt meine Zahl? (7)
Ich denke mir eine Zahl und nehme sie mal 3. Ich halbiere das Ergebnis und erhalte 12. (8)
Ich denke mir eine Zahl und teile sie durch 3. Dann nehme ich das Ergebnis mal 5 und erhalte 25. (15)

– *Teilen mit Rest*
Die Klasse in Dreiergruppen einteilen, ein oder zwei Kinder bleiben übrig, z. B. $26:3 = 8$ R 2 U▷ $8 \cdot 3 + 2 = 26$
Bei Geteiltaufgaben wird grundsätzlich zum Überprüfen die Malaufgabe gesprochen oder geschrieben.
Die Kinder legen all ihre *Bunt-, Blei- und Faserstifte* auf den Tisch und legen daraus Dreiecke. Jeder nennt dazu die passende Aufgabe ohne oder mit Rest, z. B.: Zusammen habe ich 28 Stifte. Daraus kann ich 9 Dreiecke legen. Ein Stift bleibt übrig. Meine Aufgabe heißt: $28:3 = 9$ R 1. Die Umkehraufgabe heißt: $9 \cdot 3 + 1 = 28$.
Die Kinder nehmen ihr *Schneidermaßband mit den Büroklammern* auf den Dreierzahlen her. Die Lehrerin oder ein Kind nennt eine beliebige Zahl. Die Kinder zeigen diese mit dem Finger und nennen die passende Geteiltaufgabe.

Name:	Datum:	AB 18

Das 1 · 3

1 Verbinde mit dem Zahlenstrahl!

2 · 3 = 5 · 3 = 8 · 3 = 10 · 3 = 9 · 3 =

1 · 3 = 3 · 3 = 6 · 3 = 4 · 3 = 7 · 3 =

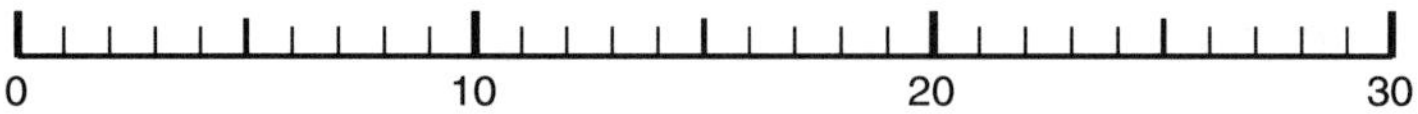

2 Die Denkreihe

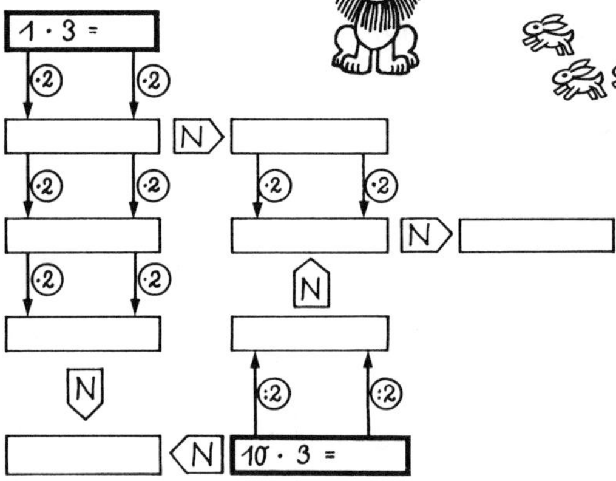

3 Hasengeschichten

Herr Haas hat ☐ Hasen.

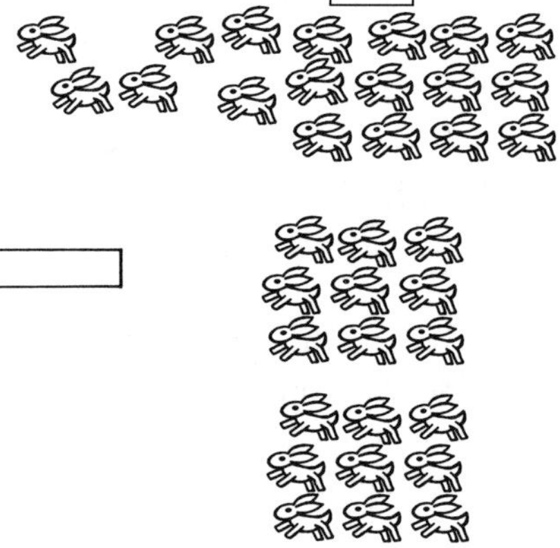

Erzähle zu jeder Aufgabe eine Rechengeschichte!

Anzahl der Hasen	36	36	36	15	30	33	27	18	24	12	21
Anzahl der Ställe				3			3	3		3	
Hasen in einem Stall	3	6	4		3	3			3		3

4 Geteiltaufgaben mit Rest! Prüfe mit der Umkehraufgabe!

25 : 3 = ☐ R ☐ 28 : 3 = ☐ R ☐ 20 : 3 = ☐ R ☐

U ______ U ______ U ______

16 : 3 = ☐ R ☐ 23 : 3 = ☐ R ☐ 29 : 3 = ☐ R ☐

U ______ U ______ U ______

Name:	Datum:	AB 19

Wir spielen und rechnen mit Dreiecken

1 a) Schneide die Dreiecke aus!

b) Drehe die Dreiecke um und lege eine Figur! Rechne aus, wie viele Dreiecksecken deine Figur hat!

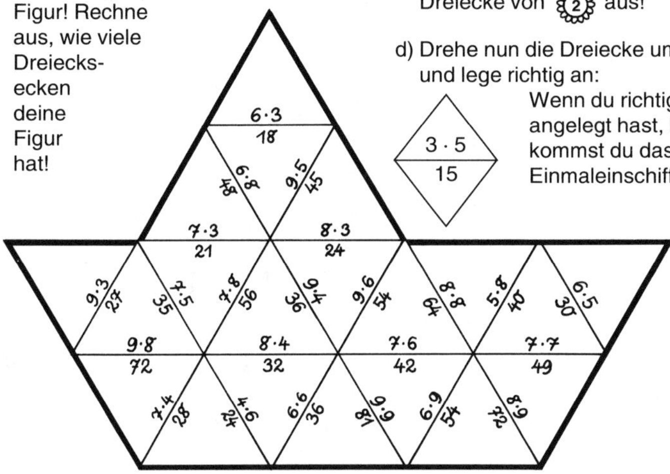

c) Lege eine neue Figur oder ein Muster und rechne wieder! Wenn du noch mehr Dreiecke brauchst, schneide auch die Dreiecke von 2 aus!

d) Drehe nun die Dreiecke um und lege richtig an:

3 · 5
15

Wenn du richtig angelegt hast, bekommst du das Einmaleinschiff.

2 a) Schneide die Dreiecke aus!

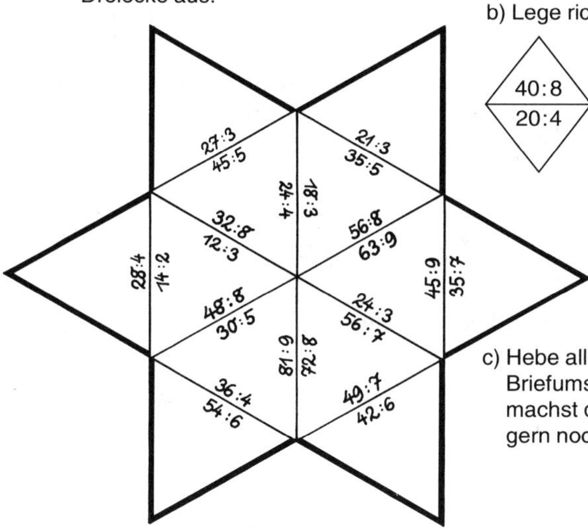

b) Lege richtig an:

40:8
20:4

40 : 8 = 5
20 : 4 = 5

Wenn du richtig angelegt hast, bekommst du einen Stern

c) Hebe alle Dreiecke in einem Briefumschlag gut auf! Sicher machst du die Rechenspiele gern noch einmal.

2. Einheit: *Einführung des 1 · 6*

∗ *Motivation durch ein Würfelspiel*
Jedes Kind würfelt und darf mit seiner *Spielfigur* (Radiergummi, Spitzer o. ä.) am *Schneidermaßband* vorwärts ziehen, jedoch nur, wenn eine Sechs gewürfelt wurde. Beim Vorrücken wird dann jeweils auf die Sechserreihe aufgebaut. Wer würfelt häufig eine Sechs und ist zuerst bei 60?

∗ *Gemeinsamer Aufbau der Sechserreihe an der Tafel*
Impuls: Wer das 1 · 3 kann, kann auch das 1 · 6! → 1 · 6 ist das Doppelte von 1 × 3. *Tafelanschrift:*

Wir lernen das 1 · 6

2 · 3 = 6	1 · 6 = 6	
4 · 3 = 12	2 · 6 = 12	
6 · 3 = 18	3 · 6 = 18	
...	...	
20 · 3 = 60	10 · 6 = 60	usw.

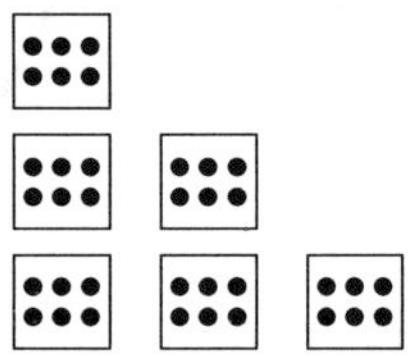

Dabei überprüfen die Kinder, ob sie beim Würfelspiel ihre Klammern richtig gesteckt haben.
Übernahme der Tafelanschrift ins *Merkheft.*

∗ *Weiterführung*
- Arbeitsblatt 20
- Hefteintrag: Aufschreiben von Tausch- und Umkehraufgaben
- *Bingospiel:*

Die Kinder teilen ein DIN A4-Blatt durch Falten in 4 · 4 Felder ein und schreiben in jedes Feld eine Zahl, wobei die Reihenfolge gleichgültig ist. Ungeordnete Zahlenvorgabe an der *Tafel:*

(54)	(18)	(12)	(72)	(27)	(32)	(36)	(64)
(21)	(30)	(15)	(24)	(42)	(48)	(56)	(28)

Dann richtet jedes Kind sechs kleine Gegenstände her, z. B. Radiergummi, Spitzer, Münzen, Knöpfe, Plättchen. Die Lehrerin nennt nun eine Aufgabe, z. B. 3 · 6, und die Kinder legen einen Gegenstand auf das Feld mit der Zahl 18. Dann werden weitere Aufgaben genannt und die entsprechenden Zahlen belegt. Wer zuerst vier Felder in einer Reihe waagrecht, senkrecht oder diagonal belegen konnte, ruft Bingo und bekommt einen Punkt. (Man kann auch eine bestimmte Reihe als Siegreihe vorher festlegen, z. B. die zweite Reihe waagrecht.) Dann räumen alle ihre Felder ab, und die nächste Runde beginnt.

Name:	Datum:	AB 20

Das 1 · 3 und das 1 · 6

1 1 · 6 ist das Doppelte von 1 · 3 !

1 · 6 = ☐ · 3 = ☐ 6 · 6 = ☐ · 3 = ☐
2 · 6 = ☐ · 3 = ☐ 7 · 6 = ☐ · 3 = ☐
3 · 6 = ☐ · 3 = ☐ 8 · 6 = ☐ · 3 = ☐
4 · 6 = ☐ · 3 = ☐ 9 · 6 = ☐ · 3 = ☐
5 · 6 = ☐ · 3 = ☐ 10 · 6 = ☐ · 3 = ☐

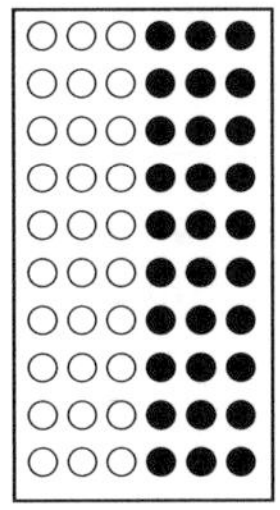

2 Verbinde mit dem Zahlenstrahl!

2 · 6 = 3 · 6 = 7 · 6 = 8 · 6 = 9 · 6 =

4 · 6 = 5 · 6 = 6 · 6 = 10 · 6 =

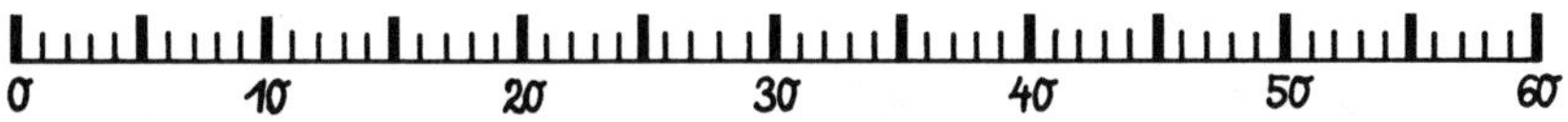

3 Die Denkreihe

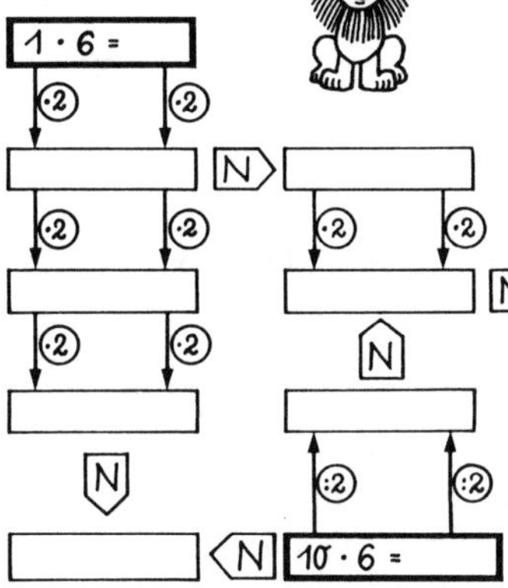

4 Male mit einem grünen Stift die Dreierzahlen an und unten die Sechserzahlen!

1	2	3	4	5	6	7	8	9	10
11	12	13	14	15	16	17	18	19	20
21	22	23	24	25	26	27	28	29	30

1	2	3	4	5	6	7	8	9	10
11	12	13	14	15	16	17	18	19	20
21	22	23	24	25	26	27	28	29	30
31	32	33	34	35	36	37	38	39	40
41	42	43	44	45	46	47	48	49	50
51	52	53	54	55	56	57	58	59	60

5 Male die Muster weiter!

☐ Dreier = ☐ Kästchen

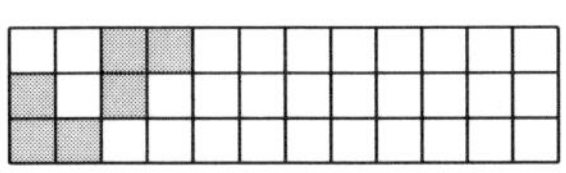

☐ Sechser = ☐ Kästchen

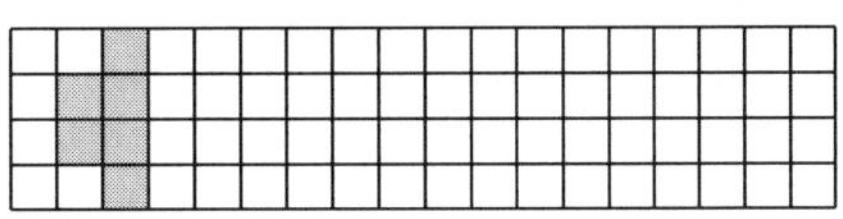

3. Einheit: Einführung des 1 × 9

∗ *Motivation*
Die Lehrerin zeigt ein Rommèspiel: Wer kann Rommé spielen? Wer kann erklären, wie es geht? → Kurze Erklärung: Es werden Karten gleicher Art oder mit aufsteigendem Wert gesammelt. Wer 40 Punkte hat, kann auslegen.
Lehrerin: Nina spielt mit ihren Eltern Rommé. Sie hat vier Neuner. Sie rechnet nach, ob sie auslegen kann.
→ Schüleräußerungen
Folie: (Es werden nur vier Karten gezeigt.)

→ Ergebnis: $4 \cdot 9 = 36$, Nina kann nicht „raus".
Lehrerin: Mit welchen vier Karten hätte Nina auslegen können?
→ 4 Zehner.

∗ Gemeinsamer Aufbau des $1 \cdot 9$ mit Hilfe des Zusammenzählens
Lehrerin: Auf der Folie sind alle Neuner, die ein Rommèspiel hat. Zählt zusammen, wie viele Punkte man sich mit diesen Karten holen kann!
Auf der *Folie* wird nun schrittweise je eine Neunerkarte aufgedeckt. Die Kinder sprechen:

$9 + 9 = 18$	$2 \cdot 9 = 18$
$18 + 9 = 27$	$3 \cdot 9 = 27$
...	
$63 + 9 = 72$	$8 \cdot 9 = 72$

∗ *Ableiten des 1 · 9 vom 1 · 10*
Impuls: Wer das $1 \cdot 10$ kann, kann sich das $1 \cdot 9$ leicht merken! Die Lehrerin legt an die *Flanelltafel* einen Zehnerstab.

Schüleräußerungen: $9 = 10 - 1 \rightarrow$ Die Lehrerin legt rechts auf den Zehnerstab einen Einer auf.
Dann werden schrittweise die Zehner und die wegzunehmenden Einer gelegt. *Tafelanschrift:*

Das $1 \cdot 9$ und das $1 \cdot 10$

$1 \cdot 9 = \boxed{1 \cdot 10} - 1$	$1 \cdot 9 = 9$
$2 \cdot 9 = \boxed{2 \cdot 10} - 2$	$2 \cdot 9 = 18$
...	...
$10 \cdot 9 = \boxed{10 \cdot 10} - 10$	$10 \cdot 9 = 90$

∗ *Sicherung*
– Arbeitsblatt 21
– Stecken der Neunerzahlen am *Schneidermaßband*
  – Die Kinder tragen in eine *leere Hundertertafel* (s. AB 3) alle Dreierzahlen bis 100 mit Bleistift ein. Die Sechserzahlen werden grün eingekreist, die Neunerzahlen blau. Wir sehen: Alle Sechser- und Neunerzahlen sind zugleich Dreierzahlen. Das Blatt wird in das *Merkheft* eingeklebt.
  – *Tafelanschrift:*
  Was stimmt?
  ① Alle Dreierzahlen sind auch Neunerzahlen.
  ② Alle Sechserzahlen sind auch Neunerzahlen.
  ③ Alle Neunerzahlen sind auch Dreierzahlen.
  Die Kinder schreiben die Nummer des richtigen Satzes auf einen Zettel, und nach dem Vorlesen schreiben sie den richtigen Satz ins *Merkheft.*

∗ *Weiterführung*
  – Aufschreiben von Tausch- und Umkehraufgaben
  – Die Kinder tragen in eine *leere Hundertertafel* mit Bleistift alle Zweierzahlen ein und kreisen die Viererzahlen lila und die Achterzahlen braun ein. Nun wird diese Tafel verglichen mit der Hundertertafel, auf der die Dreierzahlen eingetragen wurden: Welche Zahlen findest du auf beiden Tafeln? Welche Zahlen sind zugleich Zweier- und Dreierzahlen?
  Sprechreihe: In der ersten Reihe/im ersten Zehner finde ich 12 und 18. In der zweiten Reihe ...
  Tafelanschrift und anschließender *Hefteintrag:*
  Diese Zahlen sind zugleich Zweier- und Dreierzahlen: 12, 18, 24, 30...
  Hausaufgabe: Aufschreiben von möglichst vielen Geteiltaufgaben zu jeder Zahl.

Name:	Datum:	AB 21

Das 1 · 9

1 ⓐ Trage die Neunerzahlen mit einem blauen, dünnen Faserstift ein!

									10	1 · 9 = 1 · 10 – 1 = 9
									20	2 · 9 = 2 · 10 – ☐ = ☐
									30	
									40	
									50	
									60	
									70	
									80	
									90	
									100	

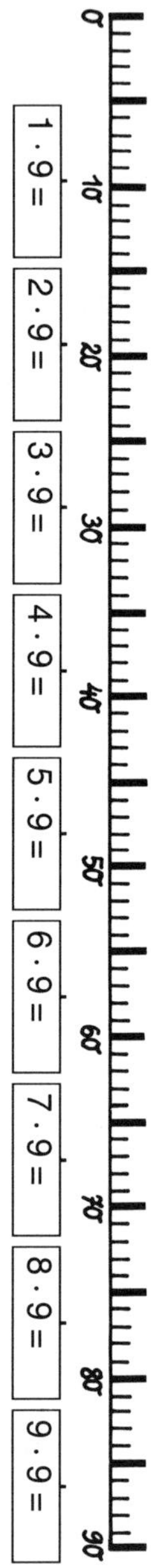

ⓑ Trage mit einem grünen, dünnen Faserstift die Sechserzahlen ein!

ⓒ Trage mit Bleistift die übrigen Dreierzahlen ein!

2 Verbinde die Aufgaben mit dem Zahlenstrahl!

3 Die Denkreihe

1 · 9 =

·2 ·2 → ☐ N ☐

·2 ·2 → ☐ ·2 ·2 → ☐ N ☐

·2 ·2 → ☐ N ☐

N

☐ N 10 · 9 = (:2 :2 ↑)

U T: 3 · 9 =

U T: 7 · 9 =

4 Male das Muster weiter! ☐ Neuner = ☐ Kästchen

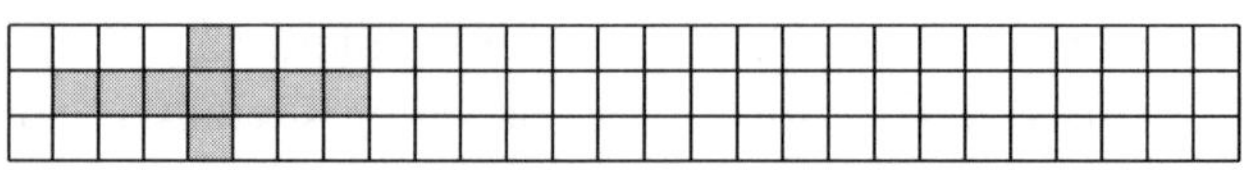

Alle Zweierzahlen bis 100

2		4		6		8		10
12		14		16		18		20
22		24		26		28		30
32		34		36		38		40
42		44		46		48		50
52		54		56		58		60
62		64		66		68		70
72		74		76		78		80
82		84		86		88		90
92		94		96		98		100

Alle Dreierzahlen bis 100

		3			6			9	
	12			15			18		
21			24			27			30
		33			36			39	
	42			45			48		
51			54			57			60
		63			66			69	
	72			75			78		
81			84			87			90
		93			96			99	

– Langfristiges Üben beim Kopfrechnen, bei Spielen und Sachaufgaben

1.14 Zahlenrätsel

Lernziel: Kennenlernen und Anwenden von Lösungsstrategien

Material: Arbeitsblatt 22

∗ *Einstieg*
Lehrerin: Wer kann Gedanken lesen? Schreibe auf den Block! – Ich denke mir eine Zahl. Wenn ich 6 · 6 dazuzähle, ist das Ergebnis 50. – Ich denke mir eine neue Zahl. Wenn ich 3 · 5 abziehe, ist das Ergebnis 85.
Erklären und Begründen des Rechenwegs

∗ *Erarbeiten des Rechenwegs* mit Hilfe von Pfeilaufgaben
Tafelanschrift: So lösen wir Zahlenrätsel.

Wir finden die Lösung mit der Umkehraufgabe. Deshalb zeichnet die Lehrerin die Umkehrpfeile ein:

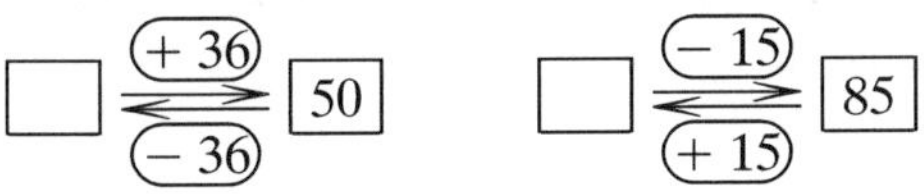

An weiteren Beispielen wird das Lösungsschema eingeübt. Die Kinder nennen selbst ausgedachte Rätsel, die die Lehrerin an die Tafel oder auf eine Folie schreibt. Rätsel mit einem anderen Rechenweg werden dabei ausführlich erklärt.

* *Übertragen auf Mal- und Geteiltaufgaben*
Lehrerin: Ich denke mir eine Zahl und nehme sie mal neun. Dann erhalte ich 81.
Tafelanschrift:

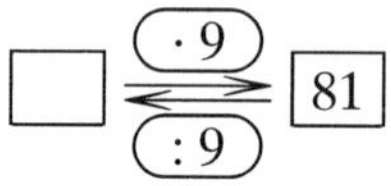

Lehrerin: Wenn ich meine Zahl durch 6 teile, erhalte ich 8.
Tafelanschrift:

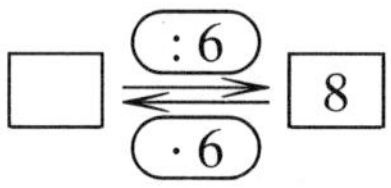

Etwa drei weitere Beispiele.

* *Umkehrung: Formulieren von Zahlenrätseln* zu vorgegebenen Rechnungen
Tafelanschrift:

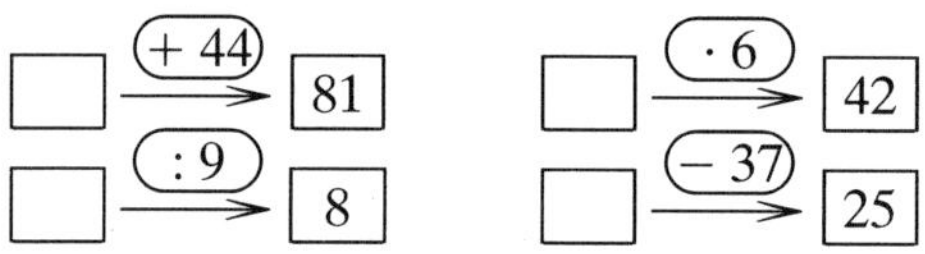

Auftrag: Wähle eine Rechnung aus und sage dazu ein Zahlenrätsel! → Richtige Zahlenrätsel werden an die Tafel geschrieben und anschließend mit der Umkehraufgabe gelöst.
Differenzierung: Die Rechenprofis schreiben selbst erdachte Zahlenrätsel auf. Mit den Rechenmuffeln löst die Lehrerin gemeinsam weitere Zahlenrätsel.

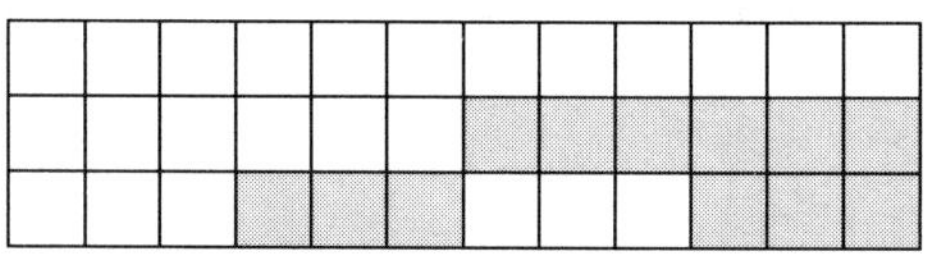

* *Kennenlernen von weiteren Fachbegriffen (neuer Tag)*
Tafelanschrift: Meine Zahl ist der vierte Teil von 12. Erklären und Begründen des Rechenweges an der *Flanelltafel:*
Wir halbieren
und teilen durch 2.
Wir halbieren jede
Hälfte nochmals.
Nun haben wir den vierten Teil von 12 gefunden: 12 : 4 = 3.
Der vierte Teil von 12 ist 3.

Tafelanschrift/Folie:

Wieviel ist

der 8. Teil von 32?	der 2. Teil von 24?
der 5. Teil von 35?	der 3. Teil von 24?
der 6. Teil von 30?	der 4. Teil von 24?
der 3. Teil von 18?	der 6. Teil von 24?
der 6. Teil von 42?	der 8. Teil von 24?
der 4. Teil von 36?	der 12. Teil von 24?
der 9. Teil von 27?	

Rechenprofis schreiben dazu die Aufgaben ins *Heft,* während die Lehrerin sie zusammen mit den Rechenmuffeln anschaulich mit Rechenstäben an der *Flanelltafel* löst.
Tafelanschrift: Meine Zahl ist das Dreifache von 9. Legen von drei Neunerstäben an der *Flanelltafel* und dazu sprechen: Wenn der Neuner einmal daliegt, haben wir ihn einfach. Liegen zwei Neuner da, ist der Neuner zweifach oder doppelt da. Legen wir drei Neuner, so ist er dreifach da.
→ Das Dreifache von 9 ist also drei mal neun. $3 \cdot 9 = 27$.

Tafelanschrift/Folie:

Wie heißt das

Fünffache von 9?	Zweifache von 9?
Siebenfache von 8?	Dreifache von 8?
Neunfache von 6?	Sechsfache von 3?
Siebenfache von 3?	Vierfache von 6?

* *Weiterführung: Zahlenrätsel mit Rechenketten*
Lehrerin: Nimm die Zahl 7 dreimal, zähle 6 dazu und teile das Ergebnis durch 9! Wie heißt meine Zahl?
Die Kinder rechnen auf dem Block mit.
Kontrolle an der *Tafel:*

$$\boxed{7} \xrightarrow{\cdot 3} \boxed{21} \xrightarrow{+6} \boxed{27} \xrightarrow{:3} \boxed{}$$

Weitere Aufgaben an der *Tafel* oder auf *Folie:*
Nimm die Zahl 7 neunmal, ziehe 27 ab und teile das Ergebnis durch 6! (6)

$$\boxed{7} \xrightarrow{\cdot 9} \boxed{63} \xrightarrow{-27} \boxed{36} \xrightarrow{:6} \boxed{6}$$

Name:	**Datum:**	**AB 22**

Zahlenrätsel

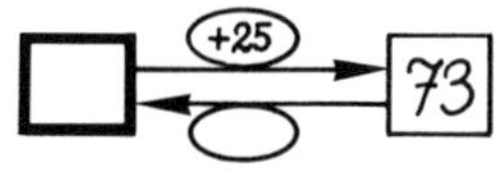

Kehre um und rechne die Umkehraufgabe!

1. Sonja: Ich denke mir eine Zahl. Wenn ich 25 dazu zähle, erhalte ich 73. Wie heißt meine Zahl? ☐

2. Michael: Ich denke mir eine Zahl. Wenn ich davon 25 abziehe, erhalte ich 38. Wie heißt meine Zahl? ☐

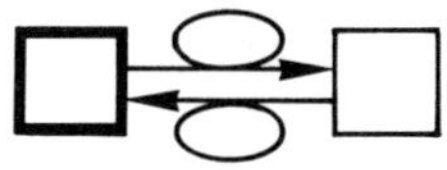

3. Katrin: Ich denke mir eine Zahl. Wenn ich sie mal neun nehme, erhalte ich 63. Wie heißt meine Zahl? ☐

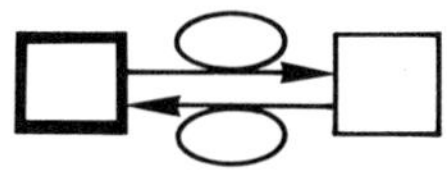

4. Martin: Wenn ich meine Zahl durch 6 teile, erhalte ich 7. Wie heißt meine Zahl? ☐

5. Sara: Meine Zahl ist das Siebenfache von 8. Wie heißt meine Zahl? ☐

☐ = ____________

6. Michael: Meine Zahl ist um 10 größer als das Achtfache von 6. Wie heißt meine Zahl? ☐

☐ = 10 + ________

7. Lena: Meine Zahl ist um 10 kleiner als das Neunfache von 3. Wie heißt meine Zahl? ☐

☐ = ______ − 10

8. Dominik: Meine Zahl ist um 25 größer als der 9. Teil von 72. Wie heißt meine Zahl? ☐

☐ = ____________

9. Anna: Suche den 8. Teil von 56! Nimm diese Zahl mal vier! Zähle 8 dazu! Teile das Ergebnis durch 9! Nun hast du meine Zahl. Es ist die Zahl ☐ .

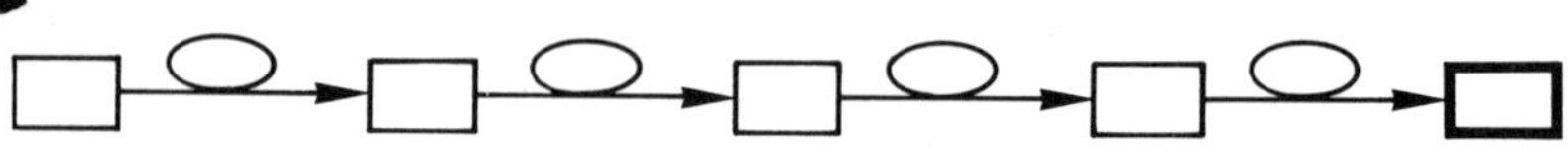

Verdopple die Zahl 17, zähle 14 dazu, teile durch 8 und halbiere das Ergebnis! (3)

$$\boxed{17} \xrightarrow{\cdot 2} \boxed{34} \xrightarrow{+14} \boxed{48} \xrightarrow{:8} \boxed{6} \xrightarrow{:2} \boxed{3}$$

Ich denke mir eine Zahl, verdopple sie, zähle 12 dazu und erhalte 22. (5)

$$\boxed{} \underset{\bigcirc}{\overset{\cdot 2}{\rightleftarrows}} \boxed{} \underset{\bigcirc}{\overset{+12}{\rightleftarrows}} \boxed{22}$$

Mit der Umkehraufgabe lösen!

Welche Zahl muß ich zum Dreifachen von 5 dazuzählen, um 17 zu erhalten? (2)

$3 \cdot 5 + \boxed{} = 17$ T $\boxed{} + 3 \cdot 5 = 17$

U $\boxed{} = 17 - 3 \cdot 5$

1.15 Das Einmaleins mit 7

Lernziele

- Einprägen der Einmaleinsreihe mit 7
- Erfassen operativer Beziehungen beim Bilden von Nachbar-, Tausch- und Umkehraufgaben
- Wiederholen aller Einmaleinsreihen

Material: Folien, für jedes Kind ein Schneidermaßband und Büroklammern, für je zwei Kinder drei Würfel, ein kleines Handtuch als Unterlage; Arbeitsblätter 23 und 24

1. Einheit: Das 1 × 7

∗ *Folie* mit Märchenbild von S. 79 unten als Einstieg
Schüleräußerungen

∗ *Aufbau der Siebenerreihe*
Lehrerin: Wie viele Siebener kannst du finden?
Sprechreihe (Ich sehe 7 Zwerge ...) und *Tafelanschrift:*
Wir lernen das 1 · 7

7 Zwerge	1 · 7 = 7
7 Mützen	2 · 7 = 14
7 Laternen	3 · 7 = 21
...	...

Eintrag und evtl. Zeichnung (7 Zwerge usw.) ins *Merkheft.*

∗ *Üben und Anwenden*

– Die Kinder denken sich Sachaufgaben zum Bild aus, z. B.: Im Regal an der Wand stehen 7 Gläser, 7 Tassen und 7 Teller. Wie viele Geschirrteile sind das zusammen?
  Aufgaben, Fragen und Antworten werden nur mündlich formuliert, die Rechnungen werden angeschrieben.
– Als Hilfe für weitere Sachaufgaben wird folgende *Folie* gezeigt:

Dienste in dieser Woche	
Schuhe putzen	Zwerg Immerfroh
Betten machen	Zwerg Schlafgern
Wäsche waschen	Zwerg Saubermann
Blumen gießen	Zwerg Blümlein
Laternen putzen	Zwerg Blanki
Haus putzen	Zwerg Superfleißig
Geschirr spülen	Zwerg Dickbauch
Tisch decken und kochen	Schneewittchen

– Wieder formulieren die Kinder Sachaufgaben, zu denen die Rechnungen angeschrieben werden.
– Die Lehrerin kann mündlich oder schriftlich (Folie, Tafelanschrift, Arbeitsblatt) *weitere Sachaufgaben* stellen:

Mit wie vielen Gegenständen hat Schneewittchen den Tisch gedeckt?
Wie viele Stiefel muß Zwerg Immerfroh putzen?
Alle Zwerge stellen ihre Stiefel ins Schuhregal zu Schneewittchens Schuhen. Wie viele Schuhe sind dann im Regal?
Schneewittchen hat für jeden Zwerg 4 Dampfnudeln gebacken und 2 für sich selbst. Wie viele Dampfnudeln hat sie insgesamt gebacken?
Zwerg Saubermann sammelt die Schmutzwäsche ein: Von jedem Zwerg Jacke, Mütze, Hose, Hemd, Unterhose, Hemd und 1 Paar Strümpfe. Von Schneewittchen Unterhose, Hemd und eine Strumpfhose. Wie viele Wäschestücke muß er waschen?
Zwerg Blümlein gießt die Zimmerblumen dreimal in der Woche. Wie viele Blumen gießt er dabei insgesamt?

∗ *Weiterführung (neuer Tag)*

– *Tauschaufgaben und Umkehraufgaben*

Lehrerin: Das 1×7 können wir leicht aus den anderen Einmaleinsreihen aufbauen. → Wir können es über die Tauschaufgaben lernen.

Tafelanschrift: Tauschaufgaben

$7 \cdot 1 = 7$ [T] $1 \cdot 7 = 7$

$7 \cdot 2 = 14$ [T] $2 \cdot 7 = 14$

. . .

7 · 10 = 70 [T] 10 · 7 = 70

– *Umkehraufgaben*

7 : 1 = 7 <[U] 7 · 1 = 7 [T] 1 · 7 = 7 [U]> 7 : 7 = 1

Hefteintrag: Übernahme der Tafelanschrift ins *Merkheft*

– Aufsuchen der Siebenerzahlen am *Schneidermaßband*

– *Arbeitsblatt 24*

– *Partnerspiel: Wir würfeln Malaufgaben* (s. AB 23)

Kind 1 würfelt z. B. mit drei Würfeln 4, 5 und 3 und kann daraus sechs Malaufgaben bilden, deren Ergebnisse es mit einem Farbstift in die Tabelle einträgt und dabei dem Partner vorrechnet:

4 · (5 + 3) = 4 · 8 = 32 [T]> 8 · 4 = 32

3 · (5 + 4) = 3 · 9 = 27 [T]> 9 · 3 = 27

5 · (3 + 4) = 5 · 7 = 35 [T]> 7 · 5 = 35

Dann würfelt Kind 2 und trägt mit einer anderen Farbe seine sechs Malaufgaben ein. Natürlich darf nur in leere Felder geschrieben werden. Gewonnen hat, wer die meisten Zahlen eintragen konnte.

2. Einheit: Wiederholen aller Einmaleinsreihen

– Auf der *Hundertertafel* mit den Zweierzahlen (s. S. 69) ergänzen die Kinder alle Siebenerzahlen und kreisen sie schwarz ein. Dann werden die Dreierzahlen grün, die Sechserzahlen rot, die Neunerzahlen blau eingekreist, die fehlenden Fünferzahlen eingetragen und gelb eingekreist.

Erkenntnis: Es gibt Zahlen, die keine Vielfachen sind und nur 1 und sich selbst als Teiler haben. Nennen dieser Zahlen (Primzahlen) und Zeigen an der *Hundertertafel:* 11, 13, 17 ...

Arbeitsblatt:

Kreuze an!	2	3	4	5	6	7	8	9
Teiler von 42	×							
Teiler von 45								
Teiler von 48								
Teiler von 54								
Teiler von 56								
Teiler von 63								
Teiler von 64								
Teiler von 72								
Teiler von 81								

Schreibe nun zu jeder Zahl die Geteiltaufgaben ins Heft!

– *Zwillings- oder Quadrataufgaben*
Die Lehrerin schreibt z. B. die Aufgabe 9×9 an, läßt die Kinder das Besondere dieser Aufgabe erläutern, weitere Aufgaben nennen und einen Namen von den Kindern für solche Aufgaben finden. Der Name Zwillingsaufgaben verweist darauf, daß die Zahlen jeweils doppelt auftreten; der Name Quadrataufgaben fordert zum Legen oder Zeichnen der Aufgaben auf, wobei ein Quadrat entsteht.

– *Mal- und Geteiltaufgaben mit 0*
Tafelanschrift als Problemstellung: $0 \cdot 7 = \square$
Tafelanschrift: $0 \cdot 7 = 0$ [U>] $0 : 7 = 0$
$7 \cdot 0 = 0$ [U>] $7 : 0 = 0$
Auftrag: Erzähle zu diesen vier Aufgaben eine passende Rechengeschichte!
Tafelanschrift und Hefteintrag: Weitere Aufgaben wie $0 \cdot 9$ usw.

– Tafelanschrift/Folie/Arbeitsblatt: *Übungsform fürs tägliche Kopfrechnen*

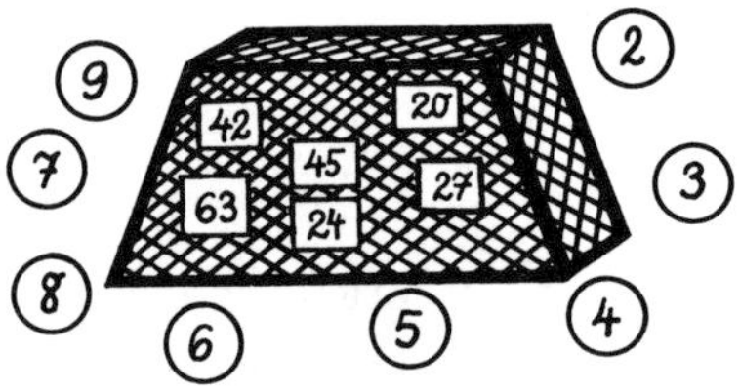

Mit welchen Bällen kannst du die Zahlen im Tor treffen? Schreibe Mal- und Geteiltaufgaben auf!

3. Einheit: Vorteilhaft rechnen durch Zusammenfassen von Malaufgaben

– *Einstieg: Zwei Folien*

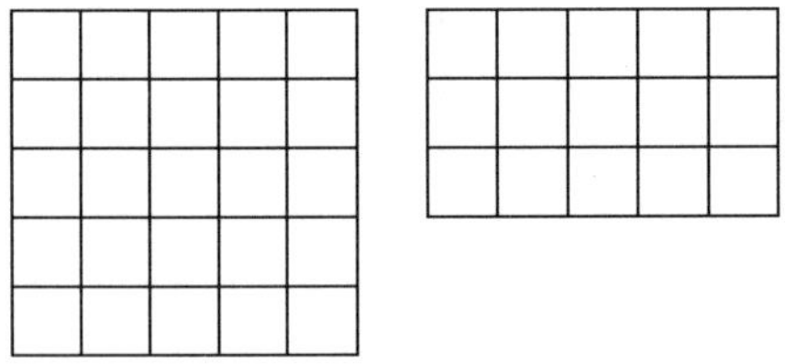

Für eine Geburtstagsgesellschaft hat der Pizzabäcker Herr Salvatore ein Riesenblech mit fünf mal fünf Pizzastücken gebacken und ein zweites Blech mit drei mal fünf Stücken.

Die Kinder nennen die Frage (Tafelanschrift): Wie viele Stücke sind das zusammen?
Die Kinder nennen die Rechnung *(Tafelanschrift):*
$5 \cdot 5 + 3 \cdot 5 = \square$

Lehrerin: Bei einer solch vermischten Rechnung mit Mal- und Plusaufgaben müssen immer zuerst die Malaufgaben ausgerechnet werden. (Die Lehrerin rahmt $\boxed{5 \cdot 5}$ und $\boxed{3 \cdot 5}$ ein.) Diese beiden Malaufgaben müssen wir zuerst ausrechnen. Wer jedoch genau hinsieht, kann aus diesen beiden Malaufgaben eine machen.
Die Lehrerin schiebt die beiden Folien zu $8 \cdot 5$ zusammen.
Tafelanschrift: $5 \cdot 5 + 3 \cdot 5 = 8 \cdot 5 = 40$
$\boxed{\text{A}}$ Zusammen sind es 40 Pizzastücke.

– *Einüben des Rechenwegs*
Tafelanschrift: Aus zwei Malaufgaben machen wir eine!

$2 \cdot 8 + 6 \cdot 8 = \square \qquad 9 \cdot 8 - 2 \cdot 8 = \square$
$5 \cdot 9 + 4 \cdot 9 = \square \qquad 6 \cdot 9 - 3 \cdot 9 = \square$
$5 \cdot 7 + 2 \cdot 7 = \square \qquad 8 \cdot 7 - 4 \cdot 7 = \square$

Die Kinder lösen die Aufgaben mündlich, z. B.:

$$2 \cdot 8 + 6 \cdot 8 = 8 \cdot 8 = 64$$

– *Bilden von Tauschaufgaben und Zusammenfassen*
Tafelanschrift: $7 \cdot 3 + 5 \cdot 7 = \square$
Lehrerin: Erzähle dazu eine Geschichte vom Pizzabäcker!...
Lehrerin: Denke nach! Auch hier können wir aus den beiden Malaufgaben eine machen. → Schüleräußerungen
Erkenntnis: Damit wir die Malaufgaben zusammenfassen können, müssen wir zuerst die Tauschaufgabe bilden.
Die Lehrerin unterstreicht $\underline{7 \cdot 3}$ als Aufforderung zum Bilden der Tauschaufgabe.
Tafelanschrift: $3 \cdot 7 + 5 \cdot 7 = 8 \cdot 7 = 56$
$\boxed{\text{A}}$ Zusammen sind es 56 Pizzastücke.

– *Einüben des Rechenwegs*
Tafelanschrift: Mit der Tauschaufgabe können wir vorteilhaft rechnen.

$6 \cdot 9 + 9 \cdot 3 = \square \qquad 8 \cdot 5 - 5 \cdot 2 = \square$
$4 \cdot 3 + 7 \cdot 4 = \square \qquad 7 \cdot 6 - 6 \cdot 4 = \square$
$7 \cdot 8 + 8 \cdot 2 = \square \qquad 9 \cdot 7 - 5 \cdot 9 = \square$

Die Kinder lösen die Aufgaben mündlich. Die Aufgabe, bei der die Faktoren zu tauschen sind, wird an der Tafel jeweils unterstrichen, z. B.:
$6 \cdot 9 + \underline{9 \cdot 3} = 9 \cdot 9 = 81$

– *Sicherung*
Hefteintrag: Übernahme der Tafelanschrift ins Heft

Folie mit Zusatzaufgabe für Rechenprofis:

Unterstreiche die Aufgaben, bei denen du die Tauschaufgabe rechnest!

$5 \cdot 3 + 4 \cdot 3 = \square$	$9 \cdot 8 - 8 \cdot 2 = \square$	$7 \cdot 8 - 8 \cdot 4 = \square$
$6 \cdot 2 + 2 \cdot 6 = \square$	$7 \cdot 6 - 6 \cdot 2 = \square$	$9 \cdot 9 - 9 \cdot 5 = \square$
$8 \cdot 4 + 3 \cdot 4 = \square$	$8 \cdot 5 - 5 \cdot 2 = \square$	$6 \cdot 7 - 4 \cdot 7 = \square$
$7 \cdot 3 + 5 \cdot 7 = \square$	$9 \cdot 6 - 6 \cdot 7 = \square$	$7 \cdot 9 - 3 \cdot 7 = \square$

Name:	Datum:	AB 23

Wir würfeln Malaufgaben

Würfle mit drei Würfeln!
Wenn du Glück hast,
kannst du mit deinem
Farbstift sechs Zahlen
eintragen.

Beispiel:

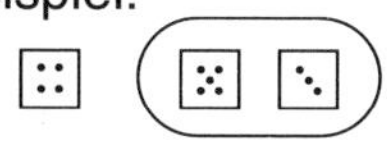

4 · 8 = 32   8 · 4 = 32

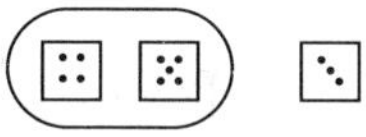

9 · 3 = 27   3 · 9 = 27

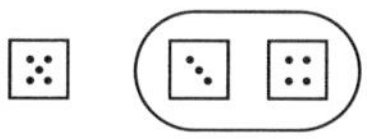

5 · 7 = 35   7 · 5 = 35

·	1	2	3	4	5	6	7	8	9	10	11	12
1												
2												
3												
4												
5												
6												
7												
8												
9												
10												
11												
12												

Name:	Datum:	AB 24

Das 1 · 7

① Verbinde die Aufgaben mit dem Zahlenstrahl!

② So kannst du dir bei schweren Aufgaben helfen!

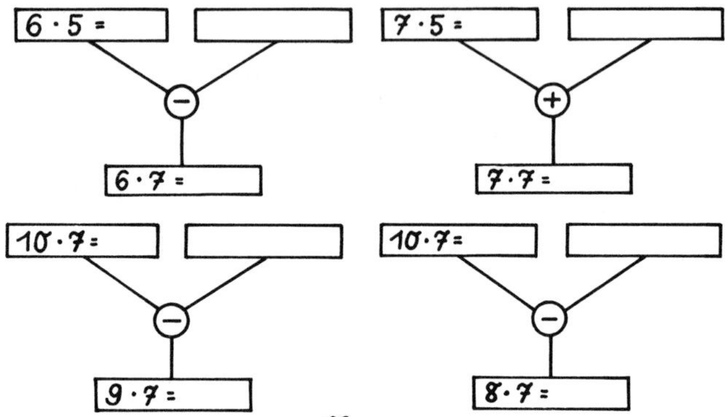

③ Die Denkreihe

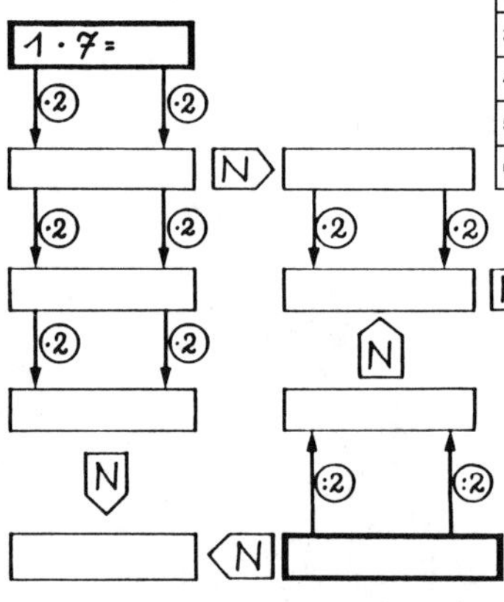

④ Male die Siebenerzahlen mit Bleistift an!

1	2	3	4	5	6	7	8	9	10
11	12	13	14	15	16	17	18	19	20
21	22	23	24	25	26	27	28	29	30
31	32	33	34	35	36	37	38	39	40
41	42	43	44	45	46	47	48	49	50
51	52	53	54	55	56	57	58	59	60
61	62	63	64	65	66	67	68	69	70

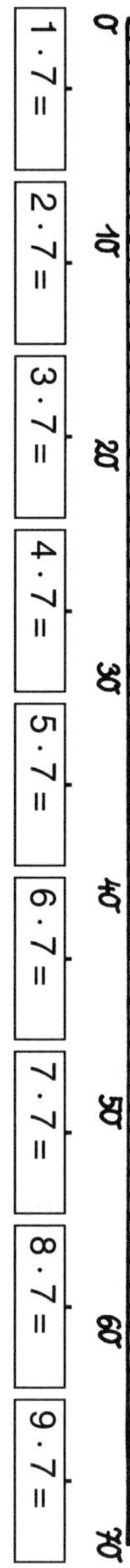

⑤ Male das Muster weiter! ☐ Siebener = ☐ Kästchen

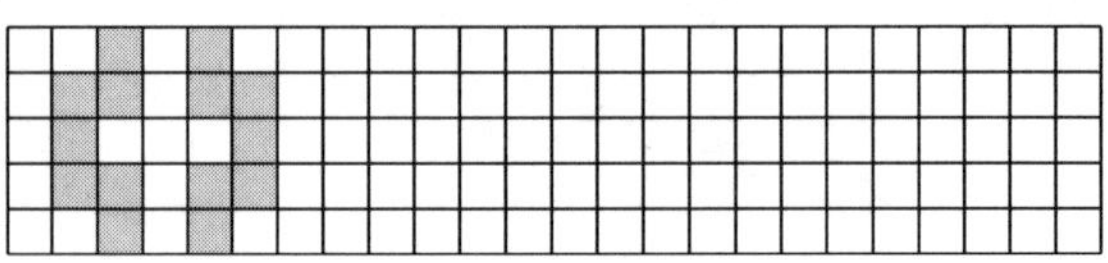

2. Die Zahlen bis 1000

2.1 Der Aufbau des Tausenders

Lernziele
- Aufbau des Tausenders durch fortlaufende Zehnerbündelung
- Gewinnen einer Größenvorstellung von 1000 Würfeln
- Begreifen der Stellenwerte (T, H, Z, E) und Erkennen der Stufenzahlen (1000, 100, 10, 1) als Ordnungsprinzip

Material
17 Kästen mit Cuisenairestäben oder 1000 Steckwürfel für die Klasse; 10 Spielwürfel, Klebstreifen, ein Kubikdezimeter aus durchsichtigem Kunststoff, Folie, Arbeitsblatt 25

∗ *Zielangabe:* Wir lernen heute die Zahl tausend kennen.
Tafelanschrift: tausend
Lehrerin: Wer kann diese Zahl auch mit Ziffern schreiben? → Schülerversuche, Tafelanschrift
Lehrerin: Wer kann erklären, warum die Zahl 1000 dreimal die Null braucht? → Die Lehrerin geht auf die Erklärungsversuche der Kinder ein und würdigt sie.

∗ *Aufgabenstellung und vorwegnehmende Lösung*
Lehrerin: Die Grundschule in Zahlenhausen bestellt für ihren Spieletag im Spielwarengeschäft Kinderglück 1000 Spielwürfel. (Die Lehrerin zeigt einen Würfel.) Wie groß wird das Tausenderpaket wohl etwa sein? Zeige es mit deinen Händen in der Luft!
Lehrerin: Laßt uns nun überlegen, wie im Spielwarengeschäft die Lehrlinge Ines und Tobias die 1000 Würfel am besten verpacken.
Schüleräußerungen und Kommentar der Lehrerin, z. B.:
- Sie zählen 1000 Würfel ab und legen sie in eine Schachtel. → Das Abzählen dauert sehr lange; es besteht die Gefahr des Verzählens. Auch hat die Sekretärin der Grundschule dann viel zu tun. Denn sie müßte die 1000 Würfel nachzählen.
- Ines und Tobias müssen die Würfel ordnen und in gleich große Päckchen packen. Vorschläge der Kinder, wie sie ordnen können. Sicher wird auch vorgeschlagen, jeweils 10 Würfel zu verpacken. Dieser Vorschlag wird aufgegriffen und durchgeführt.

* *Handelnde Erarbeitung*
Lehrerin: Weil ich keine 1000 Spielwürfel habe, die wir verpacken können, machen wir es mit unseren Einerwürfeln (oder Steckwürfeln).
Je zwei Kinder erhalten einen Kasten mit Cuisenairestäben (oder 20 bis 30 Steckwürfel) und ordnen die Einerwürfel in Zehnerreihen. Dann schiebt jede Gruppe ihre Zehnerreihen und die übrigen Einer auf einem Blatt zusammen.
Lehrerin: Im Spielwarengeschäft stöhnt Tobias: Na, das kann ja lange dauern, bis wir die 1000 Würfel geordnet und verpackt haben.
→ Schüleräußerungen
Lehrerin: Ines hat eine gute Idee. → Schüleräußerungen
Lehrerin: Sie sagt: Wir packen immer zehn Würfel in Papier ein und machen lauter Zehnerstangen. – Wir können es uns noch bequemer machen. → Für zehn Einerwürfel nehmen wir einen Zehnerstab. Jede Gruppe wechselt ihre Einer in entsprechend viele Zehnerstäbe um und legt diese sowie die übrigen Einer in den Kastendeckel.
Sitzkreis auf dem Hunderterteppich: Ein Kind aus jeder Gruppe stellt den Deckel mit den Zehnerstäben in die Mitte, die anderen Kinder nehmen ihre Kästen mit. Nun werden die Zehner aller Gruppen in einen Deckel gelegt und ggf. weitere Einer zusammengelegt und umgetauscht.
Lehrerin: So viele Würfel haben Ines und Tobias nun in Zehnerstangen verpackt. Aber sie sind noch lange nicht fertig.
→ Schüleräußerungen
Lehrerin: Ja, wir legen immer zehn Zehner zu einer Hunderterplatte zusammen.
Die Kinder legen jeweils zehn Zehner zusammen, die in der Mitte mit einem breiten Klebstreifen zusammengeklebt werden.

* *Rückblick und Vorschau*
Die Kinder fassen mit Hilfe der Lehrerin zusammen: Wir haben zehn Einer in einen Zehnerstab umgetauscht. Aus zehn Zehnern haben wir eine Hunderterplatte gemacht.
Tafelanschrift: Wir verpacken 1000 Würfel

$$\boxed{1\,E} \xrightarrow{\cdot 10} \boxed{1\,Z} \xrightarrow{\cdot 10} \boxed{1\,H}$$

Lehrerin: Was müssen wir noch tun, bis unsere 1000 Würfel verpackt sind?
→ Wenn wir zehn Hunderterplatten aufeinanderlegen, haben wir unser Tausenderpaket.

∗ *Fortführen der Handlung und Zusammenfassung*
Die Kinder kleben weitere Hunderterplatten zusammen. Die zehn Hunderterplatten werden in den Kunststoffwürfel gelegt.
Dabei sprechen: 100 + 100 = 200
200 + 100 = 300
Lehrerin: Nun ist unser Tausenderpaket fertig. Beschreibe, wie es aussieht! → Wir haben einen Tausenderwürfel bekommen. Jede Seite ist 10 cm lang (Nachmessen!)
Lehrerin: Wer kann sagen, was ich jetzt noch an die Tafel schreiben muß? → Ergänzen der *Tafelanschrift:*

[1 E] —(· 10)→ [1 Z] —(· 10)→ [1 H] —(· 10)→ [1 T]

Lehrerin: Sage noch einmal, wie man aus Einerwürfeln einen Tausenderwürfel bauen kann!
Während die Kinder sprechen, notiert die Lehrerin an der *Tafel:*

T	H	Z	E
		1 ←	10
	1 ←	10	
1 ←	10		

Sprechen: 10 Einer = 1 Zehner
10 Zehner = 1 Hunderter
10 Hunderter = 1 Tausender

T	H	Z	E
			1
		1	0
	1	0	0
1	0	0	0

(·10) (·10) (·10)

Lehrerin: Jetzt siehst du auch, warum die Zahl 1000 dreimal die Null braucht! → 10 × 10 = 100, 10 × 100 = 1000
Lehrerin: Inzwischen haben auch Ines und Tobias ihr Tausenderpaket fertig. Ihres ist allerdings etwas größer. – In der Mitte des Sitzkreises legt die Lehrerin in einen Deckel zehn Spielwürfel und läßt ein Kind die Länge nachmessen. Mit dem Lineal wird die Größe dieses Tausenders angezeigt. (Wer es ganz genau zeigen will, überträgt die Länge auf zwölf Schaschlikstäbe, die in Knetgummikugeln gesteckt werden.)

∗ *Grafisches Darstellen*
Lehrerin: Wir können auch malen, wie wir unseren Tausenderwürfel gepackt haben.→ Entsprechend den Vorschlägen der Kinder wird schrittweise eine Folie aufgedeckt (von rechts nach links):

Folie

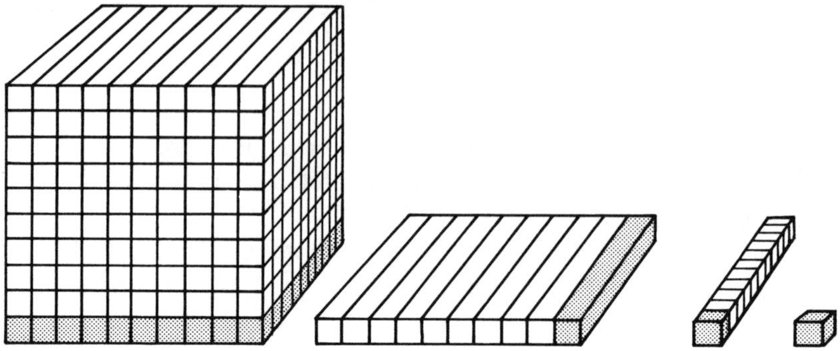

* *Ausklang:* Anregen zum Gewinnen von Größenvorstellungen
  - *Lehrerin:* Wo kannst du den Tausender überall finden? →Schüleräußerungen
  - *Lehrerin:* Was meinst du: Sind es an unserer Schule 1000 Kinder? Gespräch über die eigene Schule; Erklärung: 1000 Kinder sind 50 (44, 33) Klassen mit je 20 (25, 30) Kindern.
  - *Hausaufgabe:* Bringe morgen ein Buch mit etwa 1000 Seiten mit! Gehe von deiner Wohnung tausend Schritte! Zähle dabei immer bis 100 und strecke für jeden Hunderter einen Finger.
    Arbeitsblatt 25 Nr. ②

* *Weiterführung*
  - Auswertung der *Hausaufgabe*
  - *Arbeitsblatt 25:* Mit zwei *Abdeckblättern* zeigen die Kinder nach Anweisung der Lehrerin 100, 200, 300, ... 1000.

  Weitere Aufträge:
  Zeige 500, 300, 700, 800, 400, 900!
  Zeige 50, 150, 250, 300, 350, 400, 450, 500!
  Zeige 200 (100, 300, 500, 400) und nun das Doppelte!
  Zeige 800 (400, 600, 200, 1000, 300, 500, 700, 900) und nun die Hälfte!

2.2 Geldbeträge bis 1000 DM

Lernziel: Erfassen der fortlaufenden Zehnerbündelung anhand von Geldbeträgen bis 1000 DM

Material: Rechengeld für die Kinder und die Flanelltafel (10 × 100 DM), Wortkarten oder Folienstücke mit den Hunderterzahlen, Arbeitsblatt 26 und eine Folie von Nr. ①

Name:	**Datum:**	**AB 25**

Mein Tausender

①

Tausender-würfel T	Hunderter-platte H	Zehner-stab Z	Einer-würfel E
☐ ←	10 ☐ ←	10 ☐ ←	10

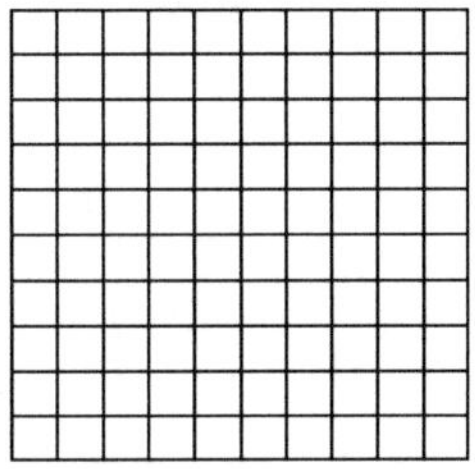

② Zeichne in jedes Kästchen der Hunderterplatten einen Punkt!
Wie lange brauchst du für 1000 Punkte?
☐ Minuten

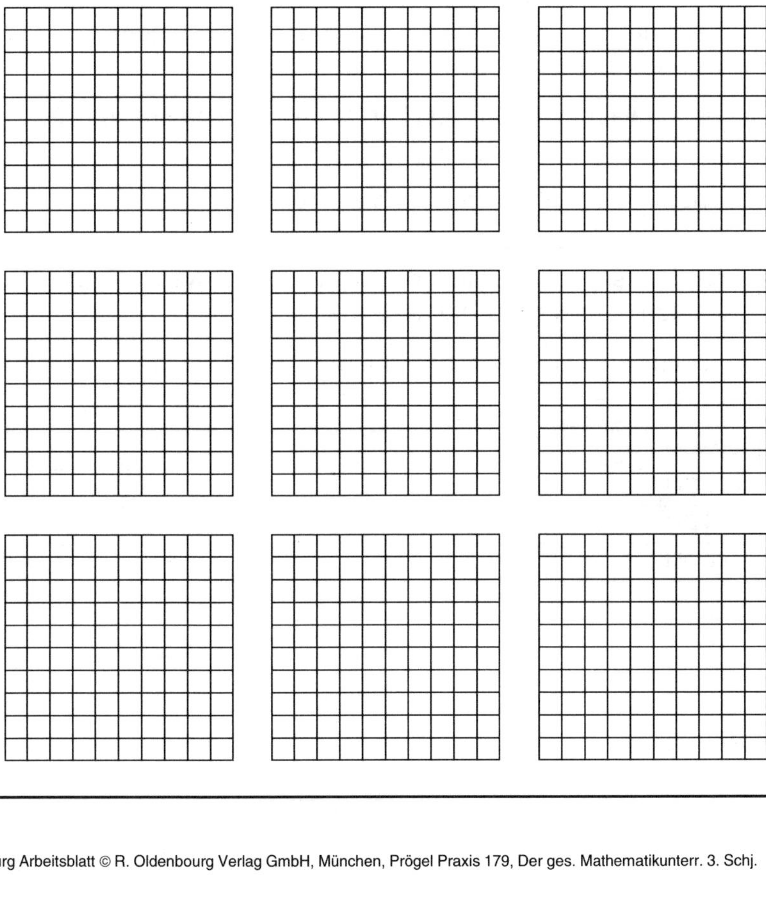

Name:	Datum:	AB 26

Geldbeträge bis 1000 DM

1 So viel hat Beate gespart:

200 DM

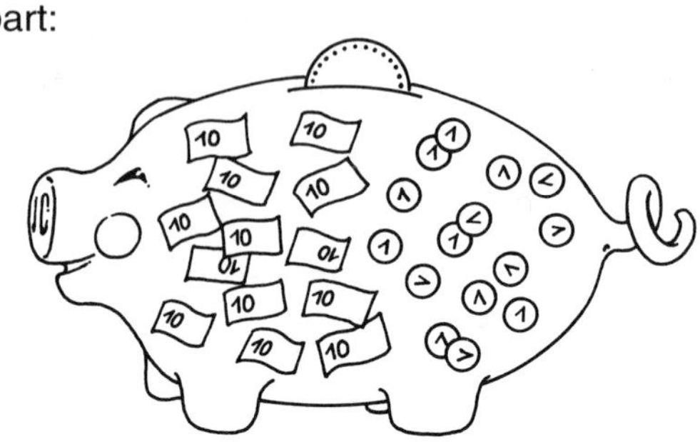

ⓐ Fasse immer 10 zusammen

10	1

ⓑ Wechsle um!

100	10	1

ⓒ Zeichne oben in den Kasten Beates Geld nach dem Umwechseln!

ⓓ Rechne aus: Wieviel Geld hat Beate insgesamt gespart?

☐ DM + ☐ DM = ☐ DM

ⓔ Wieviel Geld fehlt Beate noch auf 1000 DM?

____

2 Frau Sparsam spart in jedem Monat 100 DM. Nach wie vielen Monaten hat sie 1000 DM gespart?

ⓐ Zeichne die Hundertmarkscheine! ⓑ A Nach ☐ Monaten.

100 DM	100
200 DM	100 100
300 DM	
400 DM	
500 DM	
600 DM	
700 DM	
800 DM	
900 DM	
1000 DM	

* *Folie* von AB 26 Nr. ① *als Einstieg*

  Lehrerin: Beate spart fleißig. Wenn sie 14 Jahre alt ist, möchte sie 1000 DM gespart haben. So viel Geld hat sie bis jetzt gespart. Die Kinder betrachten das *Folienbild* und entnehmen: Auf Ihrem Sparbuch hat sie 200 DM gespart. Wieviel Geld in der Spardose ist, kann man nicht gleich sehen. Wir müssen zuerst immer zehn Einer/1 DM-Stücke zusammenfassen/bündeln und einkreisen, dann zehn Zehner/10 DM-Scheine. Dann müssen wir zehn Einer in einen Zehner umwechseln und zehn Zehner in einen Hunderter.

* *Durchführen der Zehnerbündelung*

  Die Kinder erhalten das *Arbeitsblatt* und bearbeiten Nr. ①. Inzwischen legt die Lehrerin den Betrag (13 Zehner, 15 Einer) an der *Flanelltafel.* (Hinweis: Die Einer immer rechts legen entsprechend der Stellentafel!)
  Ergebnis: Beate hat in der Spardose 15 Einer und 13 Zehner (Eintrag bei Nr. ①c). Wir wechseln um: 15 Einer = 1 Zehner und 5 Einer. Nun haben wir 14 Zehner. 14 Zehner = 1 Hunderter und 4 Zehner. (Das Umwechseln wird an der Flanelltafel konkret durchgeführt.)
  Kontrolle und mündliches Wiederholen mit Hilfe der *Folie:* Die Lehrerin führt die Aufträge auf der Folie durch, während die Kinder die Handlungsschritte verbalisieren.
  Ergebnis: Beate hat 200 DM + 145 DM = 345 DM.
  Legen des Gesamtbetrages an der *Flanelltafel:* *Tafelanschrift:*

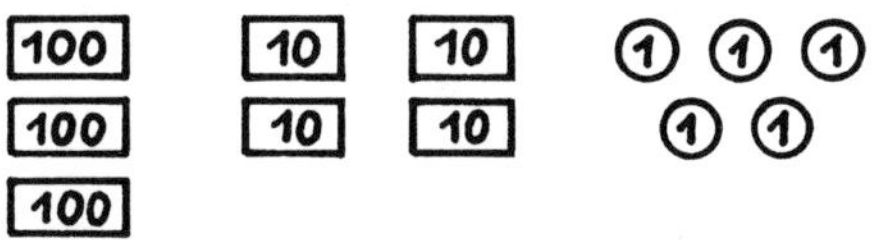

H	Z	E
3	4	5

* *Schrittweises Ergänzen auf 1000 DM*
  - *Partnerarbeit* oder Arbeit in Dreiergruppen (je nach der Menge des vorhandenen Rechengeldes): Die Kinder legen ebenfalls 345 DM und legen so viel Geld dazu, bis es 1000 DM sind. (Legen auf dem umgedrehten Rechenheft)
    Auswertung: Die Kinder berichten, welche Scheine und Münzen sie dazugelegt haben.
  - Kontrolle durch Legen an der *Flanelltafel* und *Tafelanschrift:*
    a) Zuerst müssen wir die Einer (kleine Aufgabe) 45 + 5 = 50
    zum nächsten Zehner ergänzen (große Aufgabe) 345 + 5 = 350
    b) Nun ergänzen wir zum nächsten Hunderter. 50 + 50 = 100
    350 + 50 = 400
    40 + 60 = 100
    c) Nun können wir leicht auf 1000 ergänzen. 400 + 600 = 1000

Eintragen in obige *Stellentafel:*

	T	H	Z	E
		3	4	5
+		6	5	5
	1	0	0	0

Arbeitsblatt AB 26 Nr. ① e: 345 DM + 655 DM = 1000 DM
(Das Ergänzen wird später eingeübt; es dient hier nur als Motivation zum Aufbau des Tausenders.)

∗ *Aufbau des Tausenders*
Lehrerin: Es kann lange dauern, bis 1000 DM gespart sind. Bei Frau Sparsam geht das Sparen sicher schneller. Sie spart in jedem Monat 100 DM.
An der *Flanelltafel* wird schrittweise ein 100 DM-Schein dazugelegt und gesprochen, während die Lehrerin die Aufgaben an die Tafel oder auf Folie schreibt: 100 DM + 100 DM = 200 DM, 200 DM + 100 DM = 300 DM,... 900 DM + 100 DM = 1000 DM. Nun verteilt die Lehrerin die *Wortkarten* oder *Folienstücke* mit den Hunderterzahlen (einhundert,...), die die Kinder den Ergebnissen zuordnen.
Hausaufgabe: Arbeitsblatt AB 26 Nr. ②

2.3 Rechnen mit Hundertern

Lernziele: Plus-, Minus-, Mal- und Geteiltaufgaben mit Hundertern
Material: Rechengeld für die Kinder und die Flanelltafel, Folie, Arbeitsblatt 27

∗ *Kopfrechnen:* Zähle von 100 bis 1000, zuerst vorwärts, dann rückwärts!
Zahlendiktat: Schreibe als Zahlen auf: 800, 400, 700, 900, 300, 200, 600, 500, 1000! – Kontrolle an der Tafel.

∗ *Analogiebildung*
Lehrerin: Katrin hat 5 DM gespart, von ihrer Oma bekommt sie 4 DM geschenkt.
Legen an der *Flanelltafel* (analog AB 27 Nr. ②) und *Tafelanschrift.*
Lehrerin: Ihr großer Bruder Tim hat 50 DM gespart und bekommt zum Geburtstag 40 DM geschenkt. – *Legen und Tafelanschrift.*

Lehrerin: Frau Freundlich hat 500 DM gespart und bekommt von ihren Eltern 400 DM geschenkt.

Legen und Tafelanschrift 1:	*Tafelanschrift 2:*
5 DM + 4 DM = 9 DM	5 E + 4 E = 9 E
50 DM + 40 DM = 90 DM	5 Z + 4 Z = 9 Z
500 DM + 400 DM = 900 DM	5 H + 4 H = 9 H

Lehrerin: Wer mit Einern und Zehnern rechnen kann, kann auch mit Hundertern rechnen! → Schüleräußerungen
Tafelanschrift 2

∗ *Sicherung: Folie:*

Schreibe als Zahlen!

3 H + 4 H = ___ U> ______	1 H + 8 H = ___ U> ______
7 H + 7 H = ___ U> ______	2 H + 4 H = ___ U> ______
6 H + 4 H = ___ U> ______	8 H + 2 H = ___ U> ______

∗ *Zusammenfassung*
Lehrerin: Die Umkehraufgaben zeigen uns, daß auch die Minusaufgaben mit Hundertern genauso wie mit Einern und Zehnern gerechnet werden.
Hausaufgabe: Arbeitsblatt 27 Nr. ①–③

∗ *Weiterführung: Verdoppeln und Halbieren*
Partnerarbeit: Die Kinder legen mit Rechengeld einen von der Lehrerin genannten Betrag, 100, 200, 400, 300, 500 DM, verdoppeln ihn und halbieren ihn anschließend wieder.
Tafelanschrift: Wir verdoppeln und halbieren
100 · 2 = 200 U> 200 : 2 = 100
. . .
Lehrerin: Frau Lieb will ihren beiden großen Kindern zu Weihnachten 300 DM schenken. – Lege, wie sie den Betrag gerecht verteilt.
Die Kinder legen und stellen fest, daß einer von den Hundertern in zwei Fünfziger zerlegt werden muß. Evtl. nochmals an der Flanelltafel zeigen.
Lehrerin: Auch hier hilft uns das Rechnen mit Zehnern.

Tafelanschrift:		
	30 : 2 = 15	300 : 2 = 150
	50 : 2 = ___	500 : 2 = ___
	70 : 2 = ___	700 : 2 = ___
	90 : 2 = ___	900 : 2 = ___

Name:	Datum:	AB 27

Wir rechnen mit Hunderten

1 ⓐ Schreibe neben die Zahlwörter die Zahlen!

einhundert	☐		dreihundert	☐
zweihundert	☐		sechshundert	☐
fünfhundert	☐		achthundert	☐
neunhundert	☐		vierhundert	☐
siebenhundert	☐		tausend	☐

ⓑ Ordne nach der Größe!

100									1000

2 ⓐ Geld geschenkt bekommen!

Lena	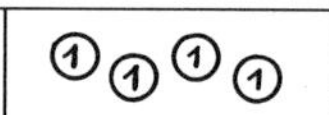	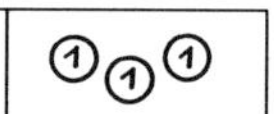	4 DM + 3 DM = ☐ DM
Tom		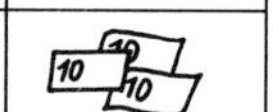	40 DM + 30 DM = ☐ DM
Frau Glücklich	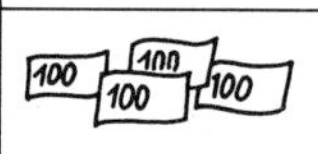	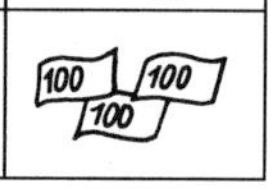	400 DM + 300 DM = ☐ DM

ⓑ Geld ausgeben!

Peter	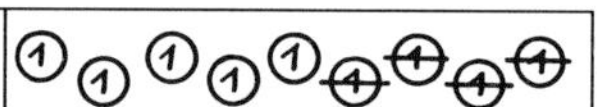	☐ DM – ☐ DM = ☐ DM
Tina		☐ DM – ☐ DM = ☐ DM
Herr Vielkauf	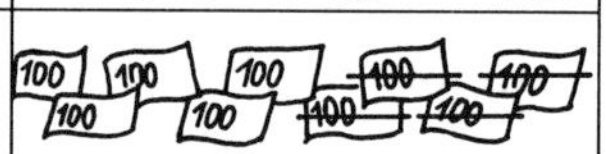	☐ DM – ☐ DM = ☐ DM

3 Ergänze auf 1000!

	200			100	800		400	900
+		300	600			700		
	1000	1000	1000	1000	1000	1000	1000	1000

4 Verdoppeln und Halbieren

·2	100	300		500							:2
			400		100	300	500	700	900	1000	

– Weitere Aufgaben zur *Übung und Differenzierung:*

Zerlege!

800	
500	
	400
100	
	200

Zerlege!

1000		
500		200
	400	400
300		400
200	700	

Magische Tausenderhäuser

	100	500
500		
		200

	300	
	200	
200		300

		200	300
300		400	
	100		200
	300	100	400

2.4 Rechnen mit HZ

Lernziele
– Grobstrukturierung des Tausenders und Füllen mit Zehnern
– Addition und Subtraktion HZ ± Z und HZ ± HZ (ohne und mit Hunderterübergang)

Material
Folie mit einer leeren Hundertertafel (s. AB 3), Hunderterteppich (s. Kap. 1.1) für jedes Kind eine Zahlkarte (HZ-Zahlen), ein Würfel und eine Unterlage, Arbeitsblätter 28 und 29 sowie Folie davon

1. Einheit: Die HZ-Zahlen

∗ *Problemstellung*
Die Lehrerin zeigt die *Folie mit der leeren Hundertertafel:* Der Rechenlöwe sagt: Ich kann in die Hundertertafel die Zahlen von 10 bis 1000 eintragen.
→ Schüleräußerungen
Zielangabe: Wir zählen in Zehnerschritten von 10 bis 1000.

∗ *Zahlenfolgen mit Zehnerzahlen bis 1000*
– Reihum zählt jedes Kind in Zehnerschritten und nennt drei oder vier Zahlen, also: Kind 1: 10, 20 30 – Kind 2: 40, 50, 60 usf. bis 1000.
– Die Kinder bearbeiten nun *Arbeitsblatt 28 Nr.* ①.
Zur Kontrolle von Nr. ① b–d werden die Zahlen auf der Folie farbig eingekreist.
Fertige Kinder erhalten eine Zahlkarte und legen sie auf den Hunderterteppich richtig auf.
– *Aufsuchen von Zahlen:* Die Lehrerin nennt etwa zehn HZ-Zahlen, die die Kinder mit einem schwarzen Stift einrahmen.

∗ *Zerlegen von Zahlen (neuer Tag)*
Die Kinder zerlegen die schwarz eingerahmten Zahlen, z. B.:
370 = 3 H + 7 Z = 300 + 70
Lehrerin: Wir können diese Zahlen auch zeichnen. Erinnere dich, wie wir den Tausender kennengelernt haben. → Wir zeichnen für jeden Hunderter eine Hunderterplatte und für jeden Zehner einen Zehnerstab.
Tafelanschrift: Die Geheimzahlen des Rechenlöwen

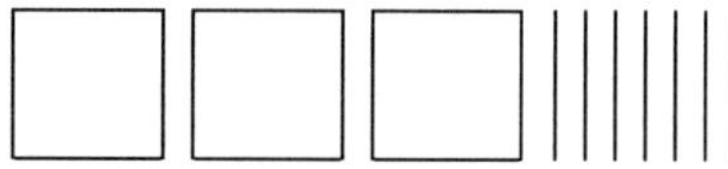

Hefteintrag: Die Kinder schreiben zu jeder Zahl die Zerlegaufgabe und zeichnen dazu (für jede Hunderterplatte ein Quadrat aus vier Kästchen, die Zehnerstriche zwei Kästchen lang; gespitzter Bleistift!)

∗ *Zehner- und Hunderternachbarn (neuer Tag)*
Einstieg: Zahlendiktat (Block)
Ein Kind schreibt verdeckt an der Tafel mit zur späteren Kontrolle. Nach der Kontrolle ordnen die Kinder die Zahlen nach der Größe, z. B.:
160 < 230 < 340 < 420 < 570 < 610 < 750 < 870 < 960
Zu diesen oder den schwarz eingerahmten Zahlen auf AB 28 Nr. ① werden nun die Zehner- und Hunderternachbarn gesucht und der näher liegende H-Nachbar jeweils rot eingekreist. Beispiel an der *Tafel*:

H-Nachbar	Z-Nachbar		Z-Nachbar	H-Nachbar
300	360	[370]	380	400
		840		
		...		

Die Kinder schreiben das Beispiel ins Heft und arbeiten ggf. zu Hause weiter (vgl. dazu auch S. 99: Zahlenkreuze)

2. Einheit: Addition und Subtraktion von Zehnerzahlen

∗ *Selbständige Erarbeitung im Spiel*
Die Kinder führen auf dem *Arbeitsblatt 28 Nr.* ② das Würfelspiel alleine oder zusammen mit dem Partner durch. Man darf dabei um so viele Zehner weiterrücken, wie man Augen gewürfelt hat. (Unterlage nicht vergessen!) Damit das Spiel flott vorangeht, kreist jeder die Zahlen rot ein, auf die er kommt. Anschließend werden dann die Rechnungen dazu ins *Heft* geschrieben.

Wer fertig ist, kann das Spiel bei 1000 beginnend wiederholen und abziehen (Zahlen nun blau einkreisen).
Variante: Mit zwei Würfeln spielen und um die Summe vorrücken, z.B.: 1000 − (5 Z + 3 Z) = 1000 − 80 = 920.

* *Erarbeiten des Rechenwegs*
Lehrerin: Tina mußte bei dem Würfelspiel diese Aufgabe rechnen.
Tafelanschrift: 320 + 50 = ____
Lehrerin: Mit den Zahlenfeldern war das ja nicht schwierig. Aber wer kann die Aufgabe auch ohne Zahlenfelder rechnen und erklären, wie es geht?
Die Kinder oder die Lehrerin erinnern wieder an die kleine Aufgabe.
Tafelanschrift: große Aufgabe
320 + 50 = ____ 32 + 5 = ____
Die Kinder nennen Plus- und Minusaufgaben (Tafelanschrift), die sie beim Würfelspiel aufgeschrieben haben, und die Klasse löst sie mit Hilfe der kleinen Aufgaben (Tafelanschrift).

* *Sicherung:* Arbeitsblatt 29 Nr. ②

* *Weiterführung: Das Rechnen ist in jedem Hunderter gleich!*
Die Lehrerin zeigt eine (mit nicht löslichem Stift) ausgefüllte *Folie* von AB 28 Nr. ①, auf die sie analog AB 7 (s. S. 24) mit löslichem Stift Pfeile von 20 zu 80, 120 zu 180 usw. eingezeichnet hat.
Die Kinder lesen die Aufgaben ab. *Tafelanschrift:*

20 + 60 = 80	Die Pfeile auf der Folie werden wieder gelöscht.
120 + 60 = 180	Nun werden analog Minusaufgaben mit Pfeilen
220 + 60 = 280	markiert, z.B. 90 − 50 = 40, 190 − 50 = 140 usw.
...	
920 + 60 = 980	

Die Kinder nehmen nun ihr ausgefülltes *Arbeitsblatt 28* her und zeichnen selbst Pfeile nach Wahl ein. Dann tauschen sie mit ihrem Partner das Blatt und schreiben die Rechnungen ins Heft.
Analog können Aufgaben wie 140 + 100, 270 + 300, 420 + 400 usw. mit AB 28 veranschaulicht werden.

3. Einheit: Addition und Subtraktion mit Hunderterübergang

* *Kopfrechnen:* Die Lehrerin nennt HZ-Zahlen, die die Kinder jeweils zum nächsten Hunderter ergänzen, z.B. 470 → 470 + 30 = 500. Nach etwa zehn Beispielen wird zum Hunderter vermindert, z.B. 540 → 540 − 40 = 500 (weitere Beispiele).

Name: **Datum:** **AB 28**

200 | 210 | 220 | 230 | 240 | 250 | 260 | 270 | 280 | 290 | 300 | 310 | 320 | 330 | 340 | 350 | 360

1000 | 990 | 980 | 970 | 960 | 950 | 940 | 930 | 920 | 910 | 900 | 890 | 880 | 870 | 860 | 850 | 840 | 830 | 820 | 810 | 800 | 790 | 780

370 | 380 | 390 | 400 | 410 | 420 | 430 | 440 | 450 | 460 | 470 | 480 | 490 | 500 | 510 | 520 | 530 | 540 | 550 | 560 | 570 | 580 | 590 | 600

770 | 760 | 750 | 740 | 730 | 720 | 710 | 700 | 690 | 680 | 670 | 660 | 650 | 640 | 630 | 620 | 610

In Zehnerschritten bis 1000

10	20			50					100
110				150				190	
	220								300
					360				
			440						
						570			
									700
		730							
							880		
									1000

1
ⓐ Zähle in Zehnerschritten bis 1000 und trage die fehlenden Zahlen ein!
ⓑ Springe nun ab der Zahl 50 immer 50 weiter und kreise die Zahlen gelb ein, auf die du kommst!
ⓒ Kreise die Zahl 20 rot ein, springe immer 20 weiter und kreise die Zahlen rot ein!
ⓓ Beginne nun bei 30 und springe immer 30 weiter! Kreise diese Zahlen grün ein!

2
Würfelspiel! Stelle deine Figur auf 200 (1000), würfle und ziehe!
Schreibe die Rechnungen ins Heft!
Beispiel: ⚃ 200 + 4Z = 240, ⚅ 240 + 60 = 300 ...
Beginne auch bei 1000 und würfle rückwärts!

Name:	Datum:	AB 29

HZ plus oder minus Z (mit Hunderterübergang)

1 ⓐ Schreibe neben die Zahlwörter die Zahlen!

einhundertzwanzig		neunhundertsechzig	
achthundertdreißig		sechshundertneunzig	
vierhundertsiebzig		zweihundertfünfzig	
dreihundertachtzig		siebenhundertvierzig	

ⓑ Ordne diese Zahlen nach der Größe!

[ ] < [ ] < [ ] < [ ] < [ ] < [ ] < [ ] < [ ]

2 ⓐ Schreibe die große oder die kleine Aufgabe dazu!

35 + 4 =	62 + 6 =	96 + 4 =
350 + 40 =		
410 + 70 =	530 + 50 =	740 + 30 =
	81 + 9 =	
260 + 30 =		120 + 80 =

ⓑ Schreibe zu den großen Aufgaben die Umkehraufgaben ins Heft!

3 Wir springen über den Hunderter!

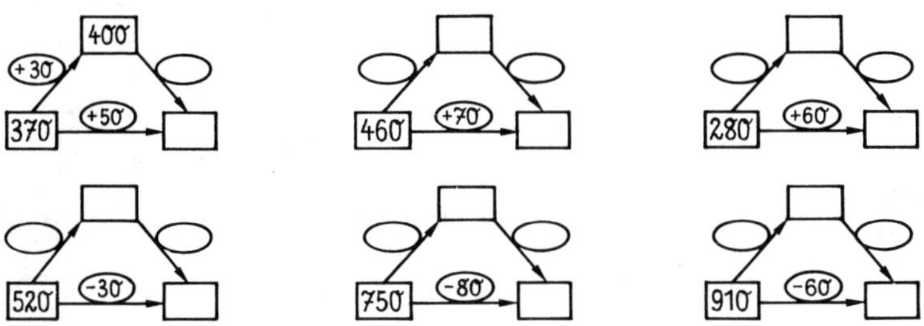

4 ⓐ

⊕	60	80	40
690			
850			
580			
770			

ⓑ

⊖	70	90	50
830			
640			
920			
750			

Name:	Datum:	AB 30

HZ plus oder minus HZ (ohne Hunderterübergang)

1 ⓐ Wie heißen diese Geheimzahlen?

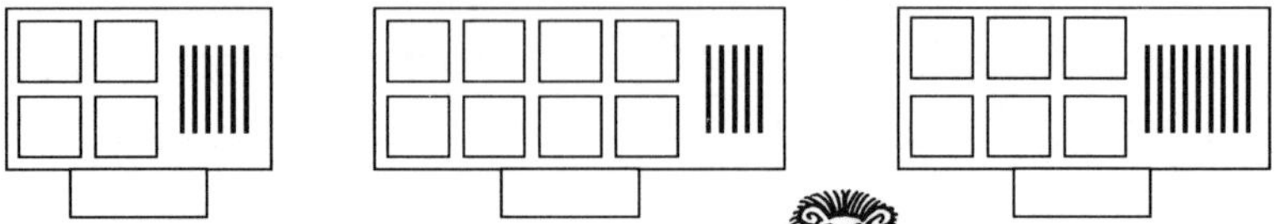

ⓑ Ordne sie nach der Größe!

☐ < ☐ < ☐

2 Ergänze schrittweise auf 1000!

ⓐ

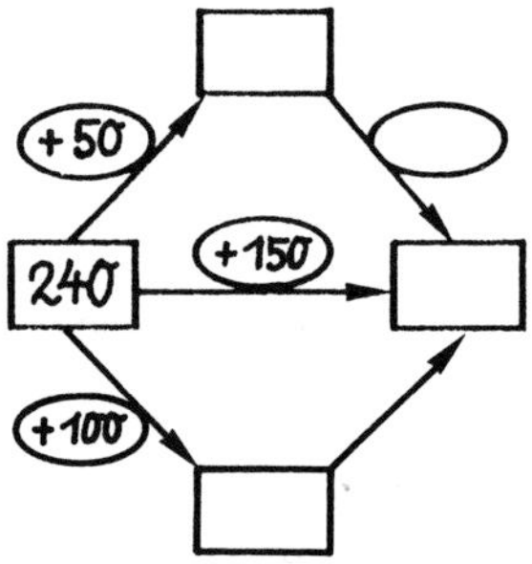

ⓑ Oder rechnest du so:

240 + 150 = ☐

200 + 100 = ☐

40 + 50 = ☐

☐ + ☐ = ☐

ⓒ 420 + 60 = ☐

420 + 160 = ☐

420 + 260 = ☐

420 + 360 = ☐

420 + 460 = ☐

420 + 560 = ☐

ⓓ 890 – 50 = ☐

890 – 150 = ☐

890 – 250 = ☐

890 – 350 = ☐

890 – 450 = ☐

890 – 550 = ☐

3 ⓐ Wie rechnest du? Fahre deinen Rechenweg grün nach!

ⓑ

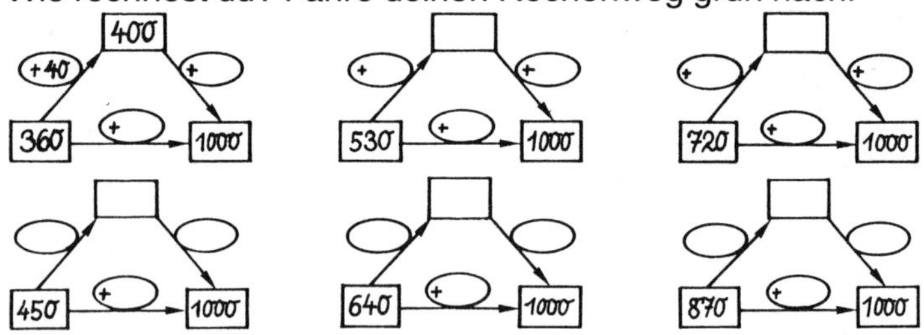

ⓒ Schreibe ins Heft die Umkehraufgaben!

∗ *Erarbeiten des Rechenwegs mit Hunderterübergang*
Lehrerin: Bei unserem Würfelspiel hat Timo diese Aufgabe rechnen müssen.
Tafelanschrift: 480 + 60 = ___
Vermutlich werden die Kinder wieder an die kleine Aufgabe erinnern:

48 + 6 = 54

Vielleicht erinnern sie sich auch an den Zehnerübergang und stellen fest, daß hier über den Hunderter gerechnet wird. Die Lehrerin zeichnet an die *Tafel* eine Pfeilaufgabe (analog AB 30 Nr. ②), trägt 480 + 60 ein und läßt ein Kind vorrechnen:
Ich zerlege 60 in 20 + 40 und rechne zuerst bis zum nächsten Hunderter: 480 + 20 = 500. Nun zähle ich den Rest dazu: 500 + 40 = 540.
Nach drei weiteren Beispielen wird der Rechenweg in einer Pfeilaufgabe analog bei Minusaufgaben demonstriert.

∗ *Sicherung:* Arbeitsblatt 29 Nr. ③ und ④
Zahlentürme für *Rechenprofis,* z. B.:

130		170	
60		80	

Lösung:

600			
280	320		
130	150	170	
60	70	80	90

4. Einheit: Verschiedene Rechenwege bei Addition und Subtraktion

∗ *Einstieg:* Zusammenfassung des bisher Gelernten
An die Tafel, auf Folie oder auf ein Merkplakat schreibt die Lehrerin Aufgaben, die die Kinder lösen und dabei nochmals die Rechenwege erklären, z. B.:

Wir können schon bis 1000 rechnen!

300 + 500 = ____ U> ____________
T> ____________ U> ____________

420 + 60 = ____ U> ____________
T> ____________ U> ____________

560 + 70 = ____ U> ____________
T> ____________ U> ____________

310 + 600 = ____ U> ____________
T> ____________ U> ____________

* *Zielangabe* durch die Lehrerin: Heute rechnen wir nun solche Aufgaben.

320 + 270 = ____	U ▷ ____________
T ▷ ____________	U ▷ ____________
480 + 340 = ____	U ▷ ____________
T ▷ ____________	U ▷ ____________

* *Erarbeiten von Rechenwegen (ohne Hunderterübergang)*

Die Kinder versuchen durch Übertragen der bisher erlernten Rechenwege die beiden neuen Aufgaben zu lösen. Rechenprofis schreiben auch Tausch- und Umkehraufgaben auf, während die anderen nachdenken.

Die Kinder erläutern ihre Rechenwege, die die Lehrerin an die *Tafel* schreibt (vgl. AB 30 Nr. ②).

Weg 1: Ich zähle zuerst die Zehner dazu und rechne:
320 + 70 = 390, 390 + 200 = 590

Weg 2: Ich zähle zuerst die Hunderter dazu und rechne:
320 + 200 = 520, 520 + 70 = 590

Weg 3: Ich zähle zuerst die Hunderter zusammen, dann die Zehner und zähle dann beide Ergebnisse zusammen:
300 + 200 = 500, 20 + 70 = 90, 500 + 90 = 590

Sicherung: Arbeitsblatt 30 Nr. ②

Während die Kinder für sich arbeiten, ruft die Lehrerin – auch an den Folgetagen – einzelne Kinder zu sich und läßt sich vorrechnen, um sicherzugehen, daß alle den Rechenweg beherrschen.

Erarbeiten von Rechenwegen (mit Hunderterübergang)

Vorübung: Schrittweise auf 1000 ergänzen (vgl. Arbeitsblatt 30 Nr. ③)

Nun wird analog die Lösung der Aufgabe 480 + 340 erarbeitet, wobei der Hunderterübergang im Kopf zu rechnen ist.

* *Weitere Übungen, auch zur Differenzierung oder zum Kopfrechnen*

Rechenketten

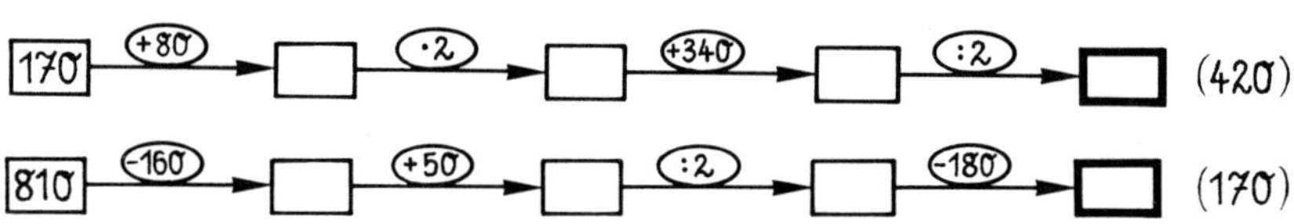

Zahlenrätsel

Ich zähle zu meiner Zahl 370 dazu und erhalte dann 620.

☐ + 370 = 620

Rechenrad (mit Selbstkontrolle)

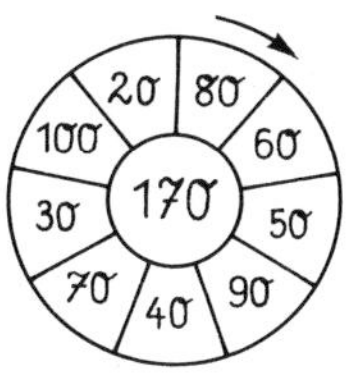

Zu 170 wird fortlaufend addiert und anschließend subtrahiert. Das Endergebnis ist dann wieder die Ausgangszahl (aus *Leutenbauer,* S. 113).

170 + 80 = 250	710 − 80 = 630
250 + 60 = 310	630 − 60 = 570
...	...
690 + 20 = 710	190 − 20 = 170

Zahlensack:
Streiche fünf falsche Aufgaben weg und schreibe die richtigen ins Heft!

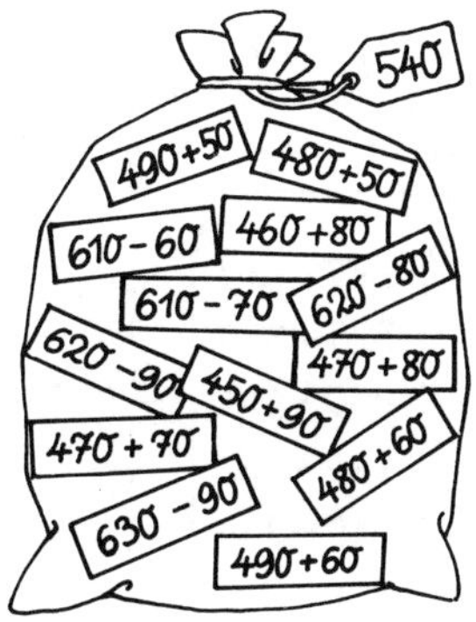

Zahlenkreuze (vgl. dazu AB 28 Nr. ①)
Suchen der fehlenden Zahlen und Nennen oder Aufschreiben von Aufgaben:

350 + 10 = 360
350 − 10 = 340
350 + 100 = 430
350 − 100 = 250

	(250)	
(340)	350	(360)
	(450)	

Rechenuhren
Ergänzen von Zahlen: 830 + ☐ = 970
U ▷ 970 − 830 = ☐

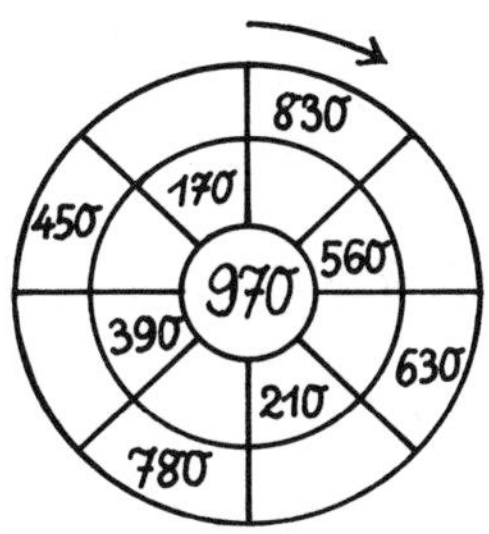

Von 1000 fortlaufend die Zahlen im Kreis abziehen, bis man 120 erhält.

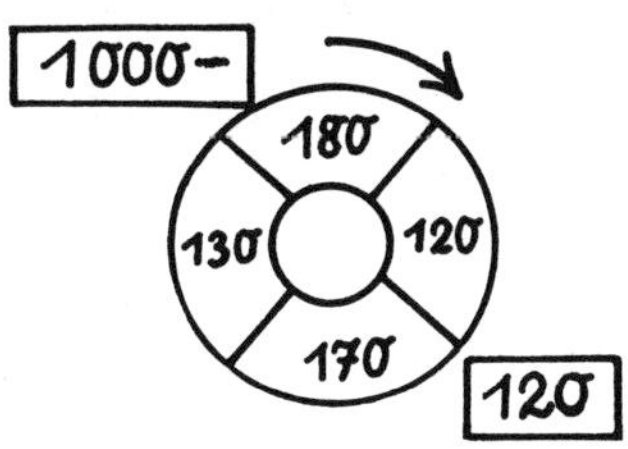

Zahlenhaus 350 + 290 + ☐ = 1000

	1000	
350	290	
	470	340
250		360
	570	340
530	280	
	440	290

Rechenschlange (mit Selbstkontrolle)

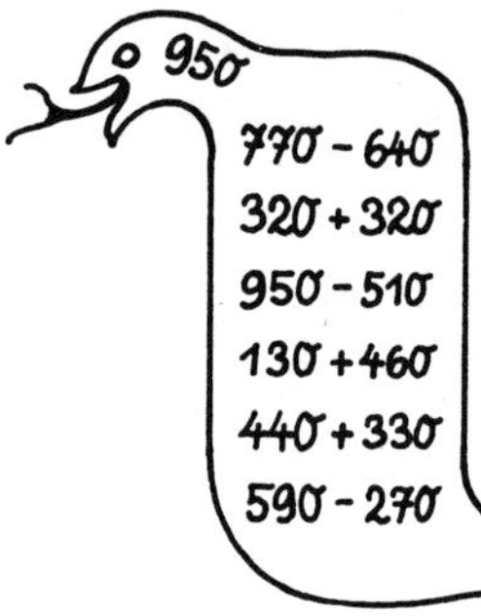

Lösung:

950 − 510 = 440 Mit der „Kopfzahl“ beginnen!

440 + 330 = 770 Jeweils mit dem Ergebnis weiterrechnen!
770 − 640 = 130
130 + 460 = 590
590 − 270 = 320
320 + 320 = 640 Das letzte Ergebnis muß mit der „Schwanzzahl“ übereinstimmen.

Magische Tausenderhäuser

	1000	
	240	420
380		260

	1000	
	340	
	280	400
260		

	1000	
		80
450		
130		550

Wie heißt hier die Zahl im Dach?

80		30
	90	
150		

160		70
	150	
230		

40		20
	50	
80		

Alle Übungen können mit veränderten Zahlen auch in den folgenden Stunden eingesetzt werden (HZE ± H, HZE ± Z, HZE ± HZ, HZE ± E, HZE ± HZE).

2.5 Die HZE-Zahlen

Lernziele:

- Wiederholung der Zehnerbündelung und vertiefte Einsicht in das dekadische System
- Darstellen, Lesen und Zerlegen von Zahlen
- Vergleichen und Ordnen von Zahlen
- Nennen von Nachbarzahlen (Einer-, Zehner-, Hundertervorgänger und Einer-, Zehner-, Hunderternachfolger)

Material

17 Kästen mit Cuisenairestäben oder 1000 Steckwürfel für die Klasse, Klebstreifen, ein Kubikdezimeter aus durchsichtigem Kunststoff, ein Zeichenblock; für jedes Paar zwei Spielwürfel und eine Unterlage, Rechengeld, für jedes Kind eine Karte mit einer dreistelligen Zahl, Arbeitsblatt 31 und 32 sowie Folie von AB 32

∗ *Wiederholung*

Die Kinder sitzen mit ihren Kästen im Kreis um einen leeren Tisch in der Mitte oder auf dem Hunderterteppich.
Lehrerin: Erinnert ihr euch noch, wie wir den Tausender aufgebaut haben? → Schüleräußerungen

∗ *Erarbeitung der HZE-Zahlen im Spiel*

- *Zielangabe* durch die Lehrerin: Heute wollen wir ihn noch einmal bei einem Würfelspiel aufbauen und dabei besonders auf die Einer achten.
- *Spielverlauf:* Unser Spiel geht so. Aus deinem Kasten darfst du dir später Einer, Zehner und Hunderter nehmen. Wie viele du nehmen darfst, entscheidet der Würfel. Am besten fängt ein Kind, die/der . . . , an und zeigt es euch.
  Kind 1 kommt mit seinem Kasten und seinen linken und rechten Nachbarn als Helfer zum Tisch. Es würfelt eine Fünf und darf 5 Einer aus dem Kasten in den Deckel legen. Dann würfelt es eine Drei und legt 3 Zehner in den Kasten. Nun würfelt es eine Zwei, so daß die Helfer zwei Hunderterplatten zusammenkleben. Die gewürfelten Zahlen werden in den leeren Kastendeckel von Kind 1 gelegt (s. Abb. u.), der auf dem Tisch liegenbleibt. Parallel zum *Sprechen* (Meine Zahl hat 2 H, 3 Z und 5 E. Sie heißt 235) trägt die Lehrerin die Zahlen in eine Stellentafel ein.

Tafelanschrift:

	3. Wurf	2. Wurf	1. Wurf
T	H	Z	E
	2	3	5
	3	4	6
	5	8	1

Beispiel:
Kind 1: 200 + 30 + 5 = 235
Kind 2: 300 + 40 + 6 = 346
zusammen

Nun ist Kind 2 mit seinen Helfern an der Reihe und würfelt z. B. sechs, vier und drei, also 346 und legt diese Zahl in seinen Deckel. Da wir ja 1000 legen wollen, müssen die folgenden Kinder die vorher gewürfelten Zahlen betrachten, und prüfen, ob sie umtauschen können. So kann Kind 2 die Einer aus seinem Kasten und dem von Kind 1 zu einem Zehner bündeln und umtauschen. Ebenso ist künftig zu prüfen, ob aus den vorhandenen Zehnern eine Hunderterplatte gemacht werden kann. Nun werden die 5 Hunderterplatten von Kind 1 und 2 auf einen *Zeichenblock* als Unterlage zusammengelegt und daneben die Zehner und Einer.

Kind 1 *Kind 2* *zusammengelegt und gebündelt*

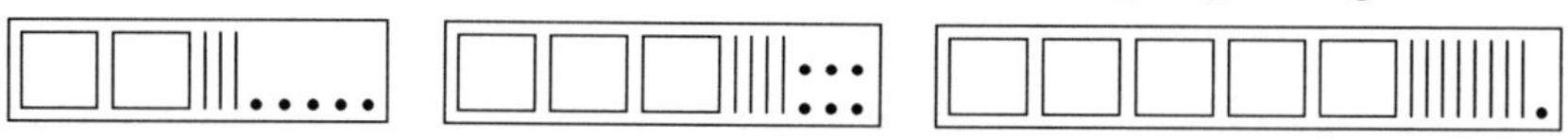

Weiterer Spielverlauf:

T	H	Z	E
	...		
	5	8	1
	3	5	4
	9	3	5

Kind 3 würfelt, legt in seinem Deckel und prüft, ob es bündeln kann. Dabei legt es seine Stäbe und Würfel auf den Zeichenblock zu der Zahl 581 und nennt die neue Zahl: Wir haben nun 5 E, 3 Z und 9 H.

Zum Schluß dürfen alle Kinder an ihrem Platz würfeln, und wer in unserem Fall 65 würfelt, darf den Tausender fertig bauen und in den Kubikdezimeter (Tausenderwürfel) stecken.

∗ *Anwendung*
– *Partnerarbeit:* Abwechselnd würfeln die Partner und zeichnen entsprechend viele Hunderter, Zehner und Einer in ihr Heft und schreiben die Zahl daneben. Wenn das erste Kind 1000 erreicht hat, wird die Phase beendet (zu Hause weiterwürfeln!).
– *Variante*
Lehrerin: Der Rechenlöwe behauptet, er kann den Tausender mit einem Mal aufbauen. Allerdings verwendet er dazu *zwei Würfel.*
Ich will einmal sehen, ob ich das auch schaffe.

Die Lehrerin würfelt unter der Beobachtung von zwei Kindern mit zwei kleinen Spielwürfeln.

1. Wurf: $5 + 3 = 8$		T	H	Z	E
2. Wurf: $5 + 4 = 9$			8	9	8
3. Wurf: $2 + 6 = 8$					

Lehrerin: Leider habe ich nicht den Tausender geschafft. Aber probiert einmal ihr, ob ihr es schafft!

Partnerkontrolle: Jeder würfelt dreimal mit zwei Würfeln und zeichnet wieder jeweils seine Zahl.

Abschluß: Wer hat es geschafft?

Was muß der Rechenlöwe würfeln, um mit einem Wurf 1000 zu haben? (problemlösendes Denken!)

Gespräch und *Tafelanschrift:*

1. Wurf um die E: $5 + 5 = 10$ oder $6 + 4 = 10$
2. Wurf um die Z: $5 + 4 = 9$ oder $6 + 3 = 9$
3. Wurf um die H: $5 + 4 = 9$ oder $6 + 3 = 9$

T	H	Z	E
		1	0
		9	0
	1	0	0
	9	0	0
1	0	0	0

Vertiefung für Rechenprofis: Welche Zahl erhält der Rechenlöwe, wenn er sechsmal die Sechs würfeln würde? → An der Stellentafel klären: 1322.

* *Weiterführung*

– Analog kann der Tausender durch Würfeln von Zahlen auch wieder „ausgepackt" und entbündelt werden.

– *Legen von Zahlen* in Partner- oder Gruppenarbeit (je nach Material, auch mit Rechengeld) und Eintragen in eine Stellentafel:

Sprechen: $101 = 1\,H + 0\,Z + 1\,E$

$101 = 100 + 1$

...

H	Z	E
1	0	1
1	1	0
1	1	1
1	1	2
1	2	0
1	2	1

– *Wie heißen die Geheimzahlen?*
Die Kinder zeichnen Hunderterquadrate, Zehnerstriche und Einerpunkte auf Folienstücke und stellen sich so gegenseitig Zahlenrätsel.

– *Lesen von Zahlen und Zahlwörtern*
  a) *Spiel: Schlapp hat seinen Hut verloren*
  Jedes Kind erhält eine Karte mit einer Zahl, zeichnet auf die Rückseite diese Zahl mit Quadraten, Strichen und Punkten und merkt sich seine Zahl gut. Im Sitzkreis hält jeder seine Karte so, daß die anderen die Zahl gut lesen können. Ein Kind beginnt und sagt: Schlapp hat seinen Hut verloren, 583 (die eigene Zahl nennen) hat ihn nicht, 385 hat ihn (Zahl eines beliebigen Kindes). Darauf antwortet dieses prompt: Schlapp hat seinen Hut verloren, 385 hat ihn nicht, ... hat ihn. usf. – Wer sich verspricht oder nicht gleich reagiert, wenn seine Zahl genannt wird, muß ein Pfand abgeben, das durch Vorrechnen von Aufgaben in den nächsten Rechenstunden wieder ausgelöst werden kann.
  b) *Bingospiel* (vgl. auch S. 64)
  Die Kinder teilen ihr DIN A4-Blatt in viermal vier Felder ein und tragen in beliebiger Reihenfolge die von der Lehrerin vorgegebenen 16 Zahlen ein. Dabei sind viele *Variationen* denkbar: Zahlen an der Tafel, z.B. 456 → Die Kinder notieren in den Feldern Zerlegaufgaben, also 4 H + 5 Z + 6 E.
  Zahlwörter oder Geheimzahlen (Tafel/Folie) → Die Kinder notieren Zahl oder Zerlegaufgabe.
  Dann wird eine Siegreihe vereinbart (z. B. 3. Spalte). Nun nennt die Lehrerin diese Zahlen in völlig beliebiger Reihenfolge, und die Kinder legen auf das entsprechende Feld einen kleinen Gegenstand (z.B. eine Rechengeldmünze). Wer zuerst die Siegreihe belegen kann, ruft Bingo und erhält einen Punkt. Dann wird eine neue Siegreihe festgelegt, und die nächste Runde beginnt.

– *Ordnen von Zahlen*
Jedes Kind (Sechsergruppe) nimmt sich eine *Zahlkarte.* Welche Gruppe hat sich zuerst nach der Größe ihrer Zahl geordnet aufgestellt? Die Kinder ordnen erst zwei, dann auch mehr Zahlen mit Hilfe der Zeichen > oder <.

∗ *Arbeit mit dem Zahlenstrahl (s. Arbeitsblatt 32)*

– Die von den Kindern eingetragenen Zahlen werden mit Hilfe einer *Folie* kontrolliert. Dabei werden jeweils zu jeder Zahl sofort die Nachbarn gesucht. Beispiel an der *Tafel:*

Wir suchen Vorgänger (V)				und Nachfolger (N)		
HV	ZV	EV		EN	ZN	HN
(100)	(100)	101	102	103	110	200

...

Die näher liegenden Zehner- und Hunderternachbarn werden unterstrichen oder farbig eingekreist. Nach dem mündlichen Nennen sucht sich jedes Kind 10 (Rechenlöwen 15) Zahlen aus und schreibt dazu Vorgänger und Nachfolger ins *Heft* (zwischen jeder Zahl zwei Kästchen Platz lassen!)

– *Zahlenfolgen*

Die Lehrerin markiert diese Zahlen jeweils auf der Folie *mit einem farbigen Punkt* (wasserlöslich), und die Kinder auf ihrem Blatt.

a) Immer 100 weiter: 2, 102, 202, ... 902
Immer 100 zurück: 999, 899, ... 99

b) Immer 10 weiter: 95, 105, ... 905
Immer 10 zurück: 995, 985, ... 905

c) Immer 1 weiter: 98, 99, ... 107; 595, 569, ... 605; 799, ... 812
Immer 1 zurück: 994, ... 985; 212, ... 199

Analog: Immer 2/3/5 weiter bzw. zurück.

Die Kinder wählen sich selbst eine Zahlenfolge (mit 10 bis 15 Zahlen) aus, schreiben sie auf einen *Folienstreifen* und geben sie dann der Klasse als Aufgabe. Dabei werden nur die beiden ersten Zahlen gezeigt: Wer erkennt die Regel? Dann schreiben die Kinder die zehn Zahlen ins Heft. Zur Kontrolle wird der ganze Folienstreifen gezeigt.

– *Zahlenrätsel*

Zuerst stellt die Lehrerin, dann ein Kind, der Klasse mündlich Zahlenrätsel, z. B.:

Meine Zahl ist der Vorgänger von 347.
Meine Zahl ist um zehn kleiner als 313.
Meine Zahl ist die Hälfte von 444.
Meine Zahl hat in der Mitte eine Null und links und rechts die Ziffer 2.
Meine Zahl hat dreimal die Ziffer 8.

Die Kinder zeigen jeweils die Lösungszahl mit der Bleistiftspitze auf dem Zahlenstrahl.

Hinweis: Diese Übungen müssen nicht alle en bloc durchgeführt werden, sondern sollen beim folgenden Rechnen mit HZE-Zahlen fortgesetzt und immer wieder wiederholt werden.

Name:	**Datum:**	**AB 31**

Die HZE-Zahlen

1 Zerlege!

478 = 400 + 70 + ☐ 715 = ____________

851 = ____________ 362 = ____________

534 = ____________ 629 = ____________

946 = ____________ 293 = ____________

2 Geheimzahlen!

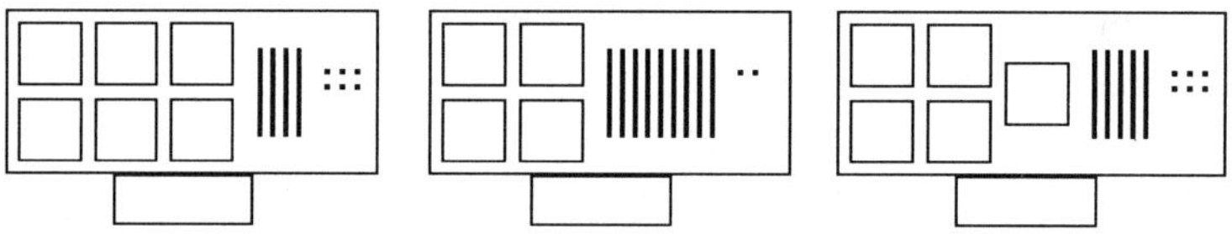

3 Schreibe die Zahlen daneben und setze ein < (blau) oder > (rot) !

siebenhundert-dreiundachtzig	☐	○	☐	achthundert-dreiundsiebzig
fünfhundert-siebenundneunzig	☐	○	☐	neunhundert-siebenundfünfzig
sechshundert-neunundvierzig	☐	○	☐	vierhundert-sechsundneunzig
neunhundert-achtundsechzig	☐	○	☐	achthundert-neunundsechzig
einhundert-zweiundreißig	☐	○	☐	dreihundertzwölf

4 Der Rechenlöwe würfelt und vertauscht dann die Stellen.
Wie heißen seine Zahlen? Ordne sie im Heft nach der Größe!

ⓐ

H	Z	E	
⚅	⚄	⚀	
⚅	⚀	⚄	
⚄	⚅	⚀	
⚄	⚀	⚅	
⚀	⚄	⚅	
⚀	⚅	⚄	

ⓑ

H	Z	E	
⚁	⚂	⚃	
2	4	3	

ⓒ

H	Z	E	
4	6	2	

Name:	Datum:	AB 32

Mein Zahlenstrahl

1. Trage mit einem roten Stift die Hunderter und Zehner ein!
2. Trage mit Bleistift die Zahlen in die Luftballons ein!

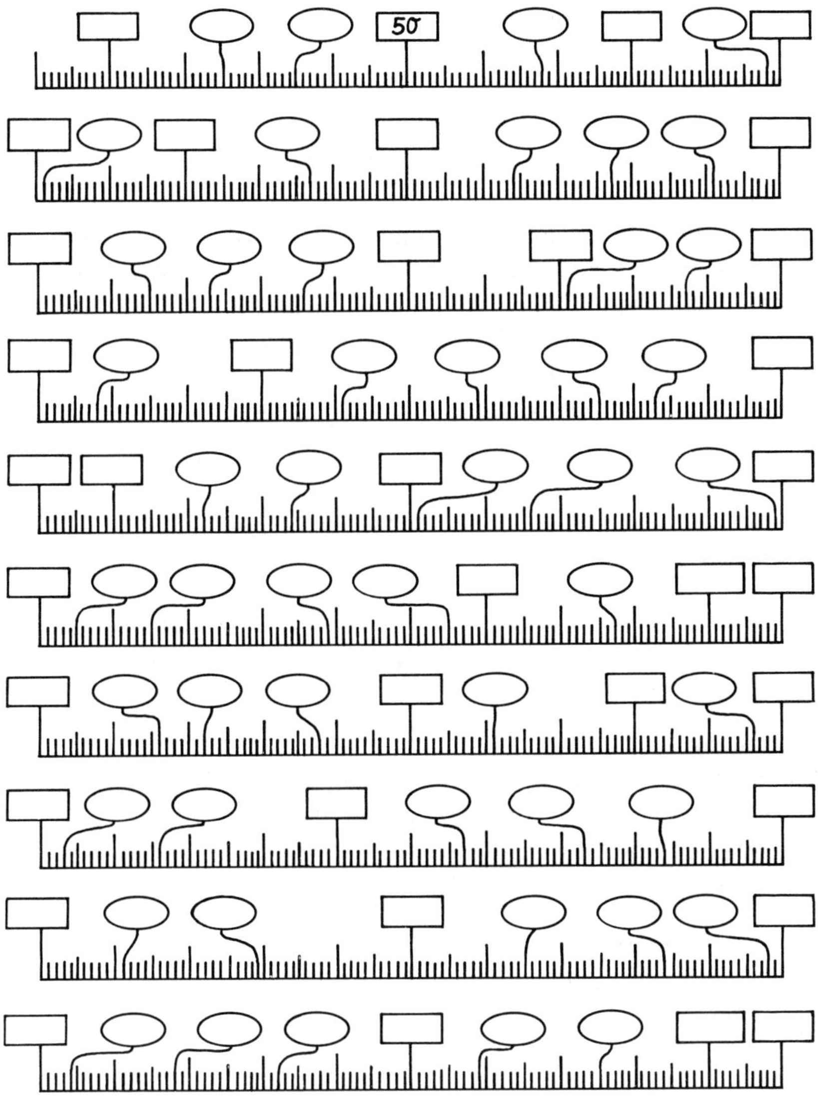

2.6 Halbieren und Verdoppeln von Zahlen

Lernziel: Halbieren und Verdoppeln von HZ und HZE durch Zerlegen
Material: Abbildungen von Möbeln (aus Katalogen und Prospekten ausgeschnitten), Rechengeld, Arbeitsblatt 33

1. Einheit: Halbieren von HZ

∗ *Kopfrechnen*
Verdoppeln und Halbieren von Hundertern, Zehnern und Zehner-Einern: Die Lehrerin nennt die Zahlen, die Kinder notieren auf ihrem Block.

∗ *Motivation*
Lehrerin: Familie Neumann hat endlich eine größere Wohnung bekommen und ist umgezogen. Deshalb brauchen sie noch einige Möbel. Am Abend setzt sich die Familie zusammen und betrachtet Kataloge und Prospekte. Frau Neumann sieht in der Zeitung nach und sagt: Schaut mal, diese Angebote klingen günstig.
Tafelbild: Großer Räumungsverkauf im Möbelhaus Billy Billig:

	Bett	Teppich	Sofa	Schreibtisch
früher	750,– DM	270,– DM	940,– DM	160,– DM
jetzt nur die Hälfte				

	Bank	Tisch	Sessel	4 Stühle
früher	680,– DM	440,– DM	590,– DM	320,– DM
jetzt nur die Hälfte				

∗ *Erarbeitung*
– *Lehrerin:* Du kannst dir denken, daß Familie Neumann fleißig am Rechnen ist. Suche dir eine Zahl aus, die du schnell und leicht halbieren kannst und rechne vor! → Schüleräußerungen
Tafelanschrift: Wir halbieren
680 : 2 = 340   440 : 2 = 220
Lehrerin: Warum sind gerade diese beiden Zahlen leicht zu halbieren?
→ Gerade Zehnerziffer und gerade Hunderterziffer.
Wiederholung: Gerade Zahlen sind 0, 2, 4, 6, 8.
– *Lösung durch Legen mit Rechengeld*
Lehrerin: Suche dir nun eine Zahl, die nicht so leicht zu halbieren ist. Lege den Betrag zusammen mit deinem Nachbarn und halbiere!

Inzwischen zeichnet die Lehrerin eine Tabelle an die *Tafel:*

alter Preis	440 DM	680 DM	750 DM	270 DM	940 DM	160 DM	590 DM	320 DM
neuer Preis	220 DM	340 DM						

Sammeln der Ergebnisse: Früher hat das Bett 750 DM gekostet. Jetzt kostet es nur 375 DM. Wir haben 7 H und 5 Z gelegt. Beim Halbieren mußten wir einen Hunderter in zwei 50-DM-Scheine umwechseln und einen Zehner in zwei Fünfer...
Lehrerin: Nun habt ihr gemerkt, welche Zahlen nicht leicht zu halbieren sind. → Es sind die Zahlen mit ungeraden Ziffern, bei denen man Geldscheine zum Halbieren umwechseln muß.

– *Lösung durch Zerlegen der Zahlen*
Lehrerin: Du kannst auch ohne Legen die Hälfte finden. Denke daran, wie wir Zehner-Einer-Zahlen halbiert haben (vgl. Kap. 1.11). → Die Kinder wiederholen: Wir zerlegen in Zehner und Einer. Dann halbieren wir die Zehner und die Einer und zählen die Zehnerhälfte und die Einerhälfte zusammen.
Lehrerin: Genauso machen wir es bei diesen Zahlen. → Übertragen des Rechenwegs: Wir zerlegen die Zahl in H und Z, halbieren jeweils getrennt und zählen die Hälften dann zusammen.

Tafelanschrift: 750 = 700 + 50
700 : 2 = 350
50 : 2 = 25
350 + 25 = 375
750 : 2 = 375

Nun rechnen die Kinder zu jeder Zahl die Rechenschritte mündlich vor. Die Lehrerin trägt die Ergebnisse in der *Tabelle* ein.

∗ *Übertragen des Rechenweges auf das Verdoppeln*
Lehrerin: Wir wollen mit der Umkehraufgabe nachprüfen, ob wir uns nicht verrechnet haben. → Die Umkehrung vom Halbieren ist das Verdoppeln. Wir rechnen so:...

Tafelanschrift: Wir verdoppeln
220 · 2 = ___
200 · 2 = 400
20 · 2 = 40
400 + 40 = 440

Analog wird jede Zahl mündlich schrittweise verdoppelt.

* *Sicherung*
  - *Arbeitsblatt 33 Nr.* ①
  - Evtl. *Hefteintrag:* Die Lehrerin löscht Zahlen in der Tabelle (alter und neuer Preis im Wechsel). Die Kinder schreiben die Tabelle ins Heft.

2. Einheit: **Halbieren von HZE**

* *Kopfrechnen:* Halbieren und Verdoppeln von HZ
  Erst stellt die Lehrerin einige Zahlenrätsel, dann fahren die Kinder fort:
  Meine Zahl ist das Doppelte von 370...
  Meine Zahl ist die Hälfte von 180...

* *Erarbeitung*
  Die Lehrerin hat die Preise an der *Tafel* (vgl. 1. Einheit) wie folgt geändert:

752 DM	278 DM	946 DM	164 DM
688 DM	442 DM	598 DM	326 DM

  Lehrerin: Ein anderes Bett bei Billy Billig kostet 752 DM. Du weißt den Rechenweg und kannst nun jede Zahl leicht halbieren! → Schüleräußerung und *Tafelanschrift:*

  Wir halbieren HZE

752 = 700 + 50 + 2	Wir zerlegen in H, Z und E.
700 : 2 = 350	Wir halbieren die H.
50 : 2 = 25	Wir halbieren die Z.
2 : 2 = 1	Wir halbieren die E.
250 + 25 + 1 = 376	Wir zählen die Hälften zusammen.

  Analog werden die anderen Preise mündlich schrittweise halbiert und jeweils in eine Tabelle eingetragen. Durch *Verdoppeln der neuen Preise* werden die Rechnungen wiederum überprüft.

* *Sicherung*
  - *Arbeitsblatt 33* Nr. ② und ③
  - *Hefteintrag* wie oben
  - Anfertigen eines *Memory- oder Dominospiels*

127	254	Start	127	254	168	336	

Name:	Datum:	AB 33

Halbieren und Verdoppeln

1 Zerlege in H und Z und halbiere!

ⓐ 750 : 2 = ☐

700 : 2 = ☐

50 : 2 = ☐

970 : 2 = ☐

____

____

____

130 : 2 = ☐

____

____

____

ⓑ (:2)

690 = 600 + 90	300 + 45 =
420	
260	
510	
940	
370	
180	
890	

2 Zerlege in H, Z und E und halbiere!

ⓐ 756 : 2 = ☐

700 : 2 = ☐

50 : 2 = ☐

6 : 2 = ☐

978 : 2 = ☐

____

____

____

____

134 : 2 = ☐

____

____

____

____

ⓑ (:2)

692 = 600 + 90 + 2	300 + 45 + 1 =
286	
528	
766	
344	
172	
638	
984	
496	
574	
898	

3 Zerlege ebenso beim Verdoppeln!

(:2) ↑	50		60							188	
	100	320		110			378	494			
(·2) ↓	200				824	936			732		1000

2.7 Weihnachtsvorbereitungen (Geometrie: Quader, Würfel, Kugel)

Erfahrungsgemäß sind nicht nur Lehrer, sondern auch die Kinder in der Zeit vor Weihnachten regelrecht ausgepowert. Es empfiehlt sich daher, neue Lerninhalte zurückzustellen und statt dessen bisher Gelerntes zu wiederholen und zu vertiefen sowie im Bereich Geometrie handelnd zu lernen. Um Überschneidungen zu vermeiden, sind Absprachen mit den Lehrerinnen und Lehrern für Werken und Textilarbeit sinnvoll.

Lernziele

- Beschreiben der Körperformen Quader, Würfel und Kugel und ihrer Begrenzungsflächen mit Hilfe von Fachbegriffen
- Sammeln von Körpern gleicher Form
- Herstellen von Körperformen
- Messen von Kantenlängen
- Lösen von Sachaufgaben

1. Einheit: Wir basteln ein Adventshaus (Quader und Würfel)

Material

Für jede Gruppe Klebstoff und Schere, Karton, Buntpapier, 25 leere Streichholzschachteln (Rechtzeitig sammeln! Notfalls nur ein Haus basteln!), schwarzes Tonpapier; zur Demonstration zwei von der Lehrerin gebastelte Adventshäuser (Abb. s.u.), vier Schuhschachteln, je 6 Rechtecke aus farbigem Tonpapier als Flächen der beiden Adventshäuser, der Schuhschachtel und der Streichholzschachtel (je zwei gleich große Flächen in gleicher Farbe), drei feste Kartons (z. B. Zeichenblockdeckel), ein Sack mit verschiedenen Gegenständen in unterschiedlichen Körperformen, eine Wortkarte (Quader); Arbeitsblatt 34

Hinweis: Rechtzeitig beginnen, damit das Adventshaus auch zum 1. Dezember fertig ist! Das Projekt ist für einen Vormittag gedacht und verbindet Lerninhalte der Geometrie mit Deutsch und Werken. Damit das Rechnen nicht zu kurz kommt, wird mit einer Kopfrechenphase oder einem Rechenspiel begonnen. Der permanenten Wiederholung dient auch die Hausaufgabe.

∗ *Einstieg*

Die Lehrerin zeigt im Sitzkreis als stummen Impuls ein fertiges *Adventshaus* (Modell 1, das Dach ist nur aufgelegt, nicht aufgeklebt; das Haus steht lose auf der Grundfläche). → Schüleräußerungen, z. B.: Das Haus besteht aus 24 Streichholzschachteln. Es könnte ein Adventskalender sein. Das Haus hat sechs Stockwerke mit je vier Schachteln...

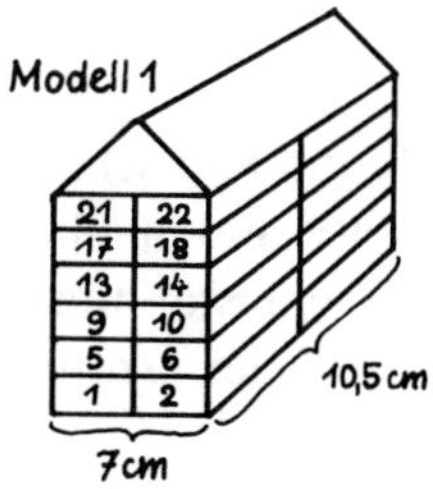

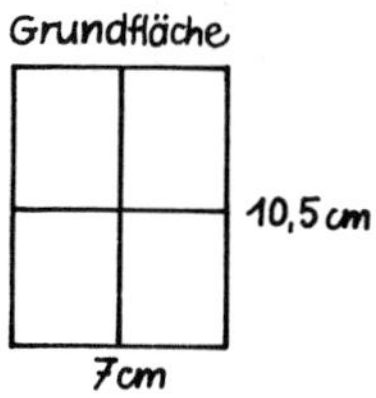

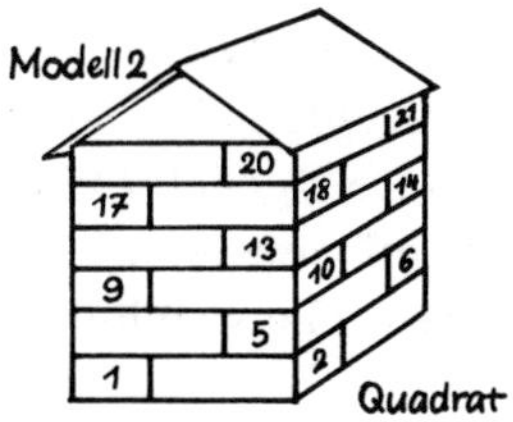

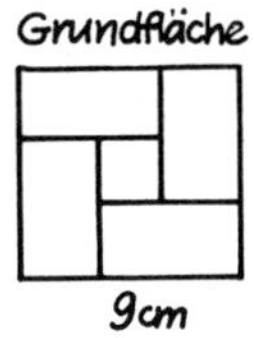

(Maße je nach Größe der Streichholzschachtel)

∗ *Erarbeiten der Begriffe Fläche, Körper, Kante und Ecke*
Die Lehrerin entfernt das Dach: Nun sieht es gar nicht mehr wie ein Haus aus. → Schüleräußerungen
Die Lehrerin zeigt eine *Schuhschachtel* zum Vergleich: Sowohl die Schachtel als auch unser Haus sind Körper.
Die Lehrerin zeigt den *Karton,* auf dem das Haus steht, zum Vergleich und fährt mit der Hand darüber: Das ist kein Körper. denn die Pappe ist flach. Das ist eine Fläche. Wir können die Seiten der Fläche ausmessen. Dazu messen wir einmal die Länge und einmal die Breite.
Tafelanschrift 1a: Unser Haus steht auf einer Fläche.
Länge der Fläche: ... cm
Breite der Fläche: ... cm
Die Lehrerin hebt das Haus hoch: Ein Körper hat unten auch eine Fläche, die Grundfläche (zeigen und mit der Hand darüberfahren). Aber ein Körper ist nicht flach. → Er dehnt sich auch in die Höhe aus. – Wir messen das Haus aus.
Tafelanschrift 1b (neben 1a): Unser Haus ist ein Körper.
Länge des Körpers: ... cm
Breite des Körpers: ... cm
Höhe des Körpers: ... cm
Lehrerin: So wie eine Fläche von den Seiten begrenzt ist, so ist auch ein Körper oben und unten (jeweils am Modell 1 zeigen), rechts und links begrenzt. → Ein Körper ist von Flächen begrenzt.
Ein Kind legt die *sechs farbigen Tonpapierflächen* am Modell richtig an. → Das Haus/der Körper hat sechs Flächen, eine Fläche unten, eine oben und vier an den Seiten.
Lehrerin: Gib den Flächen einen Namen! → Unten ist die Grundfläche (oder Bodenfläche). Oben ... An den Seiten ...

Tafelanschrift 2a: Unser Haus hat eine Grundfläche, eine Deckfläche und vier Seitenflächen.

Die Lehrerin legt einen *Zeichenblockdeckel* auf den Tisch und hält schräg darauf zwei weitere Deckel: Ob es auch Häuser mit solchen Wänden gibt? → Die Wände müssen gerade sein, sonst ist das Haus nicht standfest. Auch bei unserem Haus stehen die Seitenflächen gerade auf der Grundfläche.

Tafelanschrift 2b: Die Seitenflächen stehen gerade auf der Grundfläche.

Lehrerin: Gib mir bitte die Grundfläche! usw.

Die Flächen werden an die *Tafel* geheftet und beschriftet.

Lehrerin: Die Form der Flächen kennst du schon. → Es sind Rechtecke. – Begründe! → Jeweils zwei Seiten sind gleich lang. – Nachmessen und Anschreiben.

Tafelanschrift 3:

Grundfläche Deckfläche Seitenflächen

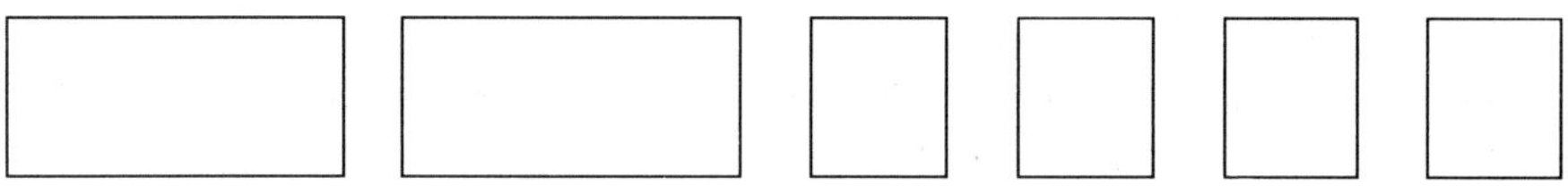

Sprechreihe: Die Grundfläche ist ein Rechteck...

Lehrerin: Vergleiche die Flächen! → Jeweils zwei gegenüberliegende Flächen sind gleich groß, die Grund- und Deckfläche ist gleich groß (eine Fläche auf die andere legen, beide Flächen decken sich, sind deckungsgleich), die linke und rechte Seitenfläche sind deckungsgleich und die vordere und hintere.

Tafelanschrift 4: Die zwei Flächen, die einander gegenüberliegen, sind gleich groß.

Lehrerin (zeigt mit den *Zeichenblockdeckeln* eine Deck- und Seitenfläche): Diese Linie, wo Deck- und Seitenfläche zusammentreffen, hat einen bestimmten Namen. →... Kante

Lehrerin: Zählt, wie viele Kanten unser Haus hat. → 12

Die Lehrerin deutet am Haus auf die Ecken. → Wenn drei Kanten zusammentreffen, entsteht eine Ecke. – Wir zählen die Ecken: 8.

Tafelanschrift 5: Unser Haus hat 12 Kanten und 8 Ecken.

Lehrerin: Ein solcher Körper, der wie unser Haus von sechs Rechtecken begrenzt wird, hat einen Namen. → ... Quader (Manche nennen den Quader auch Rechtecksäule.)

Tafelanschrift 6: Solche Körper, die wie unser Haus aussehen, nennt man Quader.

Lehrerin: Schaut euch im Zimmer um und sucht Quader!

Sprechreihe: Der Schrank (Pult, Buch, Zimmer...) ist ein Quader.

Die Lehrerin hat einen *Sack mit verschiedenen Gegenständen* mitgebracht, z.B. Backstein, verschiedene Bausteine, dickes Brett, Schachtel mit Suppenwürfeln, Orange, Apfel, Spielwürfel, Ball, Christbaumkugel, verpacktes Geschenkpäckchen in Quaderform, Kubikdezimeter, Kartoffel, Zwiebel...
Reihum darf ein Kind in den Sack greifen und raten, welchen Gegenstand es in der Hand hält. Dann wird er herausgenommen und beschrieben, z.B.: Das Päckchen ist ein Quader.
Alle Quader werden auf einem Tisch zusammengelegt (Wortkarte *Quader* dazustellen), die anderen Dinge ungeordnet daneben.

∗ *Sichern und Wiederholen der Begriffe*
Die Lehrerin zeigt eine *Schuhschachtel* und eine *Streichholzschachtel.*
→ Das sind auch Quader. – Begründe! → Beide Schachteln haben als Flächen sechs Rechtecke. Die Seitenflächen stehen gerade auf der Grundfläche.
Ein Kind legt die farbigen *Tonpapierflächen* an der Schuhschachtel richtig an, ein anderes an der Streichholzschachtel. Dann werden die Flächen an die *Tafel* geheftet, beschriftet (G, D, S) und die Längen und Breiten nachgemessen.
Lehrerin: Bei der Streichholzschachtel kann man die Seitenflächen besonders gut unterscheiden. → Zwei Reibeflächen und zwei Schubflächen.
Zählen der Kanten und Ecken an beiden Schachteln.

∗ *Einzelarbeit*
Arbeitsblatt 34 Nr. ① und ② bearbeiten oder das Adventshaus genau abzeichnen als vorwegnehmende Auseinandersetzung mit dem Bastelvorhaben.

∗ *Erarbeiten der Handlungsschritte*
Gespräch und schrittweise *Tafelanschrift 7:*

Was brauchen wir für unser Adventshaus?
  24 leere Streichholzschachteln
  Schere, Klebstoff und Buntpapier
  Karton als Boden (12 × 12 cm) und für das Dach (10 × 12 cm) (am Haus die Größen nachmessen lassen)
Wie wird das Haus gebastelt?
  Zuerst kleben wir vier Streichholzschachteln aneinander.

Lehrerin: Da die Streichholzschachteln sehr klein sind, möchte ich, daß ihr mit den Schuhschachteln genau zeigt, wie die Schachteln aneinander zu kleben sind. → Einige Kinder stellen die Schuhschachteln entsprechend auf.

Lehrerin: Damit wir später die Schubseiten auch herausziehen können, dürfen wir sie nicht festkleben. → *Tafelanschrift 7 ergänzen:*

Zuerst kleben wir vier Streichholzschachteln an den Reibeflächen aneinander.

Wegen des Umfangs wird Tafelanschrift 7 auf *Folie* (evtl. vorher schreiben und schrittweise aufdecken) fortgesetzt:

Dann kleben wir die nächsten vier Schachteln ebenso zusammen und kleben sie dann auf das erste Stockwerk. Genauso bauen wir den dritten, vierten, fünften und sechsten Stock darauf.
Nun kleben wir das Haus auf eine Pappe.
Schließlich knicken wir den Kartonstreifen und kleben ihn als Dach darauf.
Jetzt schreiben wir noch die Nummern von 1 bis 24 auf die Schachteln und stecken in jede Schachtel eine Überraschung.
Wer will, kann sein Haus verschönern und das Dach anmalen oder Watte als Schnee auf die Grundfläche kleben.

Hinweis: Die Bastelanleitung kann im Deutschunterricht weiter ausgewertet werden (treffende Zeitwörter, verschiedene Satzanfänge, Richtigstellen von ungeordneten Handlungsschritten, Umformen in verschiedene Personen usw.)

* *Zusammenfassung*

Die Kinder lesen noch einmal die Bastelanleitung still für sich, lesen sie dem Partner vor und lesen sie satzweise nochmals laut vor. Dabei wird jeder Satz numeriert (1–7), und je zwei Kinder erhalten einen *Zettel mit den Nummern 1–7.* Sie merken sich ihren Satz gut, treten vor die Klasse und sagen ihn nochmals auswendig auf.
Nun zeigt die Lehrerin *Modell 2* des Adventshauses, und die Kinder vergleichen es mit Modell 1: Bei Modell 1 ist aus 24 kleinen Quadern ein großer Quader entstanden, bei Modell 2 aus 24 Quadern und einem „Luftquader" (Dach abnehmen) ein Würfel (Würfel als besondere Quaderform).

Tafelanschrift: Zwei verschiedene Adventshäuser

	Modell 1	Modell 2
Flächen	Rechteck	Quadrat
Länge	____ cm	____ cm
Breite	____ cm	____ cm
Höhe	____ cm	____ cm
Form	Quader	Würfel
Kanten	12	12
Ecken	8	8

Dann werden nochmals die Handlungsschritte wiederholt. Mit *Schuhschachteln* wird die Anordnung der Streichholzschachteln von Modell 2 gezeigt. Bei Modell 2 werden nur Grund- und Deckflächen zusammengeklebt. Die Kinder wählen aus, welches Modell sie basteln wollen.

∗ *Austeilen der Materialien und Basteln des Adventshauses*

∗ *Aufgaben für fertige Kinder*

- *Arbeitsblatt 34* Nr. ③
- Aus *Cuisenairestäben* Quader und Würfel bauen.
- Formulieren von *Überraschungszetteln*, z.B.: Komm bitte morgen Nachmittag zu mir, damit wir zusammen spielen! – Aufschreiben eines Gedichtes – Gutschein für einen Besuch...
- *Sachaufgaben*
  Jeder von unserer Klasse hat aus 24 Streichholzschachteln ein Adventshaus gebaut. Wie viele Schachteln hat die Klasse insgesamt gebraucht? (Rechne so: $10 \times 24 + 10 \times 24 +$ ____ $\times 20 +$ ____ $\times 4$)
  Für das Dach haben wir einen Kartonstreifen gebraucht, der 12 cm lang ist und 10 cm breit. Nimm ein DIN A4-Blatt und zeichne ein, wie viele Dächer man daraus schneiden kann!

- *Lesen:* Der Schächtelchenkalender
  (u.a. zu finden in: M. Beckstein/B. Regitz/B. Widder: Advent und Weihnachten in der Grundschule. München 1990: Oldenbourg, S. 50. Hier finden sich auch weitere Anregungen für das Adventshaus)

∗ *Weiterführung*

- Wir basteln ein *Kantenmodell* von beiden Adventshäusern aus in der Mitte geknickten Tonpapierstreifen (2 cm breit), die die Kinder selbst mit dem Lineal ausmessen, zuschneiden und zusammenkleben.

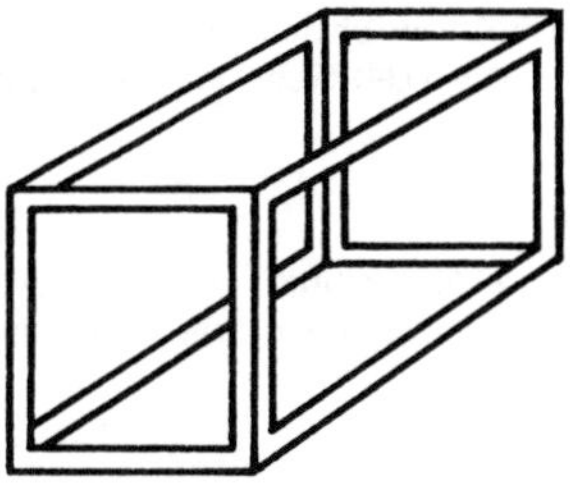

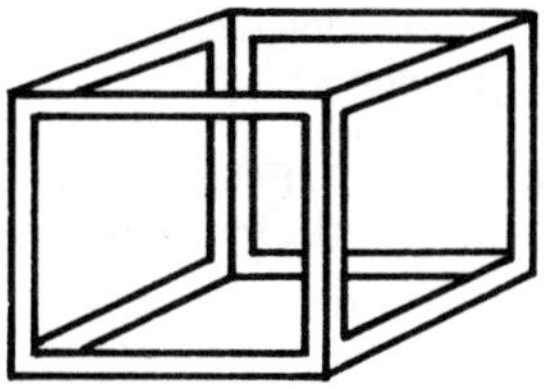

- Wir basteln einen *Adventskalender für unsere Klasse*
  Dazu zeichnet jedes Kind ein Quadernetz der Streichholzschachtel auf Buntpapier durch Auflegen einer Fläche, Umfahren und Abrollen zur nächsten Fläche (vgl. Arbeitsblatt 34 Nr. ③). Das Quadernetz kann dann in einem Stück ausgeschnitten und aufgeklebt werden. Nur die beiden Schubflächen sind abzuschneiden, damit man die Schachtel später öffnen kann. Die beklebten Schachteln werden an einem Band befestigt und mit Überraschungen gefüllt.

Name:	Datum:	AB 34

Der Quader

1 ⓐ Welche Gegenstände haben die Form eines Quaders?

Streiche falsche Gegenstände durch!

Backstein, Streichholzschachtel, Christbaumkugel, Schuhkarton, Koffer, Blumentopf, Blumenkasten, Buch, Schrank, Ball, Zimmer, Kerze, Aquarium, Topf, Herd, Dominostein, Tafelschwamm

ⓑ Ordne die quaderförmigen Dinge nach ihrer Größe und schreibe ins Heft:
Dominostein < ________ < ________

2

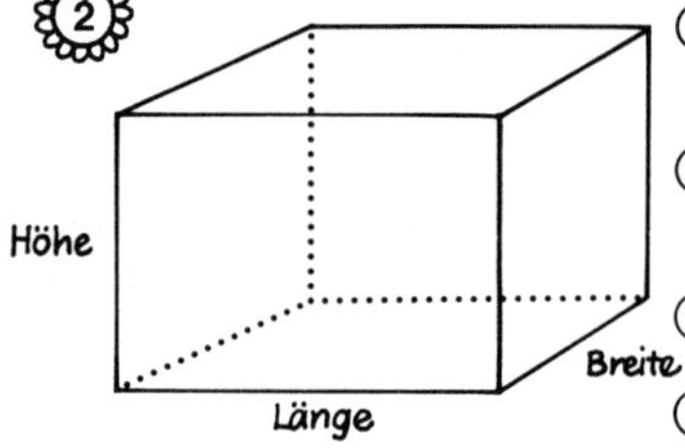

ⓐ Miß! Länge □ cm, Breite □ cm,
Höhe □ cm

ⓑ Schummere die Grundfläche mit Buntstift rot an, die Deckfläche blau!

ⓒ Wie viele Seitenflächen hat der Quader? □

ⓓ Wie viele Flächen hat der Quader insgesamt? □ Flächen

ⓔ Alle Flächen haben die Form eines ________.

ⓕ Je zwei gegenüberliegende Flächen sind ________.

ⓖ Fahre die Kanten der Grundfläche mit einem roten Faserstift nach, die Kanten der Deckfläche blau und die Kanten der Seitenfläche grün! Wie viele Kanten sind es insgesamt?
□ Kanten

ⓗ Mache an die Ecken der Grundfläche einen roten Punkt, und an die Ecken der Deckfläche einen blauen Punkt! Wie viele Ecken sind es insgesamt?
□ Ecken

3 Ein Quadernetz

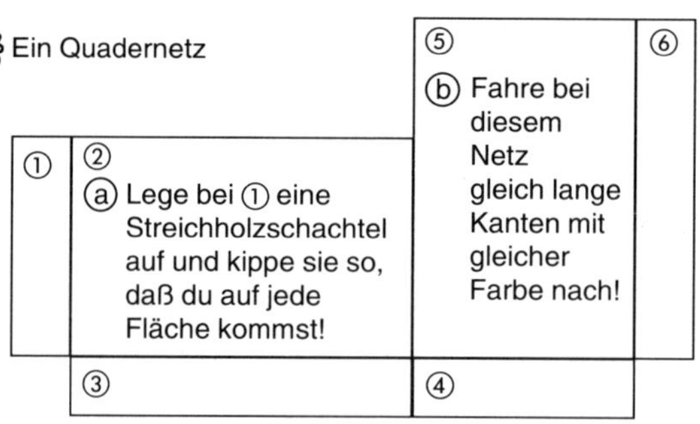

ⓒ Kippe eine Streichholzschachtel und zeichne auf ein Blatt verschiedene Netze!

2. Einheit: Wir basteln eine Laterne (Würfel)

Material

Für jedes Kind ein Kantenmodell (s. 1. Einheit), schwarzes Tonpapier (5 Stücke zu je 9 × 9 cm), Zeitungspapier, Transparentpapier, ein Teelicht, Klebstoff, Schere, ein Spielwürfel, Arbeitsblatt 35; eine fertige Laterne, ein großer Schaumstoffwürfel, eine Wortkarte (Würfel)

* *Wiederholung*
  Die Lehrerin zeigt das *Kantenmodell eines Würfels:* Du kannst den Würfel ganz genau beschreiben. → Aufzählen und Benennen der Flächen, Kanten und Ecken.

* *Problemstellung*
  Lehrerin: Wie können wir aus unserem Kantenwürfel eine kleine Laterne basteln? → Vorschläge der Kinder

* *Erarbeitung der Handlungsschritte*
  Die Lehrerin zeigt eine *fertige Laterne.* → Gespräch und *Tafelanschrift:*

  Wir basteln eine Laterne.
  Zuerst schneiden wir aus schwarzem Tonpapier 12 schmale Streifen, 9 cm lang und 2 cm breit. Wir knicken jeden Streifen längs in der Mitte und kleben die Streifen zu einem Würfel zusammen. Nun schneiden wir aus schwarzem Tonpapier fünf Quadrate mit der Seitenlänge 9 cm.
  Bei vier Quadraten schneiden wir eine Kerze, einen Stern oder ein Muster aus und kleben Transparentpapier auf.
  Zum Schluß kleben wir die Quadrate auf das Kantenmodell und stellen ein Teelicht hinein.

  Das Verzieren der Seitenflächen wird eigens gezeigt und mit *Zeitungspapier* eingeübt: Wir falten das Quadrat der Länge nach, halbieren genau und knicken fest um. Diese Knickstelle nennt man Faltachse. Nun zeichnen wir vom Knick weg einen halben Stern, eine halbe Kerze, oder ein halbes Muster auf und schneiden an der Linie entlang. Wenn wir aufklappen, sehen wir, daß die ausgeschnittene Figur links und rechts von der Faltachse gleich ist. Sie ist symmetrisch.
  Sprechreihe: Der Stern ist symmetrisch. Die Kerze …

* *Austeilen der Materialien und Basteln der Laterne*

* *Ausklang:* Wir zünden das Teelicht an und singen Weihnachtslieder.

* *Weiterführung*
  Wir bekleben analog das Kantenmodell des Quaders und machen eine Geschenkschachtel daraus.

* *Wir betrachten einen Spielwürfel*
  – Formbetrachtung und Überlegungen zur Funktion
    Jedes Kind hat vor sich einen Würfel liegen.
    Lehrerin: Eigentlich ist der Spielwürfel gar kein richtiger Würfel. → Die Ecken sind abgerundet, damit er besser rollt.
    Lehrerin: Dann könnte man zum Spielen ja gleich eine Kugel nehmen. Die rollt noch besser. → Eine Kugel bleibt nicht liegen. Sie hat auch keine abgeteilten Flächen für die Augenzahlen.
  – *Aufsuchen von würfelförmigen Gegenständen*
    Wir suchen auf dem Tisch, auf den die Gegenstände aus dem Sack gestellt wurden (vgl. 1. Einheit), nach Würfeln. Wir finden nur den Kubikdezimeter und den Spielwürfel (Suppenwürfel ist ein Quader). Wer findet im Klassenzimmer noch mehr Würfel? → Einerwürfel vom Rechenkasten,... Die Wortkarte „Würfel" wird auf den Tisch gestellt. Die Lehrerin bittet die Kinder, zu Hause nach Würfeln zu suchen und diese mitzubringen. Dabei werden die Kinder erkennen, daß es nur wenige würfelförmige Gegenstände gibt.
  – *Würfelnetze*
    Lehrerin: Kennst du das Geheimnis des Würfels? Nenne mir die Zahl, die bei deinem Würfel oben liegt, und ich sage dir, wie die Zahl unten heißt. → Ein Kind nennt z. B. 5, und die Lehrerin sagt 2 (die Summe der Würfelaugen von zwei gegenüberliegenden Seiten ist jeweils 7). Nach einigen Beispielen wird das „Geheimnis" am großen *Schaumstoffwürfel* gelüftet.
    Alle Kinder legen nun den *Würfel* so hin, daß die Drei oben liegt. Wir nennen die Augenzahlen aller Seiten: unten 4, vorne 1 – hinten 6, rechts 2 – links 5.
    Arbeitsblatt 35 Nr. ②: Die Kinder legen ihren Würfel auf und kippen ihn, so daß die angegebene Augenzahl oben liegt. Dann finden sie durch Kippen die fehlenden Augenzahlen bei den weiteren Würfelnetzen heraus.

Lösung 2b:

4 / 3	1		
	2 / 5	3 / 4	
		6	5 / 2

Lösung 2c:

1			
3 / 4	5 / 2	4 / 3	2 / 5
			6

(Würfelnetze 2b und 2c aus *Radatz/Schipper,* S. 149)

  – *Würfel aus Würfeln bauen*
    Partnerarbeit: Mit den Einerwürfeln aus dem Cuisenaire-Kasten oder den Steckwürfeln bauen die Kinder einen möglichst großen Würfel und berechnen anschließend die Anzahl der verwendeten Würfel.

3. Einheit: *Wir basteln ein Kugelgesteck (Paradeiserl)*

Material
Für jede Gruppe vier Orangen, sechs möglichst lange Schaschlik- oder andere Holzstäbe und Gewürznelken (ca. 20 pro Orange), einige Tannenzweige; ein Sack mit einigen kugel- und walzenförmigen Gegenständen, eine Wortkarte (Kugel), undurchsichtige Folie zum Verpacken

∗ *Einstieg*
Die Lehrerin hat nochmals den Sack mit weiteren Gegenständen mitgebracht und läßt die Kinder zuerst raten und dann auspacken (Fußball, Murmel, kugelförmige Kerze oder Seife, Stift...).

∗ *Formbetrachtung*
Nachdem die Gegenstände alle auf dem Tisch abgelegt sind, zeigt die Lehrerin die unbeschriftete Rückseite der Wortkarte: Für eine Körperform brauchen wir noch eine Wortkarte. → Kugel
Benennen der kugelförmigen Gegenstände in einer *Sprechreihe:* Der Fußball ist eine Kugel...Der Apfel hat fast die Form einer Kugel...
Lehrerin: Die Kugel ist ein ganz anderer Körper als der Quader.
→ Die Kugel hat keine Kanten und Ecken. Deshalb rollt sie so leicht weg. Sie hat nur e i n e Fläche, eine gekrümmte Fläche.
Die Lehrerin zeigt auf das *Nudelholz,* den *Stift* usw.: Für einige Dinge haben wir noch keinen passenden Körpernamen gefunden. Die Kinder legen diese zusammen und beschreiben die Form: rund, mit zwei runden Flächen, wie eine Säule oder Walze → walzenförmig. Ein Kind rollt eine Kugel, eines eine Walze. → Die Kugel rollt nach allen Seiten, die Walze nur nach einer Seite. Die Lehrerin taucht eine Kugel und eine Walze ins Wasser und rollt sie an der Tafel entlang. → Die Kugel hat eine schmale Spur, die Walze eine breite.

∗ *Basteln des Paradeiserls*
- Die Lehrerin zeigt eine *mit Gewürznelken gespickte Orange* und läßt die Kinder daran riechen.
  Lehrerin: Wie können wir diesen Weihnachtsduft auch in unser Klassenzimmer holen? → Wir können die Duftorangen aufhängen (Gewicht!), auf unsere Tische legen (rollen leicht weg!), in eine Schale legen...
- Die Lehrerin zeigt *vier Orangen* und die *sechs Holzstäbe:* Daraus dürft ihr später ein Paradeiserl bauen. Eigentlich wird das Paradeiserl aus Äpfeln gebaut, da es an die Vertreibung aus dem Paradies erinnern soll. Aber wir wollen ja unsere Duftorangen im Zimmer aufbauen. Kannst du dir denken, wie das Paradeiserl gebaut wird?

– *Tafeltext:*

So kannst du ein Paradeiserl basteln:
Stecke drei Orangen mit drei Stäben zu einem Dreieck zusammen!
Halte die vierte Orange darüber in die Mitte und stecke sie mit den drei anderen Stäben in den unteren Orangen fest!

Die Kinder lesen den Text. Ein Kind demonstriert das Vorgehen.

– *Gruppenarbeit:* Zuerst bespicken die Kinder die Orangen reichlich mit Nelken, basteln dann das Paradeiserl und verzieren es mit Tannenzweigen.

  Man kann auch noch Kerzenhalter und Kerzen aufstecken, doch erscheint dies für Schülertische zu gefährlich.

– *Sachaufgabe:* Für ein Paradeiserl haben wir 4 Orangen und 6 Holzstäbe gebraucht.

  a) Wie viele Orangen und Stäbe werden für 7 Gruppen benötigt?
  b) Wie viele Orangen und Stäbe werden gebraucht, wenn jedes Kind unserer Klasse ein Paradeiserl bauen will?

∗ *Zusammenfassung*

Die Lehrerin hat den Ausstellungstisch abgebaut und einen quaderförmigen, einen würfelförmigen, einen kugelförmigen und einen walzenförmigen Gegenstand in undurchsichtige Folie verpackt.

Zeigen der *vier verpackten Gegenstände* und Erraten des „Geschenkinhalts“, z. B.: In dem Quader könnte ein Buch sein...

Name: **Datum:** **AB 35**

Der Würfel

1

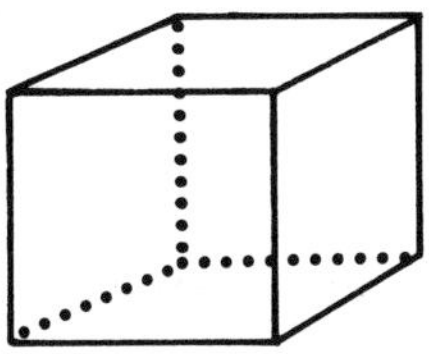

ⓐ Schummere die Grundfläche mit Buntstift rot an, die Deckfläche blau!

ⓑ Wie viele Flächen hat der Würfel insgesamt?
☐ Flächen

ⓒ Alle Flächen haben die Form eines
________ und sind ________.

ⓓ Fahre die Kanten der Grundfläche mit einem roten Faserstift nach, die Kanten der Deckfläche blau und die Kanten der Seitenflächen grün! Wie viele Kanten sind es insgesamt? ☐ Kanten

ⓔ Mache an die Ecken der Grundfläche einen roten Punkt und an die Ecken der Deckfläche einen blauen Punkt. Wie viele Ecken sind es insgesamt?
☐ Ecken

2 Lege einen Spielwürfel auf, kippe ihn und male die fehlenden Augenzahlen!

ⓐ
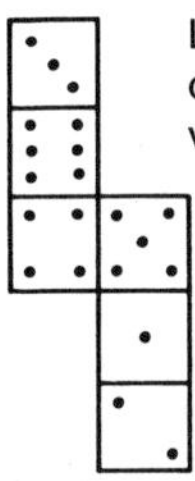
Lege so:
oben 3
vorne 1

ⓑ
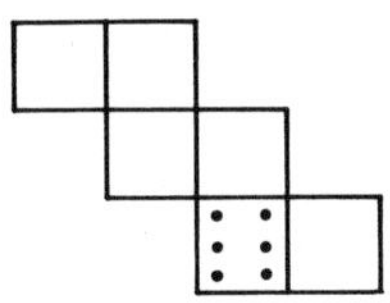

ⓒ
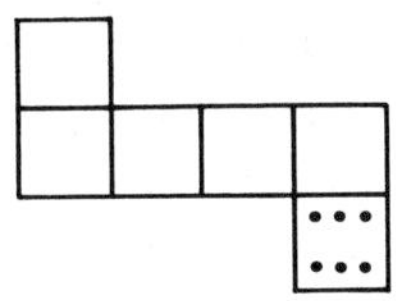

ⓓ Zeichne eines der drei Würfelnetze ab mit der Seitenlänge 2 cm!
Schneide das Würfelnetz aus und falte es zu einem Würfel!

ⓔ Falte nun den Würfel wieder auseinander und schreibe diese Zahlen auf die Flächen: [60] [90] [150] [170] [240] [280]

Falte nun den Würfel wieder zusammen, befestige ihn mit einem Klebstreifen und würfle zweimal!

Welche Rechnung hast du gewürfelt? ☐ + ☐ = ☐

Würfle weiter und schreibe die Rechnungen ins Heft! Du kannst 15 verschiedene Rechnungen würfeln.

ⓕ Mache nochmals einen Papierwürfel und schreibe diese Zahlen auf die Flächen: [3] [4] [6] [7] [8] [9]

Würfle immer zweimal und schreibe Malaufgaben ins Heft!
Beispiel: [3] · [9] = ☐

3. Rechnen bis 1000

3.1 Rechnen mit HZE-Zahlen

Lernziele
- Addieren und Subtrahieren von Einern, zuerst ohne, dann mit Zehner- und Hunderterübergang
- Addieren und Subtrahieren von Zehnern, zuerst ohne, dann mit Hunderterübergang

Material
Für jedes Kind ein Würfel und eine Unterlage; ein Softball, Folie mit Pfeilaufgabenschema (wasserunlöslicher Stift), eine oder zwei Folien oder zwei Tapetenstreifen mit einer Tabelle; für jede Gruppe ein halbes Rommméspiel; Arbeitsblätter 36 bis 39 sowie eine Folie von AB 39

1. Einheit: HZE + E (ohne Übergang)

* *Einstieg: Wer würfelt die höchste Zahl?*
Jedes Kind würfelt dreimal und notiert jeweils die Augenzahl, z.B. 3, 1, 6. Nun versucht es, daraus die höchste Zahl zu bilden, also 631. Dann würfelt es erneut usf. Nach etwa 5 Minuten wird das Spiel beendet, und alle Kinder, die eine größere Zahl als 600 gewürfelt haben, schreiben sie mit dickem Filzstift auf ein *DIN A5-Blatt* und ihren Namen dazu. Die Kinder stellen sich mit ihrem Blatt vor der Klasse auf und ordnen sich nach der Größe ihrer Zahl in die Reihe ein, um den Klassensieger zu ermitteln. Dann werden die Blätter geordnet an die *Tafel* geheftet.

* *Erarbeitung des Rechenweges*
- Wir vergleichen die Zahlen an der *Tafel*, z.B.:

Anja	Sandra	Thomas	Andreas	Stefan	Lena
631	642	651	654	661	663

Sandra sagt zu Anja: Meine Zahl ist um ... größer als deine. Wer kann sagen, was die anderen Kinder sprechen?
- *Lehrerin:* Ich würfle jetzt auch drei Ziffern, zwei, vier, sechs, und mache eine möglichst große Zahl daraus, 642. Nun würfle ich noch einmal die Einer, die ich dazuzählen darf, nämlich 5. Welche Zahl habe ich erreicht?

Tafelanschrift: 642 + 5 = ☐ (darüber 7 Zeilen Platz lassen!) Die Kinder nennen die Lösung und erklären ihren Rechenweg. Die *Lehrerin* faßt zusammen: Diese Rechnung geht leicht. Du mußt nur an die kleine Aufgabe 2 + 5 denken (6 H, 4 Z an der Tafel mit der Hand abdecken), dann hast du schon das Ergebnis. Analog wird der Rechenweg bei der Subtraktion erklärt, z. B.: 656 − 4 = ☐

- *Bilden von Aufgabenreihen*
  Lehrerin: In jedem Hunderter geht das Rechnen gleich.
  Tafelanschrift:
  542 + 5 = ☐ 2 + 5 = 7, 42 + 5 = 47
  642 + 5 = 647
  Lehrerin: Wer kann die Reihe durch alle Hunderter hindurch fortsetzen? → Tafelanschrift ergänzen:
  2 + 5 = 7
  42 + 5 = 47
  142 + 5 = 147
  242 + 5 = 247
  ...
  942 + 5 = 947 Analog wird zu 656 − 4 diese Reihe gebildet.

∗ *Sicherung*
- *Hefteintrag:* Bilden einer Aufgabenreihe zu 583 + 6, 792 + 8, 469 − 7, 357 − 7
- *Würfelspiel:* Dreimal würfeln, die größte Zahl bilden und noch einmal würfeln und dazuzählen! Die Aufgaben werden ins Heft geschrieben und die Umkehraufgaben daneben.
- *Arbeitsblatt* 36 Nr. ①

2. Einheit: HZE + E mit Zehnerübergang

∗ *Kopfrechnen*
Die Lehrerin nennt eine Zahl, z. B. 346, und wirft danach einem Kind einen *Softball* zu, das die Zahl zum nächsten Zehner ergänzt und vermindert (346 + 4 = 350, 346 − 6 = 340) und den Ball wieder zur Lehrerin zurückwirft.

∗ *Erarbeitung des Rechenwegs*
- *Addition*
  Lehrerin: Schon in der 2. Klasse hast du gelernt, wie man diese Aufgabe löst.
  Tafelanschrift: 57 + 8 = ☐

Lehrerin: Erkläre deinen Rechenweg! → Ich zerlege die 8 so, daß ich zum nächsten Zehner komme, und zähle den Rest dazu. Ich rechne also: 57 + 3 = 60, 60 + 5 = 65.

Tafelanschrift: 57 + 8 = 65
157 + 8 = ☐
. . .
957 + 8 = ☐

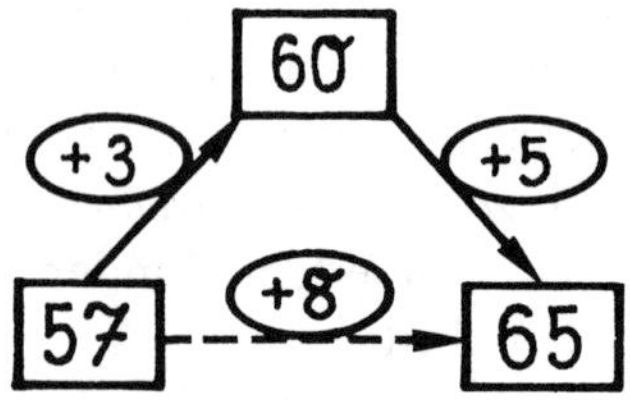

Die Kinder setzen die Aufgabenreihe mündlich fort.

Folie:

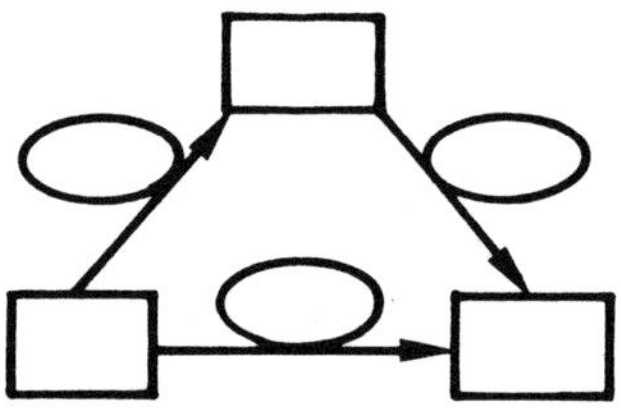

Tafelanschrift:

⊕	5	8	6	9	7
526					

Jede Aufgabe der Tabelle wird als Pfeilaufgabe auf der *Folie* schrittweise gerechnet (wasserlöslicher Stift), um das Zerlegen nochmals zu üben.

– *Subtraktion*
Tafelanschrift: 62 – 7 = ☐
162 – 7 = ☐
Die Kinder erklären ihren Rechenweg und setzen mündlich die Aufgabenreihe fort.
Wie bei der Addition werden die Aufgaben von der Tafel als Pfeilaufgaben auf *Folie* gelöst.

⊖	4	8	6	5	9	7
873						

∗ *Sicherung*
– Arbeitsblatt 36 Nr. ② und ③
– *Spiel „Umzingeln"* (vgl. Kap. 1.7): Als Startzahl nehmen wir nun eine HZE-Zahl, wobei der Zehner nicht größer als 5 sein darf, und rechnen bis zum nächsten Hunderter.

Name:	Datum:	AB 36

HZE plus oder minus E

1 Achte auf die Einer und rechne die kleine Aufgabe!

ⓐ 234 + 3 = ☐ 569 − 7 = ☐

4 + 3 = ☐ 9 − 7 = ☐

234 + 3 = ☐ 569 − 7 = ☐

ⓑ Denke an die kleine Aufgabe!

832 + ☐ = 839	728 − ☐ = 722
471 + ☐ = 476	386 − ☐ = 383
613 + ☐ = 618	119 − ☐ = 111
954 + ☐ = 960	597 − ☐ = 594

2 Zerlege die Einer und rechne zuerst zum nächsten Zehner!

ⓐ

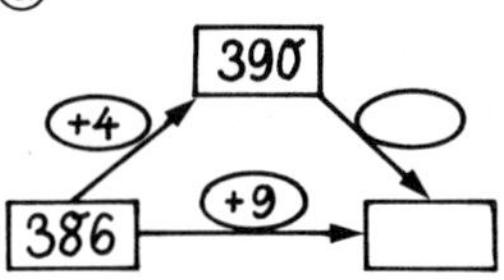

474 + 8 =	474 +	+	☐	=	☐
637 + 5 =	637 +	+	☐	=	☐
869 + 6 =	869 +	+	☐	=	☐
178 + 7 =	178 +	+	☐	=	☐
253 + 9 =	253 +	+	☐	=	☐
745 + 8 =	745 +	+	☐	=	☐

ⓑ

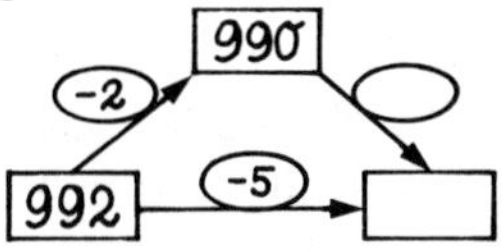

681 − 4 =	681 −	−	☐	=	☐
812 − 5 =	812 −	−	☐	=	☐
463 − 7 =	463 −	−	☐	=	☐
794 − 8 =	794 −	−	☐	=	☐
572 − 6 =	572 −	−	☐	=	☐
355 − 9 =	355 −	−	☐	=	☐

ⓒ Schreibe zu Nr. ⓐ und ⓑ die Umkehraufgaben ins Heft!

3 Suche die Regel der Zahlenfolgen und schreibe die fehlenden Zahlen auf die Perlen!

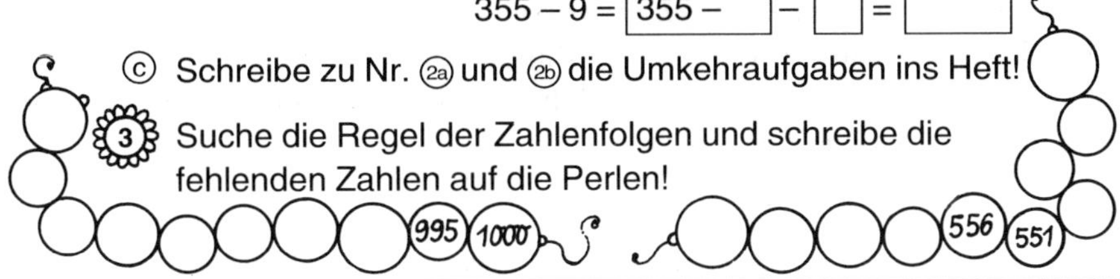

3. Einheit: HZE + E mit Hunderterübergang

∗ *Kopfrechnen:*

a) *Üben des Zehnerübergangs an der Rechenuhr*

Tafelanschrift: *Analog:*

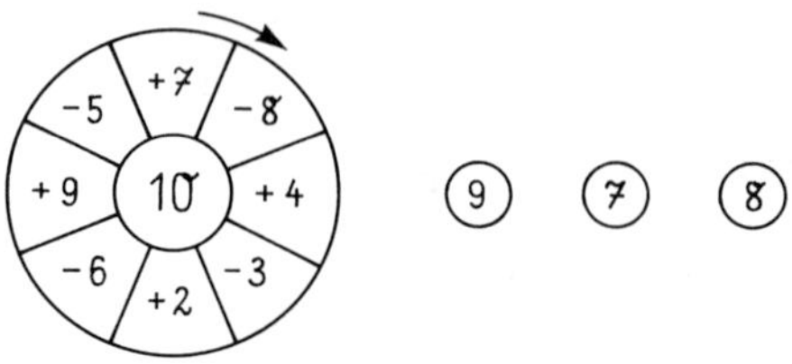

Endzahl ist jeweils die Ausgangszahl.

Auftrag: Rechne im Kreis jeweils mit dem Ergebnis der vorigen Aufgabe weiter und notiere die Endzahl! Du hast fünf Minuten Zeit für alle vier Kreise. – Kontrolle

b) *Hunderter minus Einer*

Tafelanschrift und Folie (oder zwei Folien oder Tapetenstreifen mit den gleichen Tabellen):

⊖	2	4	6	3	8	5	9	7
100								
200								
500								
700								
900								

Die Klasse wird *in zwei Gruppen* geteilt. Eine Gruppe rechnet an der Tafel, die andere Gruppe mit dem Rücken zur Tafel an der Folie (Projektor ausgeschaltet). Reihum trägt ein Kind zwei Ergebnisse nach Wahl in der Tabelle ein, dann kommt das nächste Kind an die Reihe. Dabei paßt jede Gruppe auf, daß das Kind keine falsche Zahl einträgt. Welche Gruppe hat die Tabelle zuerst fehlerlos gelöst? – Kontrolle

c) *Ergänzen auf den nächsten Hunderter*

Die Lehrerin schreibt jeweils eine Zahl an die *Tafel* und wirft dann einem Kind einen *Softball* zu, das diese Zahl mündlich auf den nächsten Hunderter ergänzt, z.B. 192 + 8 = 200.

Tafelanschrift: 192 397 594

295 993 496

898 799 691

Name:	Datum:	AB 37

Mit Einersprüngen über den Hunderter

1 Zeichne an jeden Zahlenstrahl zwei Pfeile!

ⓐ
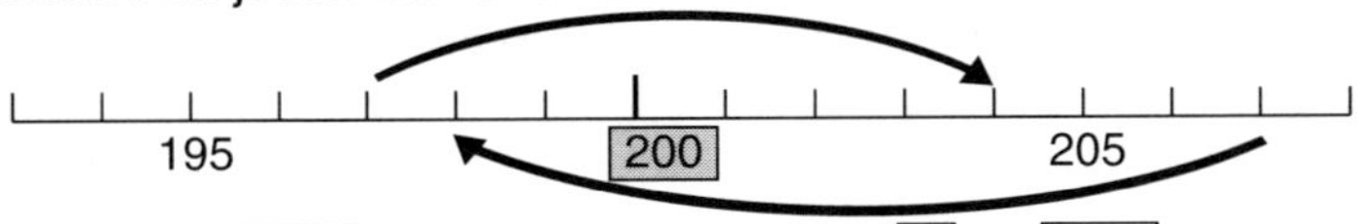

197 + 7 = ☐   207 – ☐ = ☐

ⓑ
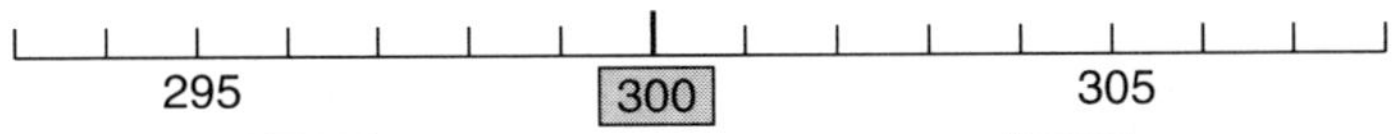

294 + 8 = ☐   306 – 9 = ☐

ⓒ
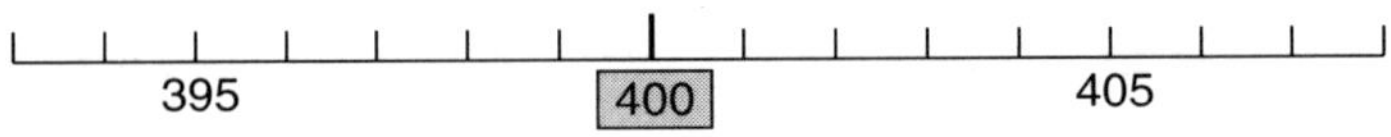

398 + 8 = ☐   403 – 7 = ☐

ⓓ
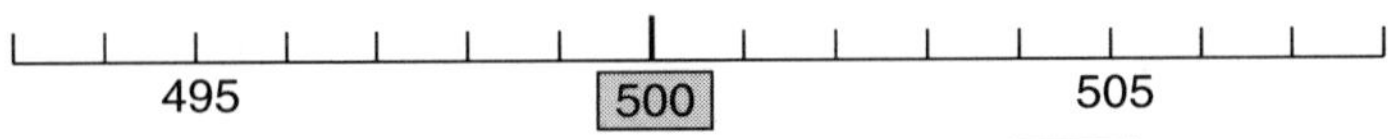

495 + 9 = ☐   506 – 8 = ☐

ⓔ
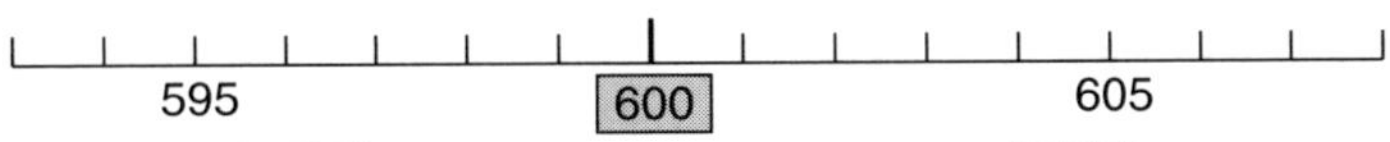

596 + 6 = ☐   604 – 8 = ☐

ⓕ
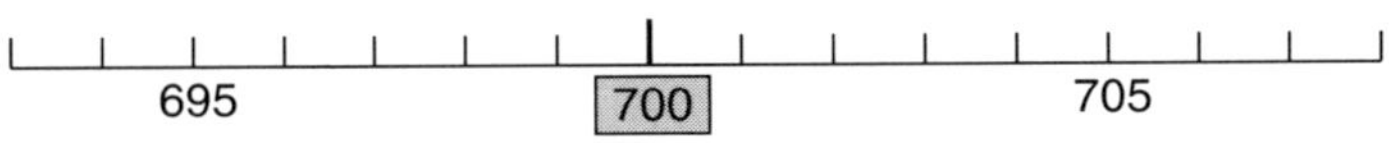

693 + 8 = ☐   705 – 7 = ☐

ⓖ
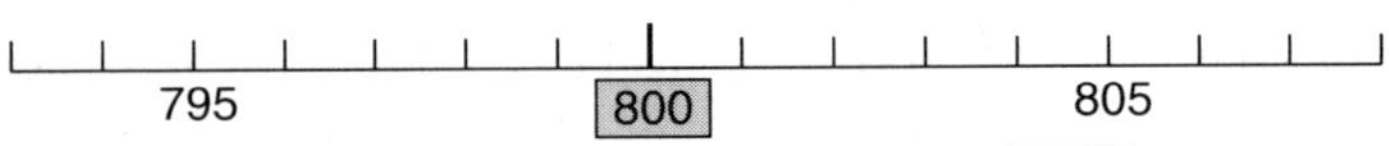

799 + 7 = ☐   808 – 9 = ☐

ⓗ
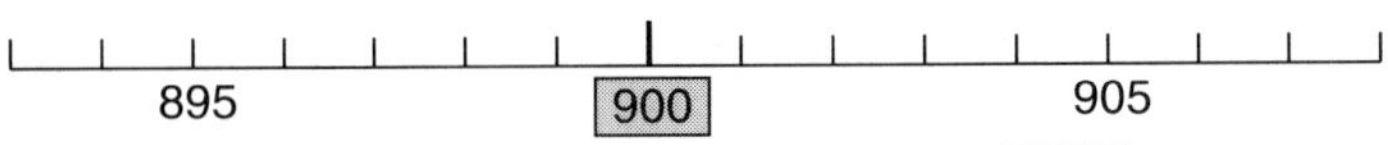

896 + 9 = ☐   902 – 8 = ☐

2 Schreibe zu jeder Aufgabe die Umkehraufgabe ins Heft!

∗ *Erarbeitung: Das Überschreiten des Hunderters mit Einern*

Tafelanschrift:

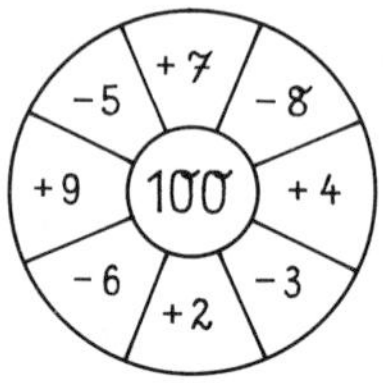

Lehrerin: Wie heißt unsere Aufgabe an der Rechenuhr? →

Tafelanschrift: 107 − 8 = □

Lehrerin: Erkläre deinen Rechenweg! → Ich rechne in zwei Schritten. Zuerst rechne ich zurück zum Hunderter: 107 − 7 = 100. Dann ziehe ich den Rest ab: 100 − 1 = 99.

Folie mit dem Pfeilaufgabenschema:

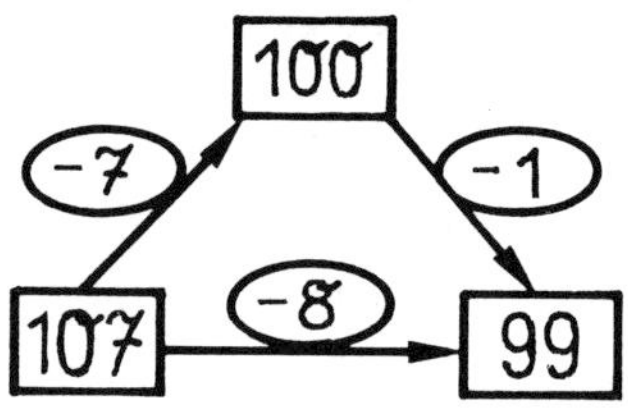

Nach dem Löschen der Zahlen werden die weiteren Aufgaben der Rechenuhr eingetragen und schrittweise vorgerechnet.

An den Folgetagen überprüft die Lehrerin während Phasen mit Einzelarbeit, ob alle Kinder den Rechenweg beherrschen.

Zusammenfassung (evtl. Merkplakat):

So rechnen wir mit Einern über den Hunderter:

96 + 7 = □	103 − 7 = □
Bei ⊕ ergänzen wir auf den nächsten Hunderter und zählen den Rest dazu:	Bei ⊖ rechnen wir zurück zum nächsten Hunderter und ziehen den Rest ab.
96 + 4 = 100	103 − 3 = 100
100 + 3 = 103	100 − 4 = 96

∗ *Sicherung*

- Die Lehrerin ersetzt bei der *Rechenuhr* die Zahl 100 durch 200, und die Kinder schreiben die Aufgaben ins Heft. (Die Rechenuhr bleibt an der Tafel stehen für weitere Kopfrechenübungen an den Folgetagen).
- *Arbeitsblatt 37*
- *Würfelspiel* für zwei Kinder

  Zuerst würfelt ein Kind die Startzahl, z. B. 634. Dann würfeln beide im Wechsel mit zwei Würfeln (z.B. 4 + 4 = 8), zählen die gewürfelte Augenzahl fortlaufend dazu und nennen dem Partner jeweils die Rechnung (634 + 8 = 642). Wer zuerst den nächsten Hunderter erreicht hat, hat gewonnen und erhält einen Punkt. Dann kann je nach Zeit eine neue Runde begonnen werden.

4. Einheit: HZE + Z (ohne Hunderterübergang)

* *Kopfrechnen*

Die Lehrerin ersetzt in der Rechenuhr die Zahl 200 durch die Zahl 400. Die Kinder rechnen der Reihe nach jeweils eine Aufgabe mündlich vor. Dann wird die Zahl 400 durch die Zahl 700 (300, 500) ersetzt, bis jedes Kind an der Reihe war.

* *Erarbeitung*

Tafelanschrift:

38
138
...

Lehrerin: Nimm dein Heft, zähle immer 100 weiter und schreibe die Zahlen untereinander!

Ergänzen der Tafelanschrift:

$38 + 40 = \square$
$138 + 40 = \square$
...
$938 + 40 = \square$

	H	Z	E
	1	3	8
+		4	0
	1	7	8

Lehrerin: Wie kannst du diese Aufgaben rechnen? → Die Kinder erklären ihre Rechenwege und stellen fest, daß sich jeweils nur die Zehner ändern (s. Stellentafel oben).

Hefteintrag: Lösen der Aufgabenreihe

Fertige Kinder lesen die Aufgaben zusammen mit den Umkehraufgaben vor: $38 + 40 = 38$, $78 - 40 = 38$

Erkenntnis: Das Rechnen geht auch mit Zehnern in jedem Hunderter gleich.

Analog wird die Subtraktion anhand einer Aufgabenreihe erarbeitet:

$976 - 50 = \square$
...
$76 - 50 = \square$

	H	Z	E
	9	7	6
−		5	0
	9	2	6

* *Folie zur Sicherung*

Auf der Bank

	A	B	C	D	E	F
altes Guthaben eingezahlt	622 DM 60 DM	354 DM 30 DM	273 DM 20 DM	516 DM 80 DM	439 DM 50 DM	148 DM 40 DM
neues Guthaben						

	G	H	I	K	L	M
altes Guthaben abgehoben	198 DM 60 DM	587 DM 70 DM	241 DM 20 DM	864 DM 40 DM	372 DM 50 DM	653 DM 30 DM
neues Guthaben						

Es werden die Begriffe *Guthaben,* Geld *einzahlen* und *abheben* geklärt. Dann werden jeweils zu zwei Aufgaben kurze Rechengeschichten erzählt, z. B.: Anja hat auf ihrem Sparbuch 622 DM gespart. Sie zahlt 60 DM ein. Wie hoch ist ihr neues Guthaben? Die Kinder schreiben nur die Ergebniszahlen untereinander ins Heft.

5. Einheit: HZE + Z mit Hunderterübergang

∗ *Kopfrechnen:* HZ + Z (mit Hunderterübergang)
Tafelanschrift/Folie:

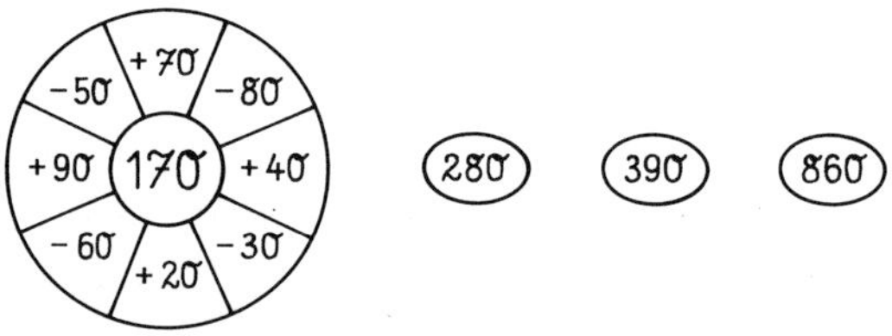

Endzahl ist jeweils wieder die Ausgangszahl.
Die Kinder rechnen im Kreis und notieren jeweils die Zwischenergebnisse sowie die Endzahl.

∗ *Erarbeitung von Rechenwegen*
– *Sammeln von Rechenwegen*
Die Lehrerin ersetzt in der Rechenuhr die Zahlen in der Mitte durch die Zahlen 178, 284, 395 und 867.
Ein Kind nennt die erste Aufgabe; *Tafelanschrift:* 178 + 70 = □
Lehrerin: Wie rechnest du? Schreibe deinen Rechenweg auf den *Block!* Du darfst mit deinem Partner beraten.
Sammeln der Rechenwege und *Tafelanschrift:*
Benni: 178 + 70 = 178 + 30 + 40 = 248
Chris: 178 + 70 = 170 + 30 + 40 + 8 = 248
(Chris zählt zuerst die Zehner zusammen und zählt zum Schluß die Einer wieder dazu.)
Doris: 178 + 70 = 178 + 2 + 20 + 50 − 2 = 248
(Doris macht den Zehner voll und rechnet + 2. Dann zählt sie schrittweise 70 dazu und zieht zum Schluß wieder 2 ab.)
Kurze Aussprache: Welchen Rechenweg findest du gut für dich?

Name: **Datum:** **AB 38**

HZE plus oder minus Z (mit Hunderterübergang)

1 Verschiedene Rechenwege! 178 + 50 =

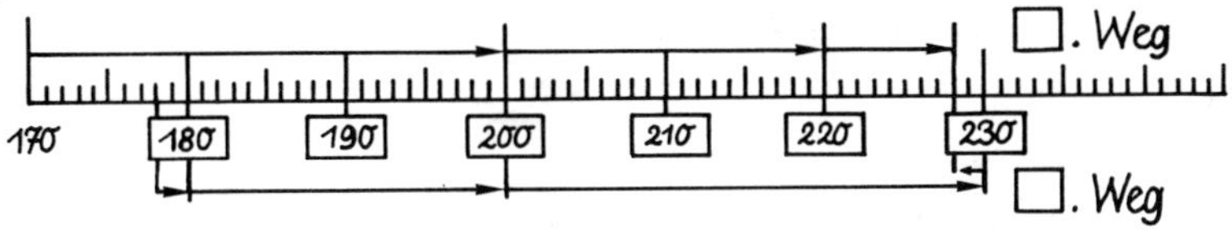

1. Weg:

178 + 50 =

178 + 30 = ____

____ + 20 = ____

2. Weg:

178 + 50 =

170 + 30 = ____

____ + 20 = ____

____ + 8 = ____

3. Weg für Rechenlöwen:

178 + 50 =

178 + 2 = ____

____ + 20 = ____

____ + 30 = ____

____ − 2 = ____

Rahme deinen Weg grün ein!

2 Streiche weg und rechne!

437 − 70 =   100 100 100 50 ~~50~~ ~~20~~ 10 (5) (2)

____ − 90 = ____   200 200 50 20 20 50 10 10 (5) (2) (1)

____ − 40 = ____   100 100 50 20 10 20 20 (2) (2)

____ − 60 = ____   50 50 20 10 (1) (1) (1) (1) (1)

____ − 80 = ____   100 50 20 20 10 20 20 (5) (2) (2)

3 Rechne zuerst, suche dann den passenden Buchstaben und trage ihn ein!

724 + 90 = ____ □

753 + 80 = ____ □

769 + 60 = ____ □

772 + 40 = ____ □

946 − 70 = ____ □

911 − 60 = ____ □

938 − 90 = ____ □

954 − 80 = ____ □

926 − 40 = ____ □

674 + 50 = ____ □

688 + 80 = ____ □

796 + 90 = ____ □

694 + 30 = ____ □

966 − 80 = ____ □

827 − 30 = ____ □

852 − 70 = ____ □

781 + 70 = ____ □

879 − 90 = ____ □

L	G	N	!	R	A	D	H	U	V	T	I	S	E
724	768	782	789	797	812	814	829	833	848	851	874	876	886

Name:	Datum:	AB 39

Wir ergänzen und vermindern

1 ⓐ Mit drei Sprüngen auf 1000!

		zum nächsten Zehner		zum nächsten Hunderter		Ziel
774	◯ →		◯ →		◯ →	1000
ⓑ 451	◯ →		◯ →		◯ →	1000
87	◯ →		◯ →		◯ →	1000
326	◯ →		◯ →		◯ →	1000
112	◯ →		◯ →		◯ →	1000

ⓒ Schreibe die Umkehraufgaben ins Heft!

1000 – ☐ – ☐ – ☐ = 774

2 ⓐ Ziehe von 1000 ab!

1000	-500 →		-30 →		◯ →	462
1000	-700 →		-50 →		◯ →	248
1000	-300 →		-60 →		◯ →	633
1000	-100 →		-10 →		◯ →	885
1000	-800 →		-40 →		◯ →	159

ⓑ Schreibe die Umkehraufgaben ins Heft: 462 + ☐ = 1000

3 Jeweils zwei Zahlen ergeben zusammen 1000. Male sie mit gleicher Farbe an!

48	681	274	167	319	491
201	108	952	555	683	799
726	445	509	317	892	833

– *Bilden einer Aufgabenreihe* am *Zahlenstrahl AB 32*
Die Kinder nehmen den Zahlenstrahl her, markieren 178 mit einem roten Punkt und zeichnen den Sprung über den Hunderter mit einem roten Strich auf der Linie des Zahlenstrahls ein. Dann fahren sie analog fort.
Tafelanschrift: $78 + 50 = \square$
$178 + 50 = \square$
...
$878 + 50 = \square$
Hefteintrag: Aufgabenreihe mit Umkehraufgaben

∗ *Sicherung*
Arbeitsblatt 38 Nr. ③: Lösungssatz: Du hast viel gelernt!

∗ *Weiterführung: Ergänzen und Vermindern auf 1000*
Die Lehrerin zeigt eine *Folie* mit AB 39 Nr. 1 a (Pfeile abdecken). →
Tafelanschrift: $774 + \square = 1000$
Lehrerin: Der Zahlenspringer springt so, daß er seine Sprünge gut berechnen kann. → Schüleräußerungen und Aufdecken der Pfeile.
Während die Rechenprofis AB 39 selbständig lösen, arbeitet die Lehrerin mit den anderen Kindern zusammen auf der Folie.

3.2 Die Kommaschreibweise bei DM und Pf

Lernziele
– Eintragen von Geldbeträgen in die Stellentafel (bis 10 DM)
– Kennen verschiedener Darstellungsweisen von Geldbeträgen
– Beherrschen der Schreib- und Sprechweise von Kommazahlen
– Rechnen mit Kommazahlen

Material
Rechengeld, Folien, evtl. Preisschilder (oder Tafelanschrift/Folie), drei Papierstreifen (bezahlt, Preis, zurück), Arbeitsblatt 40

1. Einheit: Beziehungen zwischen den Größen

∗ *Einstieg*

Kleine Folienstücke:

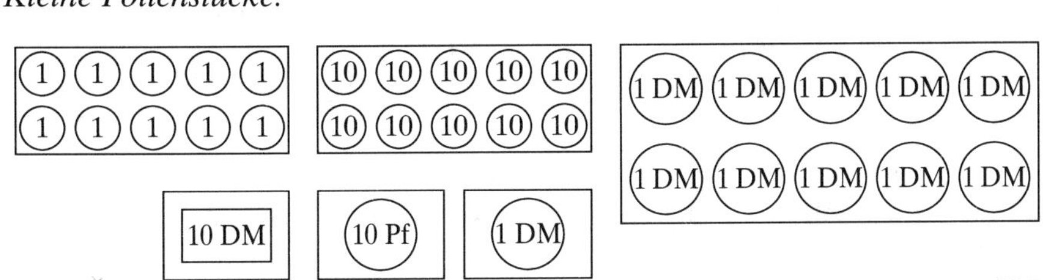

Lehrerin: So viel Geld haben Kinder in ihrem Geldbeutel zu Hause. Gib den Kindern einen Namen!
Sprechreihe: Anja hat zehn Einpfennigstücke. 10×1 Pf = 10 Pf...
Lehrerin: Immer zwei Kinder haben gleich viel Geld und könnten tauschen. → Zehn Einpfennigstücke sind genauso viel wie ein Zehnpfennigstück... Dabei werden die entsprechenden Folienstücke jeweils nebeneinander gelegt.

Tafelanschrift:

10 DM	1 DM	Z	E
			1
		1	0
	1	0	0
1	0	0	0

10 E = 1 Z
10 Z = 1 DM = 100 E
$10 \cdot 1$ DM = 10 DM = 1000 E
Wir sehen:
Ein 1-DM-Stück ist eigentlich ein 100-Pf-Stück.

Nun wird die Kopfzeile der *Stellentafel* ergänzt: T, H.

∗ *Erarbeitung: Umwandeln*
– *Münzen bis 10 DM*
Lehrerin: Wir kennen noch andere Münzen. Legt sie der Größe nach geordnet auf euer Heft! →
5 DM, 2 DM, 50 Pf, 5 Pf, 2 Pf

Tafelanschrift:

T	H	Z	E
			2
			5
		5	0
	2	0	0
	5	0	0

Sprechen:
Ein Zweipfennigstück ist gleich zwei Einer.
...
Ein 50 Pf-Stück = $5 \cdot 10$ Pf = $50 \cdot 1$ Pf
Ein 2 DM-Stück = $2 \cdot 1$ DM = $200 \cdot 1$ Pf
...

Lehrerin: Suche zusammen mit deinem Nachbarn verschiedene Möglichkeiten, wie ich mit gleichen Münzen *1 DM* bezahlen kann. Schreibe auf den Block! → Die Kinder legen und berichten. *Tafelanschrift:*
1 DM = $10 \cdot 10$ Pf
1 DM = $2 \cdot 50$ Pf
1 DM = $50 \cdot 2$ Pf
1 DM = $20 \cdot 5$ Pf
1 DM = $100 \cdot 1$ Pf
Lehrerin: Suche nun mit deinem Nachbarn verschiedene Möglichkeiten, wie ich *10 DM* mit gleichen Münzen bezahlen kann. →

Tafelanschrift:

10 DM = 10 · 1 DM	10 DM = 100 · 10 Pf
10 DM = 5 · 2 DM	10 DM = 200 · 5 Pf
10 DM = 2 · 5 DM	10 DM = 500 · 2 Pf
10 DM = 20 · 50 Pf	10 DM = 1000 · 1 Pf

Hefteintrag: Tafelanschrift (der erste Faktor wird jeweils gelöscht)

– *Umwandeln von Pfennigen in DM und Pf und umgekehrt*
Lehrerin: Manche Kinder sammeln in einem Glas gleiche Münzen. Jörg hat 213 Einpfennigstücke gesammelt. Wieviel Geld ist das?
→ Schüleräußerungen und *Tafelanschrift:*

T	H	Z	E	
	2	1	3	Pf = 2 DM 13 Pf
	...			

Die Kinder denken sich etwa fünf bis zehn weitere Beispiele aus, die jeweils an der Stellentafel eingetragen und umgewandelt werden (130 Zweipfennigstücke, 150 Fünfpfennigstücke...).
Lehrerin: Wer einen Geldbeutel mit Geld dabei hat, legt ihn bitte herauf und zählt, wieviel Geld darin ist. → Beträge über 1 DM werden in Pf umgewandelt und in die Stellentafel eingetragen.
Belehrung: In die Schule möglichst wenig und nur nötiges Geld mitnehmen!

∗ *Sicherung*
Die Kinder übertragen die Stellentafel (213 Pf...) ins Heft und zeichnen daneben den Betrag mit möglichst wenig Münzen.

2. Einheit: Einführen der Kommaschreibweise

∗ *Einstieg: Tafelbild oder Folie*

Obst und Gemüse –
täglich frisch und von bester Qualität bei Sandmann!

5 Bananen besonders schön 1,49 DM	köstliche Kiwi aus Italien Stück 0,25 DM	5 rote Äpfel neue Ernte 2,98 DM
Riesen- blumenkohl 1,98 DM	frischer Spargel 1 Kilo 7,96 DM	Frühkartoffeln 3 Kilo 3,75 DM

Lesen und Schüleräußerungen: In Geschäften werden die Preise oft mit Komma (oder einem Punkt) geschrieben. Links vom Komma stehen die DM, rechts davon die Pfennige.

∗ *Erarbeitung*

– *Legen mit Rechengeld*

Lehrerin: Wähle einen Preis aus und lege ihn! (links DM, rechts die Pfennige)

Die Kinder berichten, wie sie gelegt haben.

Lehrerin: Lege nun zwischen die DM und die Pfennige einen Stift oder dein Lineal als Riesenkomma. Jetzt siehst du deutlich, daß das Komma die verschiedenen Beträge trennt. →

Tafelanschrift: 1,49 Das Komma trennt DM und Pfennige.

– *Erarbeiten der Sprechweise*

Lehrerin: Die 49 Pf sind keine ganze DM, sondern nur ein Teil von 1 DM. 50 Pf sind eine halbe DM, also der zweite Teil. Deshalb sprechen wir die Ziffern nach dem Komma einzeln: Eins, Komma, vier neun DM. Wer kann die Preisschilder richtig lesen? → Lesen und

Tafelanschrift:

T	H	Z	E
	1	4	9
	0	2	5
	...		

149 Pf = 1 DM 49 Pf = 1,49 DM

25 Pf = 0 DM 25 Pf = 0,25 DM

– *Vergleichen von Kommazahlen*

Lehrerin: Wenn man nur Pfennigbeträge als Kommazahl schreibt, muß man besonders auf die Null achten. Wer kann 2 DM 20 Pf als Kommazahl aufschreiben? →

Tafelanschrift:

T	H	Z	E
	2	2	0
		2	0
			2

2,20 DM = 220 Pf

0,20 DM = 20 Pf

0,02 DM = 2 Pf

∗ *Sicherung:* Arbeitsblatt 40

3. Einheit: Rechnen mit Kommazahlen

∗ *Zahlendiktat*
Die Lehrerin diktiert Zahlen, die die Kinder ins Heft schreiben, während ein Kind zur späteren Kontrolle verdeckt an der Tafel mitschreibt.
- Kommazahlen wie zwei, Komma, null fünf...
- Beträge mit DM und Pf, die als Kommazahl aufzuschreiben sind, wie 5 DM 95 Pfennige
- Pfennigbeträge, die als Kommazahl aufzuschreiben sind, wie 346 Pf (jeweils etwa fünf Beispiele)

∗ *Addieren und Multiplizieren*
Lehrerin: Du darfst bei Sandmann einkaufen. Lege und schreibe eine Rechnung auf! → Berichte der Kinder und *Tafelanschrift,* z.B.:

Wir kaufen ein:

Äpfel und Bananen	5 Kiwis
1,49 DM + 2,98 DM = ______	5 · 0,25 DM = ______
10 Äpfel	
10 · 1,49 DM = ______ DM	usw.

Die Rechnungen werden anschaulich gelöst und entweder mit Rechengeld an der Flanelltafel gelegt oder an die Tafel gezeichnet.

∗ *Subtrahieren*
Lehrerin: Anna kauft 5 Äpfel und bezahlt mit einem 5 DM-Stück (10 DM-Schein). → Lege und rechne!
Im Gespräch werden die Begriffe bezahlt, Preis und Rückgeld (zurück) geklärt und die Streifen gezeigt.
Tafelanschrift:

Wieviel bekommen die Kinder zurück?

Anna: 5 DM − 1,49 DM = ______ DM

bezahlt	
Preis	zurück

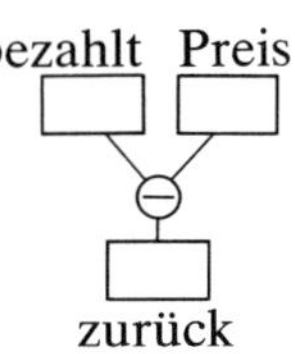

Weitere Beispiele.
Analog werden weitere Aufgaben und Strukturen erarbeitet:
- Katrin bezahlt mit einem 5 DM-Stück und erhält 3,02 DM zurück. Was hat sie eingekauft? (bezahlt − Rückgeld = Preis)

Name:	Datum:	AB 40

Das Komma trennt Mark und Pfennige

1 Kannst du richtig umwechseln?

1 Pf —(·10)→ ☐ —(·10)→ ☐ —(·10)→ ☐ —(·10)→ ☐

2 Wieviel Geld ist das? Fahre das Komma rot nach!

		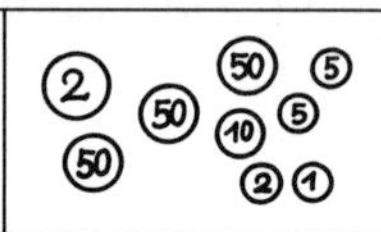				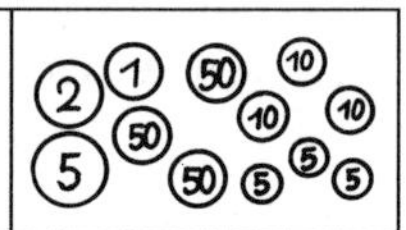	
DM	Pf	DM	Pf	DM	Pf	DM	Pf
	Pf		Pf		Pf		Pf
,	DM	,	DM	,	DM	,	DM

3 Ergänze, was fehlt! Schreibe

1DM H	10 Pf Z	1 Pf E	ⓐ als Pfennige		ⓑ als DM und Pf		ⓒ als Kommazahl
5	7	8	578 Pf	=	5 DM 78 Pf	=	5,78 DM
							4,19 DM
			914 Pf				
					1 DM 49 Pf		
5	0	1					
							5,10 DM
			105 Pf				
					1 DM 50 Pf		

4 Schreibe als Kommazahlen!

ⓐ So sprechen wir Kommazahlen:

eins, Komma, acht null D-Mark	DM
acht, Komma, drei acht D-Mark	DM
acht, Komma, null acht D-Mark	DM
achtzehn, Komma, acht drei D-Mark	DM
elf, Komma, null eins D-Mark	DM
null, Komma, eins null D-Mark	DM

ⓑ So sprechen wir im Alltag:

eine Mark dreißig	DM
vier Mark drei	DM
sieben Mark dreiund-dreißig	DM
zwölf Mark fünf	DM
zwei Mark fünfund-zwanzig	DM
sechzig Pfennige	DM

– Thomas soll um 3,75 DM Kartoffeln kaufen. Er bekommt 6,25 DM zurück. Womit hat er bezahlt? (Preis + Rückgeld = bezahlte Summe)

∗ *Rechenübung und Hefteintrag*
Ergänze die Preise auf den nächsten vollen DM-Betrag! Ergänze auf 5 DM, dann auf 10 DM!

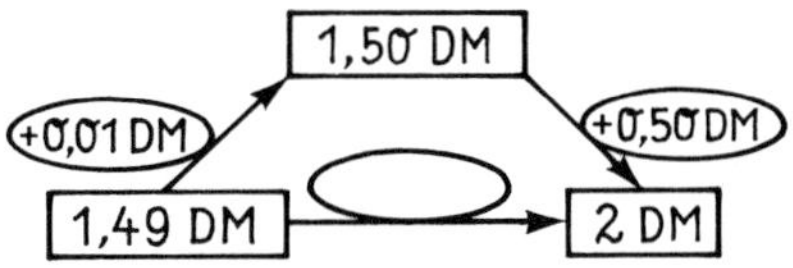

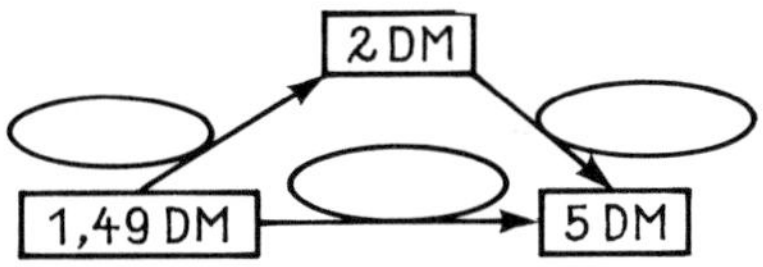

3.3 Malaufgaben und Geteiltaufgaben mit 10

Lernziele
Multiplikation und Division mit 10 durch Rechnen mit Stellenwerten

Material
Für jedes Kind Rechengeld (10 DM-Schein), Arbeitsblatt 41

∗ *Kopfrechnen:* Kleines Einmaleins

∗ *Tafelanschrift als Hinführung:*
Die Lehrerin der 3. Klasse in Zahlenhausen sammelt für die Busfahrt und den Theaterbesuch von jedem Kind 10 DM ein. In der Klasse sind 23 Kinder.
Lesen und Anschreiben von Frage und Rechnung:
Wieviel Geld sammelt die Lehrerin insgesamt ein?
$23 \cdot 10\,\text{DM} = \square\,\text{DM}$

∗ *Handelndes Lösen*
Die Kinder setzen sich auf den Hunderterteppich, und jedes Kind legt einen 10-DM-Schein in die Mitte des Sitzkreises.
Ein Kind ordnet die Scheine in je zehn Reihen. → 23×10 DM = 230 DM.
Anschreiben der Lösung und der Antwort.

∗ *Beschreiben des Rechenwegs*
Lehrerin: Das Malnehmen mit 10 geht leicht! → Ich hänge an die Zahl, die malgenommen wird, eine Null an.
Lehrerin: Richtig, doch kannst du das Anhängen der Null auch erklären?
→ Schüleräußerungen

Tafelanschrift und begleitendes Sprechen:

Das Malnehmen mit 10

T	H	Z	E
		2	3

$\xrightarrow{\cdot 10}$

T	H	Z	E	
		20	30	$10 \cdot 2$ Z $= 20$ Z, $10 \cdot 3$ E $= 30$ E
	2	3	0	Das sind 2 H, 3 Z, 0 E

Ich kann auch so rechnen: $10 \cdot 23 = \square$

$$10 \cdot 20 = 200$$
$$10 \cdot 3 = 30$$
$$200 + 30 = 230$$

Etwa drei weitere Beispiele gemeinsam rechnen.

* *Übertragen auf das Teilen*

Problemstellung als *Tafelanschrift:* Das Teilen durch 10

Schüleräußerungen: Beim Teilen durch 10 muß ich die angehängte Null wieder weglassen.

Lehrerin: Daß das richtig ist, sehen wir, wenn wir die Umkehraufgabe bilden. *Tafelanschrift:*

$23 \cdot 10 = 230$ [U> $230 : 10 = 23$

* *Sicherung*

– Arbeitsblatt mit folgenden Aufgabentypen:

a) Tausch- und Umkehraufgaben

$10 \cdot 84 = \square$ [T> $84 \cdot 10 = \square$

[U> $\square : 84 = 10$ [U> $\square : 10 = 84$

b) Zerlegaufgaben

$840 = \square \cdot 10$ [T> $840 = 10 \cdot \square$

c) Aufgaben mit Platzhalter

$10 \cdot \square = 840$ $\square \cdot 10 = 840$

– *Arbeitsblatt 41*

Spielverlauf: Es können entweder zwei Kinder (Partnerkontrolle ist günstig!) oder die Klasse gegeneinander spielen, oder aber auch jeder für sich allein. Im ersten Fall liegt die Motivation darin, als erster das Ziel zu erreichen, im zweiten darin, ob das Ziel in einer vorgegebenen Zeit erreicht wird.

Name:	Datum:	AB 41

Würfelspiel: Vorwärts oder rückwärts?

Würfle und rücke vor! Suche dann die passende Zahl im ☐ und stelle deine Figur in dieses Feld! Wenn du auf ein graues Feld kommst, mußt du die passende Aufgabe dazu suchen. Zum Schluß mußt du genau ins Ziel kommen.

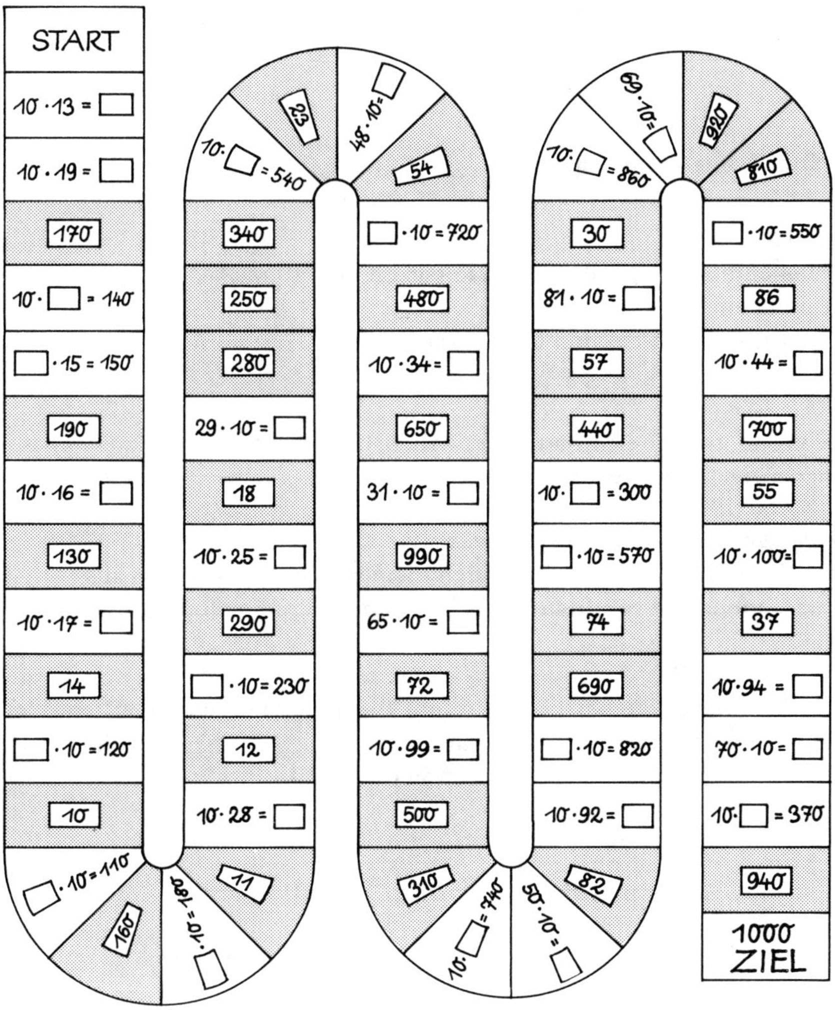

Das Kind stellt seine Spielfigur auf das Startfeld und würfelt mit einem Würfel, z. B. eine Vier. Es rückt vier Felder vor und kommt auf das Feld mit der Aufgabe $10 \times \square = 140$. Nun muß es das zugehörige graue Feld mit der Zahl 14 suchen und darf sofort dorthin vorrücken. Dann wird erneut gewürfelt, z. B. eine Zwei. Damit kommt das Kind auf das Feld mit der Zahl 10, muß nun das zugehörige weiße Aufgabenfeld $\square \times 15 = 150$ suchen und muß diesmal rückwärts ziehen. So wird das Vorrücken einerseits durch die gewürfelte Augenzahl bestimmt, andererseits durch die Zuordnung von Rechnung und Ergebnis bzw. umgekehrt. Auf das letzte Feld kann man entweder durch Würfeln der zum Ziel fehlenden Felderzahl gelangen oder durch Zuordnen ($10 \times 100 = 1000$).

3.4 Das Zehnereinmaleins

Lernziele:
- Malnehmen und Teilen mit Vielfachen von 10 in Analogie zum kleinen Einmaleins
- Bilden von Tausch- und Umkehraufgaben

Material
Eine große, für alle sichtbare Uhr, Arbeitsblatt für je vier Kinder vier zusammengehörige Aufgabenkarten, Arbeitsblatt 42

* *Hinführung: Das kleine Einmaleins*
Jedes Kind füllt eine *Tabelle* mit den kleinen Einmaleinsreihen aus (vgl. AB 23) und notiert die benötigte Zeit. Die Lehrerin sammelt die Blätter ein.

* *Motivation*
Lehrerin: Frau Schreiber klebt auf ihre Briefe gerne Sondermarken. Heute kauft sie auf dem kleinen Postamt in Zahlenhausen einen neuen Vorrat. Hier siehst du, welche Marken sie gekauft hat.

Tafel/Folie:

Frau Schreiber kauft Sondermarken.				
Anzahl der Marken	3	7	9	8
Einzelpreis	40 Pf	50 Pf	60 Pf	80 Pf
Gesamtpreis				

Frage: Wieviel muß Frau Schreiber bezahlen?

∗ *Erarbeitung des Rechenwegs*

Tafelanschrift: $3 \cdot 40$ Pf = ☐ Pf

- *Lehrerin:* Überlege dir zusammen mit deinem Partner einen Rechenweg! → Auswerten der Partnerarbeit
- *Sammeln der verschiedenen Wege*

  Tafelanschrift:

  So lösen wir Malaufgaben mit Zehnerzahlen

Weg 1	40 Pf + 40 Pf + 40 Pf = 120 Pf = 1 DM 20 Pf = 1,20 DM
Weg 2	$3 \cdot 40$ Pf = $3 \cdot 4$ Z = 12 Z = 1 DM 20 Pf
Weg 3	kleine Aufgabe: $3 \cdot 4 = 12$ große Aufgabe: $3 \cdot 40 = 120$
Weg 4	Die Vierzigerreihe: 40 80 120

  Beschreiben der Wege:

  Weg 1: Wir machen aus der Malaufgabe eine Plusaufgabe.
  Weg 2: Wir rechnen mit den Stellenwerten.
  Weg 3: Wir denken an die kleine Aufgabe: $3 \cdot 4 = 12$
  Weg 4: Wir bilden die Vierzigerreihe und zählen immer 40 weiter.
  Lehrerin: Welcher Weg ist für dich der einfachste? → Schüleräußerungen

- *Einüben eines Weges*

  Tafelanschrift:

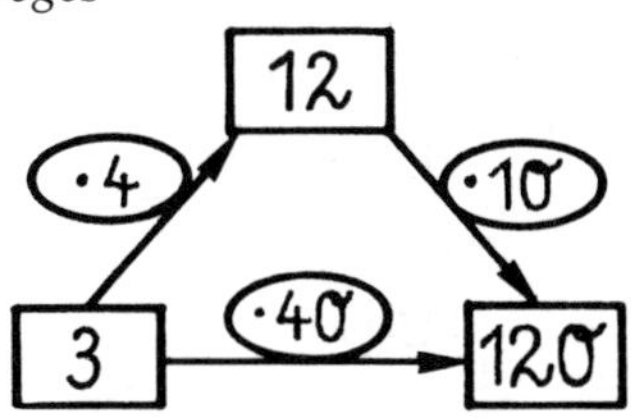

Sprechen: Wir rechnen zuerst die kleine Aufgabe $3 \cdot 4 = 12$. Dann rechnen wir $12 \cdot 10 = 120$. Analog werden die weiteren Aufgaben der Tabelle an der Tafel gelöst.

Anschließend wird die Gesamtsumme ermittelt (16 DM 50 Pf).

∗ *Übertragen des Weges auf Geteiltaufgaben*

Lehrerin: Herr Schreiber kennt die Sammelleidenschaft seiner Frau und hat ihr in seiner Mittagspause ebenfalls Sondermarken gekauft.

Tafel/Folie:

Herr Schreiber kauft Sondermarken.					
Anzahl der Marken					
Einzelpreis	20 Pf	30 Pf	50 Pf	70 Pf	90 Pf
Gesamtpreis	1,80 DM	2,10 DM	4,50 DM	4,20 DM	2,70 DM

Name:	Datum:	AB 42

Malaufgaben und Geteiltaufgaben mit Zehnerzahlen

6 → ·30 → □ → :20 → □ → ·60 → □ → :90 → □ → ·40 → □ → :80 → □ → ·70 → □ → :30 → □ → ·60 → □ → :70 → □ → ·80 → □ → :60 → □ → ·50 → □ → :20 → □ → ·8 → □ → :40 → □ → :30 → □ → :60 → □ → ·90 → □ → :30 → □ → ·60 → □ → :90 → □ → ·70 → □ → :40 → □ → ·60 → □ → :70 → 6

1 ⓐ Rechne zuerst die kleine Aufgabe und rechne dann mal 10!

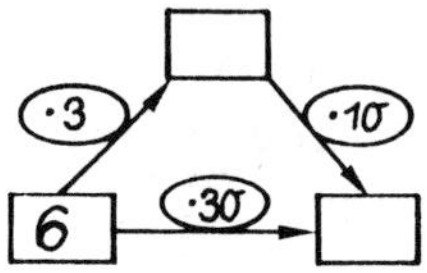

6 · 3 = □

6 · 3 Z = 18 Z = □

ⓑ Teile zuerst durch 10 und rechne dann die kleine Aufgabe

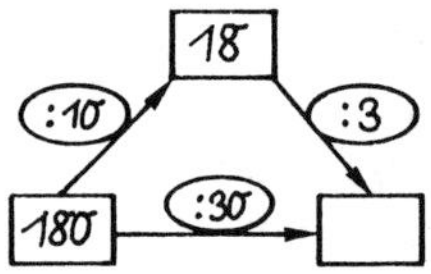

18 : 3 = □

18 Z : 3 Z = □

U ▷ □ · 3 Z = □

ⓒ Nun kannst du die Riesenrechenschlange lösen!

2 Tauschaufgaben und Umkehraufgaben

ⓐ 9 · 70 = □ U ▷ □ : 70 = 9

T ▽

__________ U ▷ __________

ⓑ Rahme in der Riesenrechenschlange das Ergebnis von zehn schwierigen Aufgaben, die du dir schlecht merken kannst, grün ein! Schreibe zu diesen Aufgaben die verwandten Aufgaben auf!

3 Verbinde die Aufgaben mit dem gleichen Ergebnis!

560 : 80 =	540 : 60 =
720 : 80 =	400 : 50 =
640 : 80 =	490 : 70 =

Frage: Wie viele Marken hat Herr Schreiber jeweils gekauft?
Erarbeiten des Rechenwegs: Wir wandeln zuerst in Pf um und teilen durch 10. Wir machen dann aus der großen Aufgabe eine kleine.
Tafelanschrift:

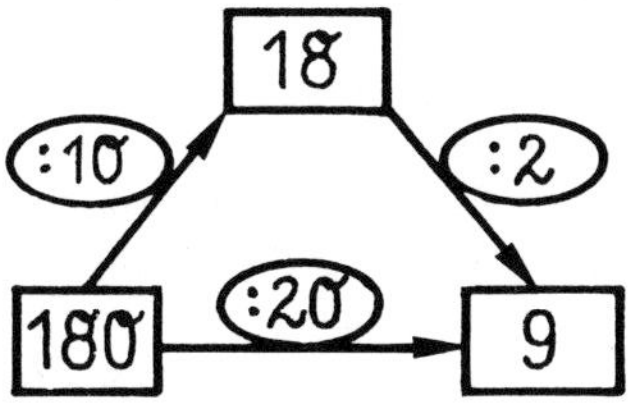

Analog werden die weiteren Aufgaben der Tabelle gelöst mit begleitendem Sprechen.

∗ *Sicherung*
– *Hefteintrag:* Zahlenfolgen wie die Zwanzigerreihe usf.
– *Arbeitsblatt* 42
– Ausfüllen einer *Multiplikationstabelle* mit den Vielfachen von 10 (vgl. dazu auch AB 23):

⊙	20	30	40	50	60	70	80	90
1								
2								
...								
10								

– *Tausch- und Umkehraufgaben*
Die Lehrerin hat für je vier Kinder eine *Aufgabenkarte* vorbereitet, z. B.

$9 \cdot 70 =$	$630 : 70 =$
$70 \cdot 9 =$	$630 : 9 =$

Mit etwa zwölf Karten wird an der Tafel die Zuordnung gezeigt. Die Karten werden an die Kinder verteilt, die sich dann in Vierergruppen zusammenfinden.

3.5 Das Malnehmen von zweistelligen Zahlen

Lernziele
– Zerlegen des zweistelligen Faktors in Zehner und Einer
– Multiplizieren mit dem einstelligen Faktor und Notieren der Teilergebnisse (halbschriftliches Rechnen)

Material: Folie

∗ *Kopfrechnen:* Zehnereinmaleins

∗ *Hinführung durch eine Folie*

> Im Gasthof „Goldener Adler" wird das Hochzeitsessen für das Brautpaar Claudia und Roland vorbereitet. Während die Hochzeitsgesellschaft noch in der Kirche ist, herrscht im Gasthaus Hochbetrieb.
> Der Koch und sein Lehrling bereiten für die 43 Personen das Essen vor.
> ① Für jede Person kocht er drei Knödel.
> ② Auf jedem Teller richtet er vier Scheiben Fleisch an.
> Inzwischen decken die Serviererinnen den Riesentisch.
> ③ Für jede Person werden je ein Teller für die Vorspeise, die Suppe, den Hauptgang, den Salat und die Nachspeise benötigt.
> ④ An Besteck werden für jeden je zwei Gabeln, zwei Messer und zwei Löffel benötigt.
> ⑤ An jedem Platz stehen zwei verschiedene Gläser.
> ⑥ Schließlich werden noch sechs Gestecke mit je 36 Blumen auf den Tisch gestellt.

Die Kinder lesen und stellen Sachfragen.

∗ *Erarbeitung: Durchdringen der Aufgabenstellung*
Lehrerin: Hier gibt es viel zu rechnen. Beginnen wir mit der Aufgabe 1. Zuerst müssen wir die Rechenfrage finden, damit wir wissen, was wir rechnen sollen. → Wie viele Knödel kocht der Koch insgesamt?
Tafelanschrift: (Malaufgaben mit zweistelligen Zahlen)
$3 \cdot 43 = \square$ → *Lehrerin:* Solche Aufgaben haben wir noch nicht gerechnet.
Die Kinder beschreiben die neue Aufgabenstellung und nennen Beispiele: Bisher haben wir nur E × E (7 × 9), E × Z (7 × 90) und ZE × 10 (63 × 10) gerechnet. Nun müssen wir E × ZE rechnen. → Die Lehrerin ergänzt die Überschrift an der *Tafel.*

– *Erarbeiten des Rechenwegs*
Lehrerin: Mit den Aufgaben, die du schon rechnen kannst, kannst du einen Rechenweg zusammen mit deinem Partner finden!
Kurze Partnerarbeit: Die Kinder überlegen einen Rechenweg und schreiben ihn auf den Block. → Sammeln der Ergebnisse und Beschreiben des Rechenwegs → *Tafelanschrift:*
Malaufgaben mit zweistelligen Zahlen

$3 \cdot 43 = \square$	Wir zerlegen in Z und E.
$3 \cdot 40 = 120$	Wir nehmen die Z mal.
$3 \cdot 3 = 9$	Wir nehmen die E mal.
$120 + 9 = 129$	Wir zählen die Ergebnisse zusammen.

Die Kinder tragen die Tafelanschrift ins *Merkheft* ein. Wer fertig ist, liest die zweite Aufgabe vor, nennt Frage und Rechnung und rechnet mündlich schrittweise vor usf., bis alle den Eintrag beendet haben.

∗ *Differenzierung*
Wer meint, er kann alleine weiterrechnen, schreibt jeweils Frage, Rechnung und Antwort ins Heft (Gruppe A). Die anderen Kinder lösen die Aufgaben zusammen mit der Lehrerin (Gruppe B). Dabei kann jederzeit ein Kind von Gruppe A bei der Lehrergruppe mithören, oder umgekehrt ein Kind von Gruppe B alleine weiterarbeiten.

∗ *Weiterführung*
- Erarbeitung der Kurzform: $3 \cdot 43 = 120 + 9 = 129$
- Malnehmen mit zehnernahen Zahlen:

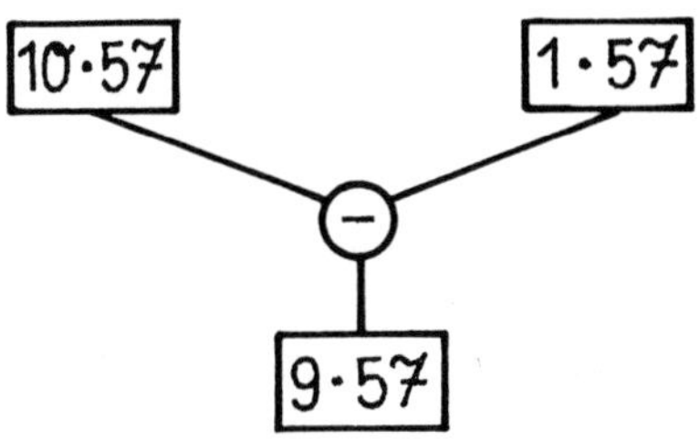

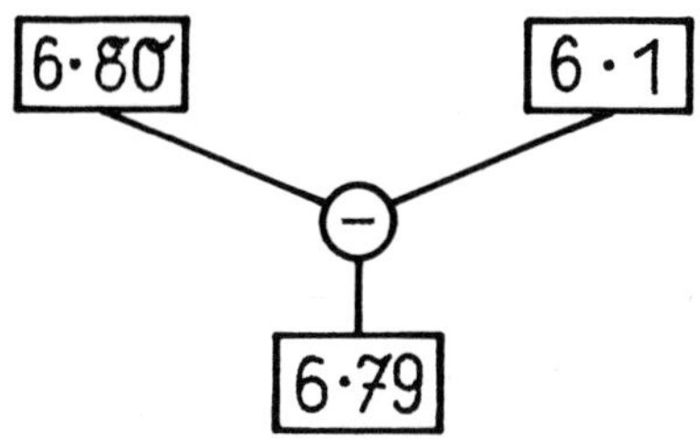

3.6 Wir messen mit Zentimeter, Meter, Millimeter und Dezimeter

Lernziele
- Einsicht in das Messen als Vergleichen einer Strecke mit einer Maßeinheit
- Erkenntnis der Abhängigkeit der Maßzahl von der Wahl der Maßeinheit und der Invarianz einer Größe
- Fertigkeit im Messen
- Entwicklung der Vorstellung einzelner Standardlängen
- Umwandeln der Größen cm, m, mm und dm
- Rechnen mit Größen

Material
Folien, für je zwei Kinder ein Zollstock und ein Wollknäuel; ein Softball; für jede Vierergruppe ein Maßband oder einen 10 m langen Wollfaden, ein Meterstab mit farbig abgesetzter Zehnerunterteilung, Lineal, acht Zahlkarten (10 mm, 1 cm, 10 cm, 100 mm, 1 dm, 10 dm, 100 cm, 1000 cm, 1 m) Arbeitsblätter 43 und 44 sowie Folie von AB 43

1. Einheit: Unsere Körpermaße (cm, m)

∗ *Hinführung*
Lehrerin: Früher benützte man zum Messen Körpermaße. Weißt du, welche? → Die Kinder wiederholen ihre Kenntnisse aus dem zweiten Schuljahr.

Folie 1:

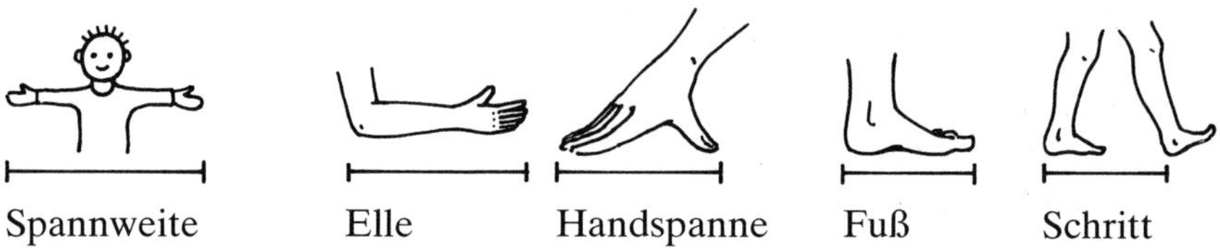

∗ *Meßübungen*
a) *Länge der eigenen Körpermaße*
Auftrag: Miß mit dem *Zollstock* nach, wie lang deine Körpermaße sind! Immer zwei Kinder helfen sich gegenseitig. Schreibt eure Ergebnisse auf den *Block* und tragt sie dann auf der *Folie* ein! Ggf. erinnert die Lehrerin an das Anlegen des Maßes bei Null.

Folie 2 (Namen der Kinder nur als Anfangsbuchstaben):

	Spannweite	Handspanne	Elle	Fuß	Schritt	(Größe)
A						
B						
...						

Zusatzaufgabe für fertige Kinder
– Aufträge an der *Tafel:* Wer hat bisher die größten Körpermaße? Wer die kleinsten? Schreibe die Namen und Maße auf den Block!
Wenn alle Kinder gemessen haben, vergleichen wir die Maße.
Erkenntnis und Tafelanschrift:

> Unsere Körpermaße sind verschieden groß. Deshalb messen wir mit Zentimeter und Meter.
>
> 100 cm = 1 m

– *Umwandeln:* Die Lehrerin nennt Maßangaben (200 cm, 600 cm, 400 cm ...; 3 m, 10 m, 8 m ...) und wirft einem Kind einen Softball zu, das die umgewandelte Größe nennt.

b) *Aufsuchen von Standardgrößen*

Folie 3:

Aufträge	*Schreibe ins Heft:*
1) Zeige an deinem Körper, wie hoch 1 m ist! Dein Partner mißt nach.	1 m reicht mir vom Boden bis zur/zum ____________________
2) Zeige an deiner Spannweite, wie breit 1 m ist!	1 m reicht mir von meiner linken Mittelfingerspitze bis zur/zum ____________________
3) Versuche, einen Meterschritt zu machen und bleibe im Schritt stehen, so daß dein Partner nachmessen kann.	Mein größter Schritt ist ____________ lang.
4) Suche an deinem Körper 10 cm! Probiere es mal mit der Handlänge, mit der Länge vom Kinn bis zu den Augen oder zur Stirn . . .!	Meine Hand ist _________ cm lang. Vom Kinn bis zu den Augen sind es _________ cm.
5) Versuche, eine Handspanne mit 10 cm Länge zu machen!	Meine größte Handspanne ist _________ lang.
6) Suche an deinem Körper 1 cm!	_________ Finger sind zusammen _________ breit. Mein großer Zeh ist _________ breit.

Zusatzaufgaben

– Suche im Klassenzimmer Dinge mit diesen Längen und schreibe ins Heft:

kürzer als 1 m < 1 m	etwa 1 m	länger/breiter/höher als 1 m > 1 m
Tischbreite . . .	Tafelhöhe	Türbreite, Türhöhe

– Wie lang und wie breit ist unser Klassenzimmer?

c) *Messen der Körpergröße*

Mit Partnerhilfe messen die Kinder ihre Größe, schneiden von einem Wollknäuel ein entsprechend langes Stück ab (das später mit einem Namensschild an die Korkwand gehängt werden kann) und tragen ihre Größe nun bei Folie 2 ein, z. B. 1 m 34 cm. Wer fertig ist, notiert die Maße des bisher größten und kleinsten Kindes.

Gemeinsames Vergleichen der Größen, Klären von Beziehungen.

Tafelanschrift: Unsere Körpergrößen

	T	H 100 cm	Z 10 cm	E 1 cm	
1 m 34 cm		1	3	4	134 cm
...					

Sprechen: 1 m = 100 cm, 34 cm = 3 Z + 4 E
Nach drei Beispielen übertragen die Kinder die Tafelanschrift ins *Heft* und setzen sie mit den weiteren Körpergrößen fort. Fertige Kinder sammeln sich bei der Lehrerin im *Sitzkreis* und lösen Aufgaben zum Umwandeln wie 3 m 56 cm = 356 cm oder 708 cm = 7 m 8 cm.

d) *Meßübungen in der Turnhalle, im Schulhof oder Gang*

- *Wie lange ist unsere Klasse?* Wir legen uns von einer Wand weg als Schlange auf den Boden; die ersten beiden Kinder messen.
- Übung in *Vierergruppen:* Ein Kind bleibt am Anfangspunkt stehen. Das zweite Kind macht 10 (100) Meterschritte und bleibt stehen. Die anderen beiden Kinder messen mit einem *Maßband* oder einem 10 m langen Wollfaden nach. Dann wird durchgewechselt, so daß jeder einmal 10 bzw. 100 m abgegangen ist.
- Wir vermessen unsere Turnhalle und den Schulhof und zeichnen einen Plan (je nach Größe ein Kästchen für 1 bzw. 2 m).

2. Einheit: Wir messen mit dem Dezimeter

* *Kopfrechnen:* Umwandeln

* *Einstieg: Kennenlernen des Dezimeters*
Die Lehrerin zeigt einen *Meterstab* mit Zehnerunterteilung. → Immer nach 10 cm wechselt die Farbe. Man sieht deutlich: 10 × 10 cm = 100 cm.
Lehrerin: Jedes Zehnzentimeterstück hat einen eigenen Namen, nämlich Dezimeter. Dezi heißt zehn, Dezimeter heißt der zehnte Teil von einem Meter.

* *Klären von Beziehungen zwischen den Maßen*
Tafelanschrift:

10 Zentimeter = 1 Dezimeter 10 cm = 1 dm

$1\text{ cm} \xrightarrow{\cdot 10} 1\text{ dm} \xrightarrow{\cdot 10} 1\text{ m}$

$10 \cdot 10\text{ cm} = 100\text{ cm} = 1\text{ m}$
$10 \cdot 1\text{ dm} = 10\text{ dm} = 1\text{ m}$

* *Übungen*
  – Zeige am *Lineal* einen Dezimeter und suche einen *Stift,* der genau 1 dm lang ist!
  – Zeigt am *Zollstock* 4 dm . . . !
    Sprechen: 4 dm = 40 cm
  – Zeigt am Zollstock 48 dm, . . .
    (Zollstöcke aneinanderlegen)
    Sprechen: 48 dm = 480 cm
    = 4 m 80 cm

Tafelanschrift:

T	H m	Z dm	E cm
		4	0
		4	8
. . .			

3. Einheit: Wir messen mit dem Millimeter

* *Kopfrechnen:* Umwandeln von m und cm in dm sowie von dm in cm

* *Einstieg: Kennenlernen des Millimeters*
  Lehrerin: Auf deinem *Lineal* siehst du, daß ein Zentimeter nochmals unterteilt ist. Zähle mit deiner Bleistiftspitze, wie viele Teile das sind! → 10 Teile.
  Lehrerin: Wer weiß schon, wie der winzig kleine Abstand von einem kleinen Strich zum andern heißt? → Millimeter (Ggf. gibt die Lehrerin den Begriff vor.)
  Tafelanschrift: 1 Millimeter = 1 mm
  Lehrerin: Wir zeigen mit der Bleistiftspitze und zählen von 0 mm zusammen bis zu 2 Zentimetern.
  Gemeinsames Sprechen: 1 mm, 2 mm, . . . 19 mm, 20 mm.
  Tafel/Folie:

  Was ist 1 mm dick, lang oder breit?
  Prüfe nach: ______ Seiten des Rechenbuches
  ______ Seiten des Rechenheftes
  Spitze eines Faserstiftes
  Knick eines gefalteten Blattes
  Wollfaden
  Münze . . .

* *Klären von Beziehungen zwischen den Maßen*
  Lehrerin: Nun kennen wir schon viele Maße. Unser kleinstes Maß ist der Millimeter.
  Im Gespräch wird schrittweise die *Tafelanschrift* entwickelt:

$$1\text{ mm} \underset{:10}{\overset{\cdot 10}{\rightleftarrows}} 1\text{ cm} \underset{:10}{\overset{\cdot 10}{\rightleftarrows}} 1\text{ dm} \underset{:10}{\overset{\cdot 10}{\rightleftarrows}} 1\text{ m}$$

Name:	Datum:	AB 43

Die Grundschule in Zahlenhausen

① Miß die Länge (L) und Breite (B) der Zimmer!

② So erfährst du, wie groß jedes Zimmer in Wirklichkeit ist:

ⓐ Verdopple jede Zahl!
20 mm · 2 = 40 mm

ⓑ Wandle in cm um!
40 mm = 4 cm

ⓒ 1 cm auf dem Papier ist in Wirklichkeit 1 m.

③ Vergleiche mit deinem Schulhaus!

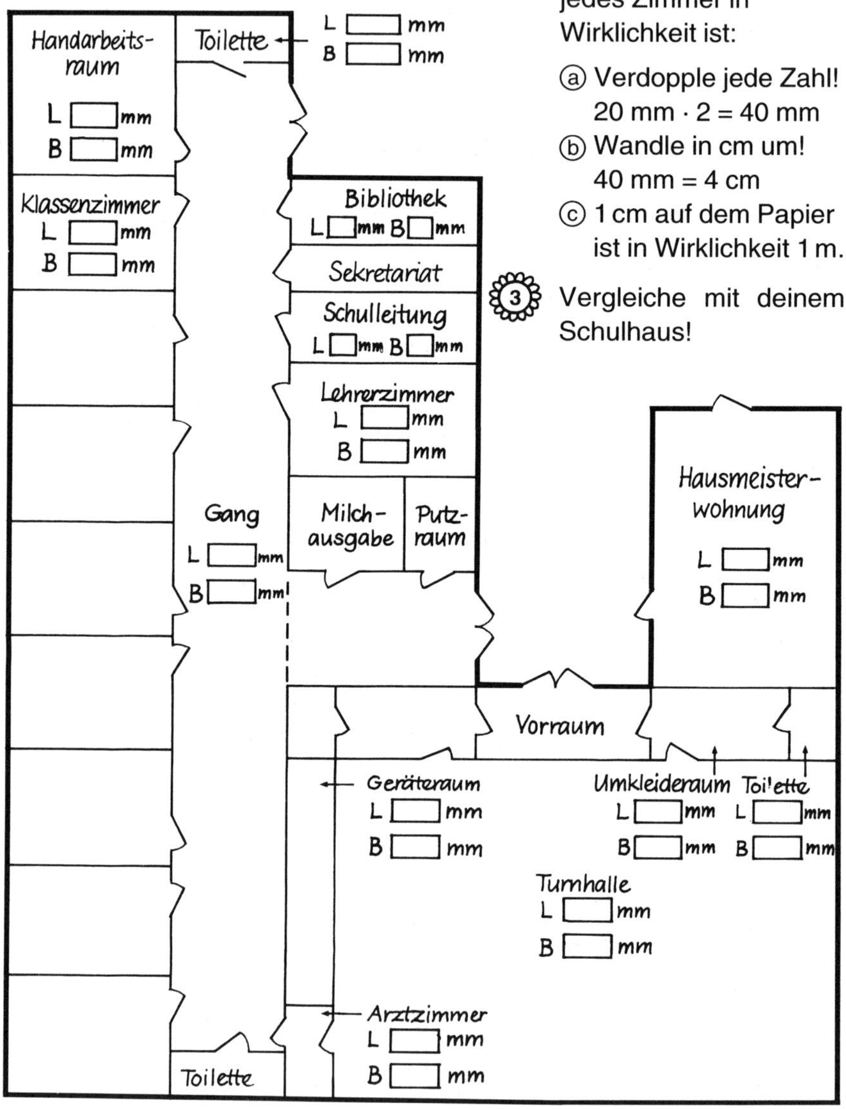

Name:	Datum:	AB 44

Bauwerke und ihre Höhe

1 Trage die Höhe am Zahlenstreifen ein!

Ⓐ Wohnhaus mit einem Stockwerk 6 m

Ⓑ Wohnhaus mit vier Stockwerken 15 m

Ⓒ Bavaria in München 21 m

Ⓓ Brandenburger Tor in Berlin 26 m

Ⓔ Freiheitsstatue in New York 90 m

Ⓕ Kölner Dom 160 m

Ⓖ Michaeliskirche in Hamburg 133 m

Ⓗ Fernsehturm in Stuttgart 214 m

Ⓘ Riesenrad im Prater in Wien 65 m

Ⓚ Golden-Gate-Brücke in San Francisco 259 m

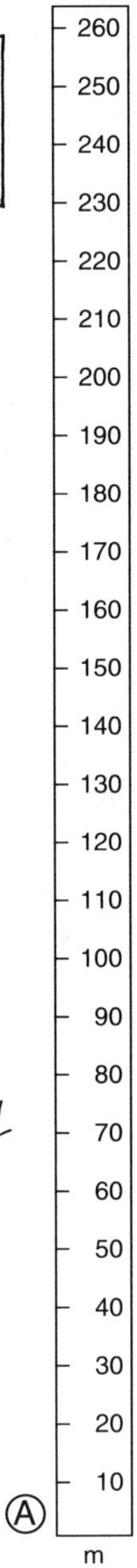

2 ⓐ Schätze die Höhe des Schulhauses! _____ m
Hausmeister und Schulleitung können die Höhe im Bauplan finden: _____ m

ⓑ Schätze die Höhe des Kirchturms! _____ m
Der Pfarrer kann die wirkliche Höhe angeben: _____ m

Die Lehrerin verteilt neun *Zehnerkarten* an die Kinder: Wer gehört zusammen und darf sich die Hand geben? → Die Kinder treten vor die Klasse, fassen sich ggf. unter Mithilfe der Klasse an den Händen und heften dann ihre Karten an die *Tafel:*

10 mm =	1 cm		
100 mm =	10 cm =	1 dm	
1000 mm =	100 cm =	10 dm =	1 m

Lehrerin: Jetzt weißt du auch, woher der Millimeter seinen Namen hat. → Ein Millimeter ist der tausendste Teil des Meters.

∗ *Übungen*

- Zeige mit der Bleistiftspitze am Lineal 10 mm!
  Sprechen: 10 mm = 1 cm
- Zeige 15 mm!
- Zeige 100 mm!
- Zeige 105 mm!
- Zeige 115 mm!
- Zeige 150 mm!

...

Tafelanschrift:

T 1 m	H 1 dm	Z 1 cm	E 1 mm
		1	0
		1	5
	1	0	0
	1	0	5
	1	1	5
...			

Folie von Arbeitsblatt 43 zur Klärung der Aufgabenstellung und späteren Kontrolle:

- Gespräch über den Plan und Aufzählen der Räume
- Vereinbaren: Die Länge mit dem Lineal senkrecht messen, die Breite waagrecht.
- Nr. ② an einem weiteren Beispiel klären.
- Zusatzaufgabe: Länge der Außenmauern messen und umrechnen
- Hinweis zur Differenzierung: Ggf. manchen Kindern einen einfacheren Grundriß (Wohnung) geben. Andererseits finden auch Rechenmuffel oft am Messen Spaß.

4. Die schriftliche Addition und Subtraktion

4.1 Die Einführung der schriftlichen Addition (ohne Übergang)

Lernziele:
- Verstehen und Anwenden des Normalverfahrens ohne Übergang
- Verbalisieren der Teilschritte
- Genaue schriftliche Darstellung von Aufgaben

Material
Eine große Uhr, Rechengeld, für je zwei Kinder ein Würfel und eine Unterlage; Arbeitsblätter 45 und 46 sowie Folien davon

1. Einheit: Vorbereitung der schriftlichen Addition: Im Zahlenirrgarten

∗ *Folie 1:* Zahlenirrgarten (Ergebniskästchen und unteren Teil abdecken)
Problemstellung durch die Lehrerin: Was gibt es hier zu rechnen?
→ Vorschläge der Kinder

∗ *Zielangabe*
Lehrerin: Ich will euch in den nächsten Stunden zeigen, wie die Erwachsenen große Zahlen zusammenzählen. Das ist nicht schwer, wenn man mit den Einern wie im Schlaf rechnen kann. Deshalb sollt ihr hier das Zusammenzählen vieler Einer im Kopf üben. → Aufdecken der leeren Ergebniskästchen und von Nr. ① und Lesen der Aufträge
Lehrerin (deutet auf die Uhr): Schreibe auf das Blatt die Uhrzeit, wann du beginnst, und daneben, wann du fertig bist!

∗ *Rechenphase*
Wenn die ersten Kinder fertig sind, wird die Zusatzaufgabe Nr. ② aufgedeckt.
Kontrolle: Einige Kinder tragen auf der Folie (mit wasserlöslichem Stift) die Ergebnisse ein, die anderen haken sie auf ihrem Blatt ab.

Ergebnisse waagrecht: 49, 68, 60, 61, 64, 68, 63, 69, 55, 69, 72, 70, 65.
Ergebnisse senkrecht: 63, 59, 69, 57, 71, 61, 73, 86, 71, 64, 57, 78.
Nr. ① c: 833; Nr. ① d: 833; Nr. ② b: Die Ergebnisse weiterer Wege jeweils mit der gleichen Farbe an den rechten Rand schreiben.

* *Würfelspiel als Ausklang*
  Fertige Kinder führen das Würfelspiel *„Die böse Eins"* durch. Dabei würfelt ein Kind, zählt die Augenzahlen fortlaufend laut zusammen (5 + 6 = 11, 11 + 3 = 14...) und notiert die erreichte Zahl. Das Kind kann selbst bestimmen, wann es aufhört. Wenn eine Eins gewürfelt wird, muß es aufhören. Wählen Sie selbst, ob dann die erreichte Zahl verfällt (wie bei der ursprünglichen Spielregel) oder nicht. Der Partner kontrolliert das mündliche Addieren und ist selbst an der Reihe, wenn das erste Kind aufgehört hat. Dann beginnt die nächste Runde. Zum Schluß addieren beide die erreichten Zahlen. Wer die größte Zahl vorweisen kann, hat gewonnen.

2. Einheit: Einführung in das schriftliche Addieren ohne Übergang

* *Sachsituation als Problemstellung*
  Kurze Lehrererzählung: Familie Glück hat doppeltes Glück gehabt. Frau und Herr Glück haben im Fernsehen bei einem Ratespiel 523 DM gewonnen. Und die beiden Glückskinder Katrin und Kristin haben ein Preisausschreiben gemeinsam gelöst und dabei 245 DM gewonnen. Überglücklich rechnet die Familie ihren Gewinn zusammen. Wiederholung durch die Kinder, *Tafelanschrift 1:*

  [F] Wieviel hat Familie Glück zusammen gewonnen?
  [R] 523 DM + 245 DM = ☐ DM

* *Erarbeitung des neuen Rechenverfahrens*
  Die Lehrerin zeigt eine *Folie* von AB 46 Nr. ① (Nur die Stellentafel mit den Geldscheinen ist sichtbar, der Rest ist abgedeckt.): Kristin kann sich so viel Geld gar nicht vorstellen. Sag ihr, wie viele H, Z und E sie zeichnen muß, damit sie sich auskennt! → Kind: 523 DM = 5 H, 2 Z und 3 E. 245 DM...
  Die Lehrerin deckt nun die Stellentafel links oben auf: An der Stellentafel sehen wir, wie Frau Glück ganz geschwind zusammenzählt. Sie rechnet nämlich nicht so (auf Tafelanschrift 1 deuten). → Die Kinder überlegen, was der Pfeil bedeutet und wie Frau Glück rechnet.
  Lehrerin: Frau Glück erklärt ihren beiden Kindern, wie sie rechnet und spricht ihnen vor (auf der Folie mitdeuten).

  Tafelanschrift 2:
  5 E + 3 E = 8 E, 8 E an
  4 Z + 2 Z = 6 Z, 6 Z an
  2 H + 5 H = 7 H, 7 H an

Name:	**Datum:**	**AB 45**

Zahlenirrgarten

4	3	7	1	4	5	2	9	1	3	2	8	
7	4	4	8	7	4	9	1	4	9	7	4	
4	9	5	1	6	4	4	8	5	3	3	8	
3	6	4	7	0	7	3	7	3	5	7	9	
6	2	2	5	8	3	5	8	9	4	6	6	
9	2	6	4	3	9	5	8	7	3	5	7	
7	1	8	3	7	2	6	4	7	9	0	9	
1	8	4	9	6	8	5	7	5	6	1	9	
5	2	7	2	8	3	9	7	4	0	5	3	
9	6	2	9	8	6	1	5	6	4	7	6	
5	5	8	3	7	4	8	6	9	6	8	3	
8	2	7	1	5	6	8	9	6	6	9	3	
2	9	5	4	9	0	8	7	5	6	7	3	
◇	◇	◇	◇	◇	◇	◇	◇	◇	◇	◇	◇	

1 Wer wird Rechenlöwe beim Kopfrechnen?

(a) Zähle alle Zahlen in den waagrechten Zeilen zusammen und schreibe das Ergebnis in das ☐!

(b) Zähle alle Zahlen in den senkrecheten Spalten zusammen und schreibe das Ergebnis in dieses ◇ !

(c) Zähle nun die Zahlen in den ☐ zusammen und schreibe hier das Ergebnis auf: _______

(d) Zähle die Zahlen in den ◇ zusammen und schreibe hier das Ergebnis auf: _______

2 (a) Suche dir selbst einen Weg quer durch den Zahlenirrgarten und zeichne ihn farbig ein! Zähle alle Zahlen zusammen, an denen du vorbeikommst, und schreibe das Ergebnis auf: _______

(b) Du kannst mit anderen Farben noch mehr Wege suchen.

Lehrerin: Wer hat genau aufgepaßt und kann beschreiben, wie Frau Glück rechnet? →

- Sie rechnet von unten nach oben.
- Sie zählt zuerst die E zusammen und schreibt sie an.
- Dann zählt sie die Z zusammen...
- Zuletzt zählt sie die H zusammen...
- Wir sehen: Familie Glück hat zusammen 768 DM gewonnen *(Tafelanschrift 3)*

Lehrerin: Katrin hat es noch nicht ganz verstanden, wie Frau Glück so schnell rechnen kann. Deshalb sagen wir den Rechenweg noch einmal gemeinsam im Chor. → Die Klasse steht auf und spricht im Chor, während die Lehrerin auf der Folie mitdeutet.

∗ *Wiederholung*

- Arbeitsblatt 46 Nr. ①: Die Kinder zeichnen zuerst die Geldbeträge und sprechen beim Ausfüllen der Tabelle und bei Nr. 1b leise mit.
- *Tafelanschrift 4:* Etwa fünf bis zehn weitere Aufgabenbeispiele (ohne Übergang!)

  Fertige Kinder kommen mit ihrem Stuhl im Halbkreis vor die Tafel und rechnen vor. Wer richtig sprechen und rechnen kann, geht auf seinen Platz und bearbeitet AB 46 Nr. ② und ③. Inzwischen kommen wieder weitere Kinder zum Halbkreis und rechnen vor.

  An den Folgetagen übt die Lehrerin mit einzelnen Kindern so lange an der Tafel, bis alle das Verfahren beherrschen und erklären können.

  Lösungssatz zu AB 46 Nr. ②: Rechenlöwen rechnen gern mehr Rechnungen.

3. Einheit: Die schriftliche Darstellung im Heft

∗ *Folie:*

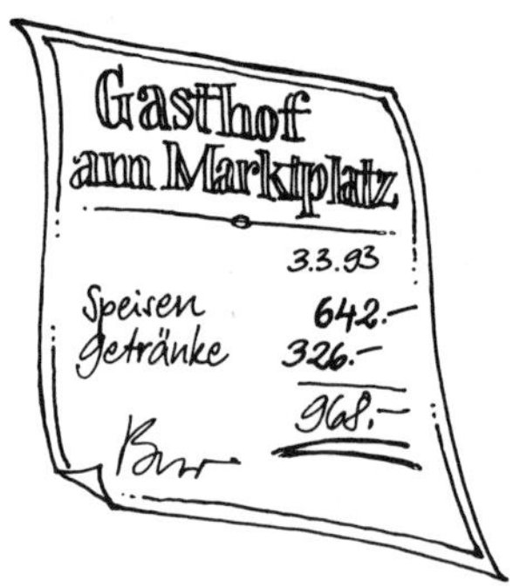

Lehrerin:
Frau Häppi feiert ihren 50. Geburtstag im Gasthof am Marktplatz. Nach der Feier gibt ihr der Kellner diese Rechnung. Beim Nachrechnen tut sich Frau Häppi etwas schwer.
→ Schüleräußerungen: Die Zahlen sind nicht genau untereinander geschrieben.

Name:	**Datum:**	**AB 46**

Das schriftliche Zusammenzählen (ohne Übergang)

1 ⓐ Zeichne zur Rechnung!

	H	Z	E
	5	2	3
+	2	4	5

Rechne von unten nach oben!

	H	Z	E
	100	10	1
+			
zusammen			

ⓑ Sprich so: 5 E + 3 E = 8 E , 8 E an!

4 Z + ☐ = ☐ , ☐ an!

2 H + ☐ = ☐ , ☐ an!

Beginne mit den Einern!

2 Male zuerst die Spalten mit den Einern farbig an!
Sprich beim Rechnen leise mit!

ⓐ

	H	Z	E		H	Z	E		H	Z	E		H	Z	E		H	Z	E		H	Z	E
	3	3	2		3	4	4		1	3	0		7	2	5		1	2	1		5	3	3
+	4	6	4	+	2	5	4	+	1	1	1	+	2	6	2	+	8	4	4	+	3	6	5

ⓑ

	H	Z	E		H	Z	E		H	Z	E		H	Z	E		H	Z	E		H	Z	E
	1	1	2		2	1	3		2	4	1		3	3	1		6	0	2		1	6	4
	1	4	3		3	1	3		1	2	5		4	2	3		1	0	1		2	2	2
+	1	4	2	+	3	2	3	+	2	1	1	+	2	1	1	+	1	0	5	+		1	2

ⓒ Überprüfe, ob du bei ⓐ und ⓑ richtig gerechnet hast!
Schreibe dazu unter jede Ziffer den richtigen Buchstaben!

0	1	2	3	4	5	6	7	8	9
U	W	L	G	M oder Ö	H	C	R	N	E

3 Schreibe die Rechnung dazu auf!

4 E + 3 E = ☐ E, ☐ E an!

8 Z + 0 Z = ☐ Z, ☐ Z an!

5 H + 2 H = ☐ H, ☐ H an!

	H	Z	E
+			

∗ *Erarbeitung*

Lehrerin: Erkläre, wie wir an die Tafel und ins Heft schreiben, damit wir uns nicht verrechnen! →

Schüleräußerungen und evtl. schrittweises Anschreiben an einer Seitentafel oder Aufdecken eines *Merkplakats:*

Vier Regeln für den Hefteintrag

① Ich schreibe die Ziffern genau untereinander, also Einer unter Einer, Zehner unter Zehner und Hunderter unter Hunderter.
② Zwischen jeder Zahl bleibt eine Kästchenreihe frei.
③ Vor die letzte Zahl schreibe ich das Pluszeichen.
④ Nach der letzten Zahl ziehe ich mit dem Lineal einen Strich.

Die Kinder lesen mehrmals vor und nennen dann bei zugeklappter Tafel sinngemäß die Regeln.

Fehlerhafte Tafelanschrift:

1 2 4	2 6 3	1 2 3
		+ 3 1 2
+ 2 4 1	6 3 2	

Bei jedem Beispiel nennen die Kinder den Fehler und die zugehörige Regel.

∗ *Anwendung*

Die Kinder schreiben die Rechnungen von der Folie und der Tafel richtig ins Heft, während die Lehrerin umhergeht und kontrolliert. – Auch an den Folgetagen ist auf die Anwendung der Regeln zu achten!

4.2 Das Überprüfen von Rechnungen

Lernziele

– Überprüfen mit Hilfe gerader und ungerader Ziffern
– Überprüfen mit Hilfe der Tauschaufgabe

∗ *Kopfrechnen:* Aufgaben mit Zehnerübergang wie 356 + 8 usw.

∗ *Tafelanschrift als Problemstellung:*

342	Die Kinder rechnen an der Tafel oder auf dem Block nach. →
+ 557	Die Rechnung ist falsch.
999	*Lehrerin:* Wie können wir eine Rechnung überprüfen?

∗ *Erarbeitung*

– *1. Weg: Gerade und ungerade Ziffern*

Vielleicht erinnern sich die Kinder an das Verfahren mit den geraden und ungeraden Zahlen; wenn nicht, sagt die *Lehrerin:* Denke an gerade

und ungerade Ziffern! → Wiederholen und Übertragen auf diese Rechnung
Ergänzung bzw. Korrektur durch die *Lehrerin:* Genauso wie wir getrennt E und E zusammenzählen und anschreiben, müssen wir es auch beim Überprüfen machen. → Ein Kind spricht jeweils, z.B.: 2 ist eine gerade Ziffer, 7 ist ungerade. Gerade plus ungerade ergibt ungerade. Stimmt, denn 9 ist ungerade...

Tafelanschrift: Wir überprüfen mit geraden und ungeraden Ziffern

```
  u g g
+ u u u
-------
  g u u
```

Überprüfen einiger weiterer Fehlerbeispiele an der Tafel oder auf Folie, zuerst gemeinsam, dann in Einzelarbeit.

– *2. Weg: Tauschaufgabe*

Tafelanschrift:

```
  602
+ 212
-----
  824
```

Ein Kind rechnet an der Tafel von unten nach oben vor und stellt fest, daß das Ergebnis falsch ist.

Lehrerin: Jeder kann seinen Fehler selbst finden, wenn er eine Aufgabe nicht nur einmal rechnet, sondern noch ein zweites Mal auf einem anderen Weg. Denke an die Tauschaufgabe! → Schüleräußerungen
Um die Tauschaufgabe zu finden, schreiben wir die Rechnung als Gleichung an:

212 + 602 = □ [T> 602 + 212 = □

Wir müssen die Tauschaufgabe gar nicht extra aufschreiben, sondern wir rechnen zur Probe einfach von oben nach unten.

Tafelanschrift: Wir rechnen zur Probe von oben nach unten.

```
  602 ⇅
+ 212
```

Hefteintrag in Partnerarbeit: Abwechselnd schreibt jeder eine Aufgabe aus dem Rechenbuch ins Heft und rechnet dem Partner leise in beiden Richtungen vor.

* *Ausblick*
Die Lehrerin kündigt für den nächsten Tag das Erlernen eines 3. Weges zum Überprüfen an (Runden und Überschlagen).

4.3 Runden und Überschlagen

Lernziele:
- Abrunden der Einer 1 bis 4 auf 0
- Aufrunden der Einer 5 bis 9 auf 10
- Runden zum Zehner und Runden zum Hunderter
- Rechnen mit gerundeten Zahlen (= Überschlagen)

Material: Folien, Arbeitsblätter 47 und 48

1. Einheit: Ab- und Aufrunden von Einern zum Zehner

– *Folie als Einstieg:*

Welche Fahrräder wollen die Kunden kaufen?

Rennrad Mars mit 14 Gängen 668,– DM	Mountain Bike für Herren mit 21 Gängen 689,– DM	Mountain Bike mit 18 Gängen 613,– DM	Leichtlauf-Sportrad für Damen 645,– DM

Herr Schnell	Frau Fix	Herr Radler	Frau Radler

Die Kinder lesen und ordnen den Preisen die gerundeten Zahlen zu.

Tafelanschrift: (Zeile freilassen für spätere Überschrift)

613 DM ist rund 610 DM.
645 DM ≈ 650 DM
668 DM ≈ 670 DM
689 DM ≈ 690 DM

∗ *Problemstellung:* Warum nennen die Kunden runde Preise und nicht die genauen Preise? → Die runden Preise kann man sich besser vorstellen; sie sind leichter auszusprechen; man kann besser mit ihnen rechnen.

∗ *Erarbeitung*
Lehrerin: Beschreibe den Unterschied zwischen den genauen und den runden Preisen! → Die genauen Preise sind HZE-Zahlen, die runden Preise sind HZ-Zahlen.
Lehrerin: Beim Runden machen wir also aus HZE-Zahlen HZ-Zahlen. Ergänzen der *Tafelanschrift:* Wir runden die Einer zum Zehner.

Lehrerin: Kannst du die Regel finden, wie die Kunden gerundet haben? → Schüleräußerungen, z. B.: 689 liegt näher bei 690 als bei 680. Wir suchen den Zehnernachfolger . . .
Zusammenfassung und Tafelanschrift:

Wir runden ab:			615 ↘		Wir runden auf:
Die Einer 1, 2,		↙ 611	616 ↘		Die Einer 5, 6,
3 und 4 runden	610	↙ 612	617 →	620	7, 8 und 9 runden
wir zum Zehner-		↖ 613	618 ↗		wir zum Zehner-
vorgänger ab.		↖ 614	619 ↗		nachfolger auf.

∗ *Sicherung*
Die Lehrerin nennt Zahlen, die die Kinder zuerst bei sichtbarer Tafelanschrift runden, dann bei zugeklappter Tafel.
Arbeitsblatt 47 Nr. ① und ②

2. Einheit: Überschlagen

Lehrerin: Ich habe euch gesagt, daß wir noch einen Weg kennenlernen werden, um unsere Rechnungen zu überprüfen. →

∗ *Zielangabe:* Wir rechnen mit runden Zahlen.
Lehrerin: Das Rechnen mit runden oder gerundeten Zahlen nennt man Überschlagen.

∗ *Erarbeitung*

Tafelanschrift: Wir überschlagen und rechnen mit runden Zahlen

b) $560 + 440 = 1000$ a) $556 + 443$

c) Wir rechnen genau: 999

d) Wir vergleichen die Ergebnisse: $999 \approx 1000$

(Hinweis: Die Buchstaben a bis d zeigen nur die Reihenfolge an und sind an der Tafel nicht zu übernehmen.)

Gemeinsam werden mündlich weitere Beispiele gelöst.

∗ *Sicherung:* Arbeitsblatt 47 Nr. ③ und ④

3. Einheit: Ab- und Aufrunden von ZE zum Hunderter

– *Folie als Einstieg:*

Welches Fahrrad bietet der Verkäufer den Kunden an?

Frau A: Ich möchte ein Rad für rund 500 DM.	Damen-City-Bike mit 5 Gängen: Nur 575,– DM
Herr B: Ich möchte höchstens 800 DM ausgeben.	Rennsportrad zum Sonderpreis: 723,– DM
Herr C: Haben Sie ein Rad für rund 700 DM?	Damensportrad zum Einführungspreis: Nur 486,– DM
Frau D: Das Rad darf etwa 600 DM kosten.	Herrensportrad für nur 765,– DM

Lehrerin: Gib den Kunden Namen und suche das passende Fahrrad!
Tafelanschrift: (freie Zeile)

486 DM ≈ 500 DM
575 DM ≈ 600 DM
723 DM ≈ 700 DM
765 DM ≈ 800 DM

Schüleräußerungen, z. B.: Hier wurde zum Hunderter gerundet. Mit H kann man noch schneller rechnen.
Ergänzen der *Tafelanschrift:* Wir runden die ZE zum Hunderter.

∗ *Erarbeitung*
Lehrerin: Wer kann die Regel finden, wie man zum Hunderter rundet? → Vermutungen der Kinder
Zusammenfassen und Ergänzen durch die Lehrerin, dabei
Tafelanschrift:

Wir runden ab:					Wir runden auf:
Die Zehner 0, 1,		↙ 702	752 ↘		Die Zehner 5, 6,
2, 3 und 4 runden		↙ 712	762 ↘		7, 8 und 9 runden
wir zum Hunderter-	700	← 722	772 →	800	wir zum Hunderter-
vorgänger ab.		↖ 732	782 ↗		nachfolger auf.
Bis 49 abrunden!		↖ 742	792 ↗		Ab 50 aufrunden!

∗ *Sicherung*
Die Lehrerin nennt Zahlen, die die Kinder runden.
Arbeitsblatt 48 Nr. ① und ②; Nr. ③ und ④ anhand eines Beispiels an der Tafel klären.
In den Folgestunden wird immer wieder auf das Überschlagen eingegangen.

Name:	**Datum:**	**AB 47**

Wir runden Einer und überschlagen

1 Abrunden und Aufrunden von Einern

Die Einer ☐, ☐, ☐ und ☐ runden wir zum Zehnervorgänger ab.

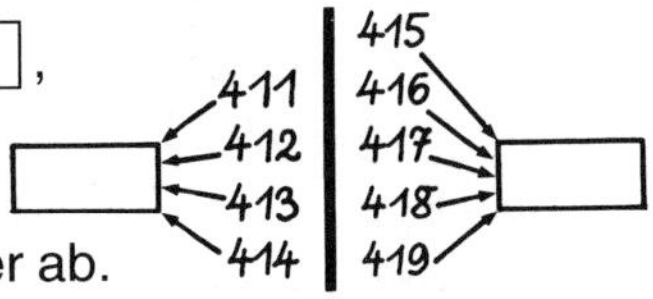

Die Einer ☐, ☐, ☐, ☐ und ☐ runden wir zum Zehnernachfolger auf.

411 ≈ 410

___ ≈ ___

___ ≈ ___

___ ≈ ___

415 ≈ 420

___ ≈ ___

___ ≈ ___

___ ≈ ___

___ ≈ ___

2 Runde zum Zehner!

(a)	(b)	(c)	(d)
3 ___	12 ___	36 ___	401 ___
5 ___	17 ___	75 ___	728 ___
1 ___	14 ___	63 ___	544 ___
8 ___	19 ___	51 ___	987 ___

3 Überschlage zuerst, rechne dann genau und vergleiche die Ergebnisse!

(a) 420 + ___ = ___

(b) ___ + ___ = ___

(c) ___ + ___ = ___

(d) ___ + ___ = ___

(e) ___ + ___ = ___

(f) ___ + ___ = ___

(a)	(b)	(c)	(d)	(e)	(f)
423	105	618	597	334	209
+ 346	+ 792	+ 281	+ 302	+ 465	+ 520
___	___	___	___	___	___

4 Nur ein Ergebnis ist richtig! Überschlage im Kopf und streiche die falschen Ergebnisse weg!

(a) 153 + 746 — 999, 899, 989

(b) 446 + 142 — 688, 578, 588

(c) 325 + 574 — 899, 809, 909

(d) 204 + 673 — 877, 887, 778

Überschlag ☐ ☐ ☐ ☐

Name:	Datum:	AB 48

Wir runden Zehner-Einer und Überschlagen

1 Abrunden und Aufrunden von Zehnern

Die Zehner ☐, ☐, ☐, ☐ und ☐ runden wir zum Hunderter-vorgänger ab.

		909	959	
		919	969	
☐	←	929	979	→ ☐
		939	989	
		949	999	

Die Zehner ☐, ☐, ☐, ☐ und ☐ runden wir zum Hunderter-nachfolger auf.

909 ≈ ___   ___ ≈ ___   ___ ≈ ___

___ ≈ ___   ___ ≈ ___   ___ ≈ ___

___ ≈ ___   ___ ≈ ___   ___ ≈ ___

___ ≈ ___

2 Runde zum Hunderter!

ⓐ	ⓑ	ⓒ
19 ____	111 ____	745 ____
58 ____	181 ____	387 ____
7 ____	149 ____	952 ____

3 Runde und überschlage: 4,49 DM ≈ 4 DM

ⓐ

3,28 DM	≈ ______ DM
7,54 DM	≈ ______ DM
15,25 DM	≈ ______ DM
9,69 DM	≈ ______ DM
+ 2,19 DM	≈ ______ DM
	≈ ______ DM

ⓑ

8,89 DM	≈ ______ DM
4,39 DM	≈ ______ DM
17,08 DM	≈ ______ DM
5,20 DM	≈ ______ DM
+ 11,75 DM	≈ ______ DM
	≈ ______ DM

4 Runde und überschlage: 7 m 13 cm ≈ 7 m

ⓐ

23 m 69 cm	≈ ______ m
5 m 27 cm	≈ ______ m
10 m 50 cm	≈ ______ m
9 m 49 cm	≈ ______ m
+ 21 m 1 cm	≈ ______ m
	≈ ______ m

ⓑ

10 m 94 cm	≈ ______ m
3 m 59 cm	≈ ______ m
76 cm	≈ ______ m
6 m 5 cm	≈ ______ m
+ 19 m 49 cm	≈ ______ m
	≈ ______ m

4.4 Das schriftliche Addieren mit Übergängen

Lernziele
- Verstehen und Anwenden des Normalverfahrens mit Übergängen
- Notieren der Merkzahl

Material
Folien, für jedes Kind einen Würfel sowie eine Unterlage, Rechengeld, Arbeitsblätter 49 und 50 sowie Folien davon zur Kontrolle

1. Einheit: Addition mit Zehnerübergang

∗ *Vorübung: Umwandeln an der Stellentafel*
Lehrerin: In der Bank ordnet und zählt Frau Goldmann am Schalter 1 das Geld. Soviel Geld ist an ihrem Schalter vorrätig. Am Schalter 2 . . . (schrittweise aufdecken)
Tafelanschrift/Folie:

Auf der Bank

Schalter ①

T	H	Z	E
	6	37	12

Schalter ②

T	H	Z	E
	8	29	17

Schalter ③

T	H	Z	E
	4	13	19

Schalter ④

T	H	Z	E
	7	24	14

Lehrerin: Wandle in E in Z um und die Z in H und schreibe auf den Block, wieviel Geld an jedem Schalter vorrätig ist!
Vorlesen und Kontrolle an der Tafel/Folie

∗ *Erarbeitung*
- *Ankündigung eines Spiels*
  Lehrerin: Ich habe mir für euch das Bankspiel ausgedacht, das ihr später in der Gruppe spielen könnt. Zuerst müßt ihr all euer Rechengeld in die Mitte der Gruppe legen, in die Bank, und zwar die H auf ein Blatt, daneben die Z auf ein Blatt und auf ein drittes Blatt die Einer. (Die Kinder richten das Geld her.) Immer zwei Kinder spielen dann zusammen. Alle Paare in der Gruppe würfeln gleichzeitig mit einem Würfel. Jedes Kind würfelt dreimal und schreibt die Zahl auf den Block. Als Regel gilt: Die höchste Ziffer muß als E genommen werden. Dann würfelt der Partner und schreibt auch seine Zahl auf den Block. Zusammen rechnen beide aus, welche Zahl sie erreicht haben. Diesen Betrag dürfen sie sich dann aus der Bank nehmen. Gruppengewinner ist,

wer den höchsten Betrag nehmen konnte. – Damit ihr später das Spiel sicher spielen könnt, spiele ich es mit einem Kind vor.

– *Demonstration des Rechenwegs*
  Die Lehrerin würfelt die Zahl 456 (größte Ziffer als E), ein Kind 325 (solche Zahlen wählen, daß ein Zehnerübergang erreicht wird, notfalls den Würfel anecken oder fallen lassen und nochmals würfeln).
  → *Tafelanschrift:* 4 5 6
  + 3 2 5

Die Beträge werden an der *Flanelltafel* gelegt oder auf eine *Folie* gezeichnet. Beim Zusammenzählen erhalten wir 11 E.
Lehrerin: 11 E kann ich nicht in die Stellentafel schreiben. → Wir wandeln um: 11 E = 1 E und 1 Z. (Rechengeld an der Flanelltafel umtauschen; auf Folie die zehn E zusammenfassen und 1 Z dazuzeichnen). Beim Rechnen müssen wir uns diesen einen Zehner merken. Wir sprechen deshalb: 5 E + 6 E = 11 E, 1 E an, 1 Z gemerkt. Ergänzen der Tafelanschrift (die Merkzahl rot schreiben).

Lehrerin: Nun müssen wir bei den Zehnern diesen einen Z dazuzählen: 1 Z + 2 Z = 3 Z, 3 Z + 5 Z = 8 Z, 8 Z an.
Kind: 3 H + 4 H = 7 H, 7 H an.

Tafelanschrift:

$$\begin{array}{r} 4\,5\,6 \\ +\,3\,2_{1}5 \\ \hline 7\,8\,1 \end{array}$$

Merkzahl rot schreiben!

Wiederholung mit Hilfe einer *Folie* von AB 49 Nr. 1 , die zuerst nochmals gemeinsam gelöst wird und dann in Einzelarbeit. Drei weitere Beispiele mit der Stellentafel an der Tafel lösen.
– *Durchführung des Bankspiels in Gruppen*
Die Gruppensieger schreiben ihre Rechnungen an die Tafel, die dann gemeinsam überprüft werden.

∗ *Sicherung und Weiterführung:* Arbeitsblatt 49
  – Wir rechnen zur Kontrolle von oben nach unten.
  – Wir überprüfen unsere Rechnungen mit dem Überschlag.

2. Einheit: Addition mit Hunderterübergang

∗ *Wiederholung*
An der Tafel rechnen drei Rechenmuffel jeweils eine Addition mit Zehnerübergang vor, die anderen rechnen auf dem Block.

Name:	Datum:	AB 49

Das schriftliche Zusammenzählen mit Zehnerübergang

1 ⓐ Zeichne die Rechnung fertig!

	H	Z	E
	5	3	6
+	1	4 1	6
			2

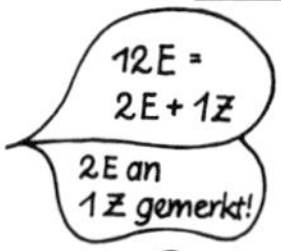

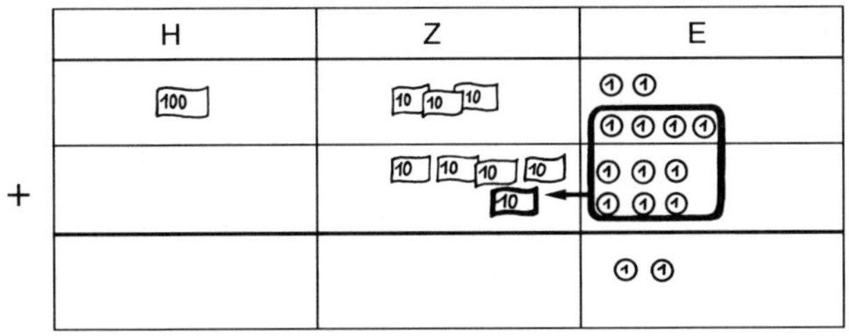

ⓑ Sprich so: 6 E + 6 E = 12 E, 2 E an, 1Z gemerkt!

5 Z + ☐ Z = ☐ Z, ☐ Z an!

☐ H + ☐ H = ☐ H, ☐ H an!

2 Schreibe die kleine Merkzahl mit einem roten Stift!

ⓐ

H Z E	H Z E	H Z E	H Z E	H Z E	H Z E
3 2 7	5 3 6	1 3 5	3 2 8	4 3 8	1 3 8
+ 4 4 6	+ 2 5 5	+ 6 3 7	+ 5 4 7	+ 5 2 6	+ 7 4 8

ⓑ

H Z E	H Z E	H Z E	H Z E	H Z E	H Z E
7 3 8	4 0 7	3 1 5	4 4 9	6 2 7	1 8 9
+ 2 3 5	+ 4 8 7	+ 6 7 9	+ 3 4 6	+ 2 6 9	+ 8 0 8

ⓒ Überprüfe, ob du richtig gerechnet hast, und streiche die erreichten Ergebniszahlen durch!

875	994	772	997	894	773	973	896	791	964	886	795

3 Suche die fehlenden Stellen!

ⓐ	ⓑ	ⓒ	ⓓ	ⓔ
8☐4	☐3☐	2☐6	☐☐4	6☐☐
+ 1 3☐	+ 2☐1	+ 1 3☐	+ 2 8☐	+ ☐4 1
_ 9 6	7 9 8	_ 3 8	5 9 9	9 6 4

Name:	Datum:	AB 50

Das schriftliche Zusammenzählen mit Hunderterübergang

1 ⓐ Zeichne fertig! Schreibe die Merkzahl rot!

	H	Z	E
	3	8	3
+	3	5	2

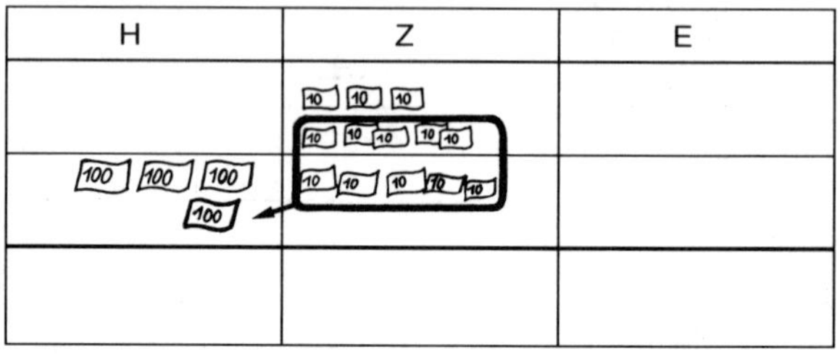

ⓑ Sprich: ☐ E + ☐ = ☐ E, ☐ E an!

☐ Z + ☐ Z = ☐ Z, ☐ Z an, ☐ Z gemerkt!

☐ H + ☐ H = ☐ H, ☐ H an!

2 Nun mußt du zweimal umwechseln!

ⓐ Zeichne fertig! Schreibe die Merkzahl rot!

	H	Z	E
	2	7	4
+	2	5	8

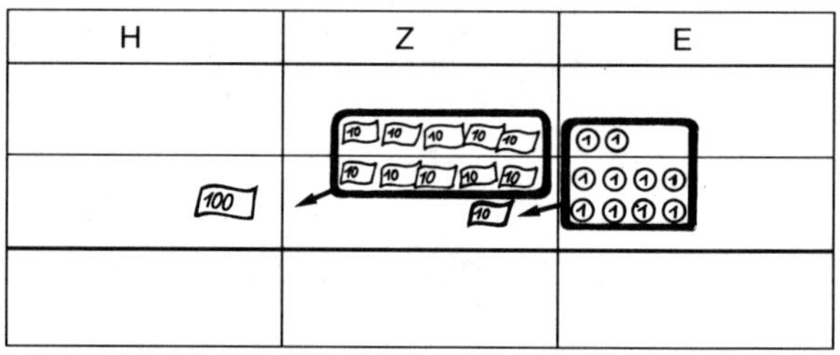

ⓑ Sprich: ☐ E + ☐ E = ☐ E, ☐ E an, ☐ Z gemerkt!

☐ Z + ☐ Z = ☐ Z, ☐ Z an, ☐ H gemerkt!

☐ H + ☐ H = ☐ H, ☐ H an!

3

	H	Z	E
	1	8	7
+	1	9	5

	H	Z	E
	3	7	6
+	4	8	8

	H	Z	E
	2	5	5
+	5	6	9

	H	Z	E
	1	8	3
+	7	3	8

	H	Z	E
	3	4	6
+	3	6	4

	H	Z	E
	2	6	9
+	2	9	6

* *Erarbeitung des Hunderterübergangs*
  Lehrerin: Heute dürft ihr das Bankspiel noch einmal spielen. Als Regel gilt heute jedoch: Die größte Ziffer mußt du als Zehnerziffer nehmen. Überlege, was du da beim Rechnen bedenken mußt. → Schüleräußerungen, z. B.: Es kann sein, daß man Z in H umwandeln muß.
  Lehrerin: Denken wir einmal, ich habe 362 gewürfelt, und mein Partner 561. Wer kann erklären, wie wir rechnen müssen?
  Tafelanschrift: 3 6 2
  \+ 5 6 1
  Ein Rechenprofi rechnet mit ergänzender Hilfe der Lehrerin vor:
  1 E + 2 E = 3 E, 3 E an!
  6 Z + 6 Z = 12 H, 2 Z an, 1 H gemerkt! (Merkzahl rot anschreiben!)
  1 H + 5 H = 6 H, 6 H + 3 H = 9 H, 9 H an!
  Gemeinsames Lösen auf *Folie* von Nr. 1 auf dem Arbeitsblatt 50, die anschließend in Einzelarbeit wiederholt wird.

* *Anwendung*
  Wiederholung des Bankspiels mit der neuen Regel; die Gruppensieger schreiben ihre Rechnungen wieder zum gemeinsamen Überprüfen an die Tafel.

* *Sicherung:* Arbeitsblatt 50

3. Einheit: Addition mit zwei Übergängen

* *Wiederholung*
  Vorrechnen bzw. Berechnen auf dem Block von drei Beispielen mit Hunderterübergang an der Tafel.

* *Erarbeitung*
  Lehrerin: Beim Bankspiel haben zwei Kinder diese Zahlen gewürfelt.
  Tafelanschrift: 3 6 6
  \+ 2 6 5
  Lehrerin: Jedes Paar (Bei „Geldmangel“ setzt sich ein drittes Kind dazu.) nimmt sich aus der Mitte entsprechend viel Geld und legt es auf ein Blatt.
  → Schüleräußerungen: Hier müssen wir zweimal umwechseln:
  5 E + 6 E = 11 E, 1 E an 1 Z gemerkt!
  1 Z + 6 Z = 7 Z, 7 Z + 6 Z = 13 Z, 3 Z an, 1 H gemerkt!
  1 H + 2 H = 3 H, 3 H + 3 H = 6 H, 6 H an!
  An der Tafel werden die Merkzahlen wieder rot geschrieben. Gemeinsam werden drei weitere Beispiele gelöst und dann schließlich drei Zahlen

addiert (Beim Bankspiel spielen heute immer drei Kinder zusammen nach der Regel: Die kleinste Ziffer ist der Hunderter.):

Tafelanschrift:

```
  3 4 6
  1 5 4
+ 2 6 3
  1 1
-------
  7 6 3
```

Je ein Kind rechnet eine Spalte vor und schreibt seine Merkzahl rot an die Tafel.

∗ *Anwendung*
Je drei Kinder spielen das Bankspiel; die Gruppensieger schreiben ihre Rechnungen an die Tafel.

∗ *Sicherung und Weiterführung*
- Arbeitsblatt 50
- Addieren von mehreren Zahlen (Rechnungen vom Einkauf!) und Überschlagen

4.5 Fragen bei Sachaufgaben: Auf dem Frühlingsfest

Lernziele:
- Anwenden der schriftlichen Addition und des Malnehmens mit Zehnerzahlen in Sachaufgaben
- Suchen von passenden Fragen

Material:
Folie (s. S. 51), für jede Gruppe eine leere Folie, für jedes Kind einen Folienstreifen, Arbeitsblatt 51 und Folie davon

∗ *Kopfrechnen*
Aufgaben mit Zehner- und Hunderterübergang wie 56 + 8, 56 + 28, 96 + 8, 96 + 28, 156 + 8, 156 + 28 . . . , auf dem Block lösen.

∗ *Einstieg: Folie* (s. S. 51)
Lehrerin: In Zahlenhausen ist jetzt das Frühlingsfest, zu dem die gleichen Schausteller gekommen sind wie im Herbst. Damals haben wir nur mit Zahlen bis 100 gerechnet, jetzt können wir schon bis 1000 rechnen. Denkt euch in der Gruppe eine Rechengeschichte zum Frühlingsfest mit großen Zahlen aus! Der Gruppenschreiber soll sie mit der Frage auf eine Folie schreiben. → Gruppenarbeit

∗ *Auswertung der Gruppenarbeit*
Der Reihe nach wird jede Rechengeschichte gelesen, auf ihre Logik und Ausrechenbarkeit hin überprüft und ggf. berichtigt. Dann werden sie gemeinsam an der *Tafel* gelöst.

Name:	Datum:	AB 51

Auf dem Frühlingsfest

Wie viele Chips hat er verkauft? ○

Wieviel Geld hat er eingenommen? ○

Suche zu jeder Rechengeschichte die passende Frage und schreibe die Nummer der Aufgabe in den Kreis des Fragezeichens!

1. Am Imbißstand hat Schaschlik-Sascha am Samstag Vormittag 94 Schaschliks verkauft, am Nachmittag 67 und am Abend 128.

R

Überschlag

A

Wie viele Karten hat er insgesamt verkauft? ○

Wieviel kostet eine Geisterbahnkarte? ○

2. Hochbetrieb am Auto-Scooter! In einer Stunde verkauft Herr Fuhrmann 9 Zehner-Chips zu je 20 DM und 83 Chips zu je 3 DM.

R

A

Wie viele Lose hat Frau Loos verkauft? ○

Wieviel Geld hat sie eingenommen? ○

3. Herr Schreck von der Geisterbahn hat am Freitag 138 Karten verkauft, am Samstag 374 und am Sonntag 419.

R

Ü

A

Wie viele Schaschliks hat er insgesamt verkauft? ○

Wieviel Geld hat Sascha eingenommen? ○

4. Frau Loos von der Losbude zählt am Samstag Abend ihre Einnahmen. Es sind ein 100 DM-Schein, drei 50 DM-Scheine, vier 20 DM-Scheine, 19 10 DM-Scheine, 27 ⑤ DM-Stücke, 83 ② DM-Stücke und 116 ① DM-Stücke.
Schreibe die Malaufgaben auf die Rückseite!

R

A

∗ *Erkennen von Rechenfragen*
Tafelanschrift:

Lena hat in einer Woche Geburtstag. Sie möchte für sich und ihre fünf Gäste einen Riesenluftballon zu je 90 Pf. kaufen. Freddi möchte natürlich auch einen.

Auftrag: Schreibe die richtige Frage auf den Folienstreifen! Fertige Kinder legen ihren Streifen auf den ausgeschaltenen Projektor. Bis alle Kinder die Frage aufgeschrieben haben, übt die Lehrerin mit den fertigen Kindern das Zehnereinmaleins.
Nun wird noch einmal der Text laut gelesen, und es werden die *Angaben* farbig unterstrichen: Was kostet ein Luftballon? (90 Pf)
Wie viele Luftballons kauft Lena? (für sich, 5 Gäste, Freddi → also 7)
Dann werden die Fragen gelesen, begutachtet und *in zwei Reihen* gelegt, z. B.:

Rechenfragen sagen uns, was wir ausrechnen müssen.
Wieviel Geld muß Lena bezahlen?
Um wieviel Geld muß sie ihren Vater bitten?
Wieviel kosten die Luftballons?
Wie teuer sind die Luftballons?

Zu jedem Text kann man viele Fragen stellen. Für die Rechnung sind sie unwichtig.
Wie alt ist Lena?
Wann hat Lena Geburtstag?
Wieviel Geld hat Lena dabei?
Mit wem ist Lena auf dem Volksfest?
Wo kauft sie die Riesenluftballons?

Ggf. suchen die Kinder noch weitere Rechenfragen und unsinnige Fragen, oder die Lehrerin schreibt Fragen auf, die die Kinder einordnen sollen.

∗ *Anwendung und Differenzierung*
Die Rechenprofis bearbeiten das Arbeitsblatt 51 selbständig; mit den Rechenmuffeln arbeitet die Lehrerin zusammen.

Lösungen: Nr. 1 Er hat insgesamt 289 Schaschliks verkauft.
Nr. 2 Er hat 429 DM eingenommen.
Nr. 3 Er hat insgesamt 931 Karten verkauft.
Nr. 4 Er hat insgesamt 937 DM eingenommen.

Aufgabenkarten mit weiteren Sachaufgaben zum Lösen in Partnerarbeit oder zur Differenzierung:

- Frau Riese jammert: Am Montag Vormittag sind nur 27 Leute mit dem Riesenrad gefahren. Solch geringe Einnahmen decken kaum meine Kosten. (Wieviel Geld hat sie eingenommen? 6 DM × 27)
- Frau Schuß freut sich: Am Sonntag Abend hat sie an der Schießbude 45 gelbe Chips zu je 3 DM verkauft, 92 blaue Chips zu je 4 DM und 99 rote Chips zu je 5 DM. (Wieviel Geld hat sie eingenommen? 998 DM)
- Frau Schuß hat noch einen Grund zur Freude: Bei den 998 Schuß gab es nur 224 Treffer. (Wie viele Schuß gingen daneben? 774)
- Am Samstag hat Frau Ritter 97 Reitkarten zu je 8 DM verkauft. (Wieviel Geld hat sie eingenommen? 8 DM × 97)

- Herr Carozzi, der Karussellbesitzer, hat am Samstag Nachmittag 85 Karten zu je 5 DM und 39 Karten zu je 2 DM verkauft. (Wieviel Geld hat er eingenommen? 5 DM × 85 + 2 DM × 39)
- Im Festzelt bestellt Herr Lustig zwei kleine Bier zu je 4,95 DM und für Lena und Freddi zwei Fruchtsäfte zu je 2,85 DM. (Wieviel muß er bezahlen? 16,60 DM. In Pf umwandeln!)

4.6 Erfahrungen zur Symmetrie: Wir basteln eine Muttertags- oder Geburtstagskarte (Geometrie)

Lernziele
- Erkennen an einem Faltschnitt, daß die Faltlinie eine Figur in zwei dekkungsgleiche Teile teilt
- Verstehen des Begriffes „symmetrisch“
- Entdecken von Symmetrien an Figuren und Körpern
- Entdecken der Spiegelachse mit Hilfe eines Spiegels
- Feststellen, daß Spiegelachsen waagrecht oder senkrecht verlaufen können

Material
Für jedes Kind eine Karte aus farbigem Tonpapier (DIN A 4), Buntpapier, saugfähiges weißes Papier, Wasserfarben sowie ein Taschenspiegel; eine oder zwei Pappschablonen (halbes Herz, 5,5 cm × 11 cm); zur Demonstration je eine kleine Karte mit einem Faltschnitt, einem Klecksbild, einem Klappschnitt sowie ein Rasierspiegel; Arbeitsblatt 52 sowie Folie zur Kontrolle

1. Einheit: Herstellen eines Faltschnittes (Doppelstunde)

∗ *Motivation*
Lehrerin: Martin möchte für seine Mutter zum Muttertag (oder Geburtstag) eine besonders schöne Karte basteln. Im Schaukasten der Schule hat er einige fertige Karten gesehen. Diese drei haben ihm besonders gut gefallen (Zeigen der drei Karten). Er überlegt, wie er die Karten nachmachen kann. Wer kann Martin helfen und ihm sagen, wie er diese Karte mit dem Herz herstellen kann? (Anheften der Karte mit dem Faltschnitt an der Tafel)

∗ *1. Teilziel: Die Faltlinie teilt eine Figur in zwei deckungsgleiche Teile.*
Schüleräußerungen, z.B.: Martin muß ein Herz auf rotes Tonpapier aufzeichnen, es ausschneiden und auf eine Karte kleben.
Probierphase: Die Kinder zeichnen auf ein Blockblatt ein möglichst großes Herz und schneiden es aus. Vielleicht fertigen manche von sich aus einen Faltschnitt an.

Lehrerin: Betrachte dein Herz! Ob es schön genug für die Karte ist? → ungleichmäßig, . . .
Ggf. zeigt die Lehrerin den Faltschnitt eines Kindes (gleichmäßig) und läßt dieses über die Herstellung berichten. Ansonsten läßt die Lehrerin die Kinder vermuten, wie man ein gleichmäßiges Herz ausschneiden kann, und läßt evtl. ein Kind mit dem Finger über ihre Karte streichen und so die Faltlinie feststellen.
Demonstration an der Tafel und gleichzeitiges Erklären: Die Lehrerin faltet ein Papier exakt Eck auf Eck. – Die Faltlinie teilt unser Papier in zwei gleich große Teile. Jede Hälfte deckt genau die andere Hälfte ab. Wir sagen: Die beiden Hälften sind deckungsgleich. – Nun legt sie an die Faltlinie eine Schablone (halbes Herz) an und zeichnet eine Hälfte nach. – Wenn ich ein gleichmäßiges Herz will, zeichne ich nur die Hälfte. Dann sind wieder beide Hälften deckungsgleich. – Ein Kind schneidet das Herz aus.

* *2. Teilziel:* Verstehen des Begriffes „symmetrisch"
Lehrerin: Wenn wir nun das Herz aufklappen, sehen wir, daß beide Hälften genau gleich sind. Wir können das auch mit einem Spiegel zeigen. – Die Lehrerin hält einen Spiegel an die Faltlinie und spiegelt einmal die rechte Hälfte, dann die linke. – Im Spiegel erscheint also immer der zweite Teil.
Lehrerin: Wir können deshalb der Faltlinie noch einen anderen Namen geben. → Spiegellinie, Spiegelachse
Lehrerin: Solche Figuren mit einer Spiegelachse so wie unser Herz haben eine besondere Eigenschaft. Sie sind symmetrisch. Sage dem Martin noch einmal, wie er ein symmetrisches Herz zeichnen kann!
→ Die Schüler wiederholen.
Lehrerin: Es gibt auch symmetrische Dinge mit einer Spiegelachse in unserem Klassenzimmer. → *Sprechreihe:* Das Fenster ist symmetrisch . . . Dabei zeigt jeder Sprecher mit den Händen die Spiegelachse an seinem genannten Gegenstand.

* *Sicherung*
Arbeitsblatt 52 Nr. ①: Die Kinder legen jeweils einen Spiegel an und zeichnen exakt das Spiegelbild (Kästchen nachzählen!).

* *Anwendung*
Lehrerin: Martin könnte natürlich auch eine andere symmetrische Figur auf seine Karte kleben. → Vorschläge der Kinder, z. B. Blume, Kleeblatt . . .
Jeder faltet ein Blockblatt, zeichnet eine halbe Figur auf, schneidet sie aus und klappt sie auf.

2. Einheit: Herstellen eines Klecksbildes

∗ Wiederholung
Lückentext an der *Tafel:*

Symmetrische Figuren

Ich falte mein Papier zur (Hälfte), zeichne eine (halbe) Figur und schneide sie aus. Beide Hälften der Figur sind (deckungsgleich).
Wenn ich an der Faltlinie oder (Spiegelachse) einen Spiegel anlege, sehe ich die andere (Hälfte) der Figur im Spiegel.

Die Kinder lesen den Text leise und suchen für sich die fehlenden Wörter. Dann wird der Text laut vorgelesen und ergänzt.

∗ *Übertragen der Kenntnisse auf das Klecksbild*
Stummer Impuls: Die Lehrerin zeigt ein *Klecksbild.* (Hilfsimpuls: Wie kann Martin ein Klecksbild herstellen?) → Schüleräußerungen: Wir prüfen nach, ob das Klecksbild symmetrisch ist, und legen einen Spiegel an der Faltlinie an.

∗ *Anwendung*
Die Kinder stellen ein Klecksbild (DIN A4) her mit selbstgewähltem Motiv (nur eine Farbe aus dem Malkasten verwenden!).

3. Einheit: Herstellen eines Klappschnittes (Doppelstunde)

∗ *Motivation*
Lehrerin: Diese Karte gefällt Martin besonders gut. Doch es scheint, daß sie auch am schwierigsten herzustellen ist. → Schüleräußerungen

∗ *Demonstration*
Die Lehrerin zeichnet auf ein weißes Blatt z. B. einen Baum, schneidet ihn aus, klappt ihn nach unten und klebt ihn an die Tafel: Vielleicht hast du solch einen Baum und einen, der auf dem Kopf steht, auch schon in Wirklichkeit gesehen. → Spiegelung im Wasser
Lehrerin: Dieser Klappschnitt auf der Karte ist noch komplizierter. Hier wurde auf ein gefaltetes Papier ein Muster gezeichnet, so wie bei einem Weihnachtsstern. Die ausgeschnittenen Teile wurden dann seitwärts und nach oben und unten geklappt. – Die Lehrerin vollzieht das Beispiel am Projektor nach.

∗ *Anwendung*
Lehrerin: Nun kennst du drei Möglichkeiten, wie du eine schöne Karte herstellen kannst. Wähle eine aus und hole dir dann das Material! Hier sind die Tonpapiere für die Karten, die du noch falten mußt. Hier sind die

Buntpapiere für den Faltschnitt und den Klappschnitt. Wer ein Klecksbild macht, holt sich das saugfähige weiße Papier.
Während der Herstellung gibt die Lehrerin individuelle Hilfen.

4. Einheit: Erkennen von Symmetrien an Buchstaben

∗ *Einstieg*
Lehrerin: Martin hatte für seine Karte noch einen besonderen Einfall. → Schüleräußerungen
Lehrerin: Er hat die Buchstaben aus Buntpapier ausgeschnitten und aufgeklebt. Du weißt ja, wie die Buchstaben gleichmäßig und symmetrisch werden. → Auf gefaltetes Papier halbe Buchstaben aufzeichnen und ausschneiden.

∗ *Problemstellung und Vermutung*
Tafelanschrift:

LIEBE MAMA!
ALLES GUTE!
DEIN MARTIN

Lehrerin: Ob dies bei allen Buchstaben geht? Schreibe auf den Block die Buchstaben auf, die symmetrisch sind!

∗ *Problemlösung*
Arbeitsblatt 52 Nr. ②: Überprüfe deine Vermutung mit dem Taschenspiegel und zeichne die Spiegelachse mit dem Lineal ein. Kontrolle mit Hilfe der *Folie*
Erarbeitung einer *Tafelanschrift* im Gespräch als Zusammenfassung:
LGS: Diese Buchstaben haben keine Spiegelachse.
Sie sind unsymmetrisch.
IMATU: Diese Buchstaben haben eine senkrechte Spiegelachse.
Sie sind symmetrisch.
IEBD: Diese Buchstaben haben eine waagrechte Spiegelachse.
Sie sind symmetrisch.

∗ *Anwendung*
Lehrerin: Überlege dir einen Text für deine Mutti, schneide die symmetrischen Buchstaben aus Buntpapier aus und klebe sie auf deine Karte. Die unsymmetrischen Buchstaben kannst du in gleicher Größe mit Buntstift schreiben.

Durchführung

Faltschnitt

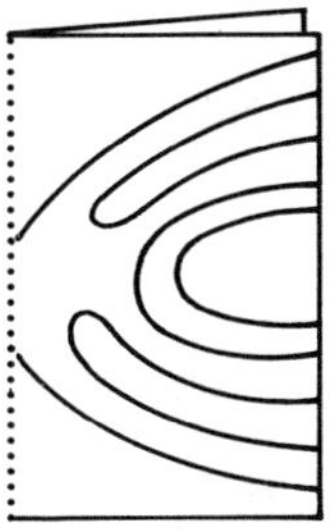

An der offenen Seite einschneiden!

Faltlinie

Klecksbild

einfaches Klappbild

Klappbild

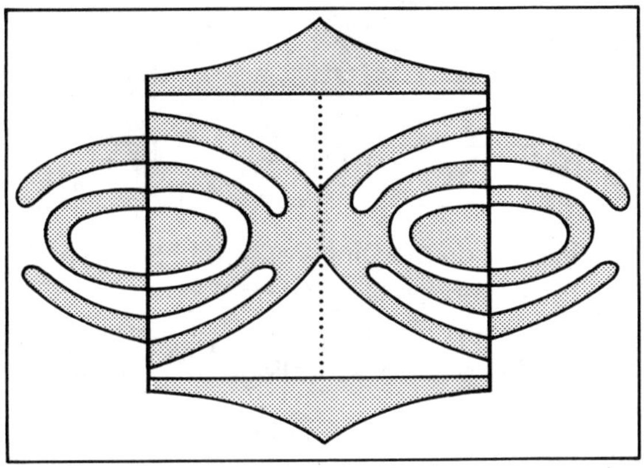

Ausgeschnittene Teile umklappen und auf Papier in Kontrastfarbe kleben!

4.7 Die Einführung in die schriftliche Subtraktion (ohne Übergang)

Lernziele
- Einüben der Sprechweise zum Ergänzen (von ... auf ... fehlen ...)
- Verstehen und Anwenden des stellenweisen Ergänzens ohne Übergang
- Anwenden der korrekten Schreibweise
- Überprüfen des Ergebnisses mit der Umkehraufgabe (Addition von unten nach oben)

Material
Für jede Gruppe sechs Geschenkbänder in unterschiedlicher Länge und Farbe, für je zwei Kinder ein Schneidermaßband oder ein Zollstock; Rechengeld, Arbeitsblätter 53 und 54 sowie Folien davon

Name: **Datum:** **AB 52**

Spiegelbilder

1 ⓐ Zeichne das Spiegelbild an die Spiegelachse!

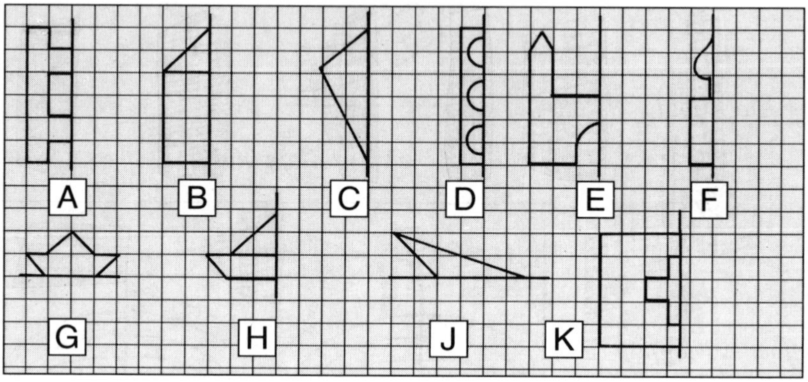

ⓑ Hast du die Dinge erkannt? Schreibe hinter jedes Wort den passenden Buchstaben!

Ampel ☐, Drachen ☐, Fahne ☐, Haus ☐, Kerze ☐,
Kirche ☐, Papierflieger ☐, Schiff ☐, Stern ☐, Zaun ☐

2 Zeichne bei den symmetrischen Buchstaben die Spiegelachse ein!

LIEBE MA-
MA♥ ALLES
GUTE ♥

Diese Buchstaben sind symmetrisch: ☐ ☐ ☐ ☐ ☐ ☐ ☐

1. Einheit: Bestimmen des Unterschieds durch Ergänzen

* *Begriffsklärung „Unterschied“ (Wiederholung)*
Jede Gruppe erhält die gleichen *sechs Bänder* in verschiedener Länge und Farbe. Je zwei Kinder halten ihr Band aneinander. →
Sprechen: Das rote Band ist länger als das blaue Band...
Auftrag: Zeige das Stück, um wieviel länger das eine Band als das andere ist! Wer weiß, wie man dieses Stück nennt? → Unterschied
Tafelanschrift: Wir suchen den Unterschied.
rotes Band ____
blaues Band ____________________________
Unterschied   ____________
Auftrag: Meßt nun die Länge eurer Bänder und tragt die Länge auf der Folie ein! (Die angegebenen Längen können variiert werden.)
Folie:

Länge	rot 80 cm	blau 65 cm	gelb 95 cm	grün 110 cm	lila 70 cm	weiß 120 cm

* *Erarbeitung: Berechnen des Unterschieds*
Nun wird die Überschrift und die weitere Tabelle auf der *Folie* aufgedeckt:

Wir suchen den Unterschied						
Länge	rot 80 cm	blau 65 cm	gelb 95 cm	grün 110 cm	lila 70 cm	weiß 120 cm
Unterschied zwischen rot und blau						
rot und gelb						
...						

Problemstellung: Wie können wir den Unterschied finden? → Wir können nachmessen oder rechnen. Rechnen geht schneller.
Die Schüler geben an, wie sie den Unterschied berechnen.
Tafelanschrift: Wir suchen den Unterschied

und vermindern: $80 - 65 = \square$

und ergänzen: $65 + \square = 80$

Begriffserklärung: Vermindern heißt minus rechnen, also abziehen. Beim Ergänzen zählen wir so viel dazu, daß aus der kleineren Zahl die größere Zahl wird.

Vergleichen der Rechenwege mit Hilfe obiger Tafelzeichnung:
Wenn ich vom roten Band die Länge des blauen Bandes abschneide und minus rechne, erhalte ich den Rest. Wenn ich beide Bänder aneinanderlege, sehe ich den Unterschied zwischen den Längen. Der Unterschied ist also genauso groß wie der Rest.
Lehrerin: Sucht nun den Unterschied zwischen je zwei Bandlängen und ergänzt dabei. Beim Ergänzen sprechen wir so: Von 65 cm auf 80 cm fehlen 15 cm.
Sprechreihe: Von...auf...fehlen... → Die Lehrerin trägt die Unterschiede auf der Folie ein.

∗ *Sicherung*
Auf die Folie von AB 53 trägt die Lehrerin z. B. folgende Zahlen ein:

98 64
47 82 93
51 89 76 88
39 55 66
27 18

Je ein Kind vergleicht zwei Zahlen (beim Ergänzen mit der kleineren Zahl beginnen!), zeichnet die Pfeilspitze richtig ein und spricht: Von 64 auf 98 fehlen 34 (Pfeilspitze bei 98)
Hausaufgabe: Auf eine Kopie von AB 53 trägt die Lehrerin z. B. folgende Zahlen ein:

130 250
460 520 370
800 410 230 640
190 360 720
910 270

2. Einheit: Die schriftliche Subtraktion ohne Übergang

∗ *Motivation*
Lehrerin: Ich erzähle euch eine Rechengeschichte. Schreibt auf eurem Block die Zahlen mit, und schreibt zum Schluß die Frage auf! – Familie Sonnenschein will für den Urlaub ein Schlauchboot kaufen. Im Kaufhaus „Sportparadies" haben sie sich ein Schlauchboot um 479 DM ausgesucht. Doch sie wollen die Preise vergleichen und gehen noch in das Kaufhaus „Freizeitland". Dort kostet ein ähnliches Schlauchboot nur 345 DM. Frau Sonnenschein meint: Da können wir eine Menge Geld sparen.
Vorlesen der notierten Fragen, z. B.: Wieviel Geld kann die Familie sparen? Wie groß ist der Preisunterschied?...
Tafelanschrift:

  479 DM
– 345 DM
――――――
☐ DM

Name:	Datum:	AB 53

Wir ergänzen und suchen den Unterschied

Zeichne die Pfeilspitze richtig
ein und rechne!

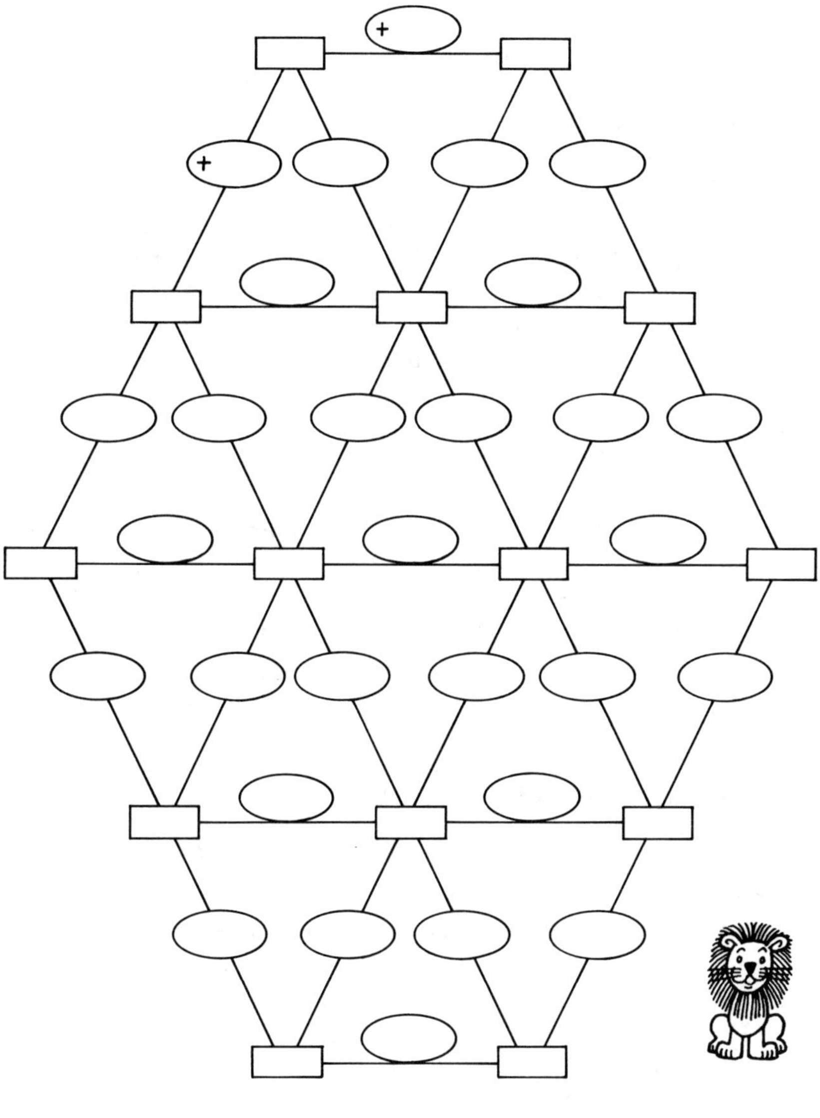

* *Zielangabe:* Das schriftliche Zusammenzählen könnt ihr schon. Heute will ich euch das schriftliche Abziehen zeigen.

* *Erarbeitung: Darstellen mit Rechengeld und Einüben der Sprechweise*
Die Lehrerin zeigt die *Folie* von AB 54 Nr. ①a: Jede Gruppe legt in ihre Mitte ein DIN A4-Blatt und legt mit Linealen die Linien der Tabelle nach (ohne die erste Zeile). Dann werden die Geldbeträge und der Unterschied mit Rechengeld gelegt.
Berichte der Gruppen und Ergänzung bzw. Korrektur durch die Lehrerin, die schrittweise auf der Folie die Geldbeträge zeichnet:
  - Beim Abziehen muß die größte Zahl oben stehen. Wir legen deshalb zuerst 479 DM. Das sind 4 H 7 Z 9 E.
  - Dann legen wir die kleinere Zahl 345 DM. Das sind 3 H 4 Z 5 E.
    Weil wir diese Zahl von 479 abziehen, müssen wir ein Minuszeichen davor schreiben. (Die Gruppen schreiben es auf ihr Blatt.)
  - Nun suchen wir den Unterschied und ergänzen die untere Zahl auf die obere. Wie beim Zusammenziehen rechnen wir wieder stellenweise und ergänzen E auf E, Z auf Z und H auf H. Wir sprechen so:
    Von 5 E auf 9 E fehlen 4 E, 4 E an!
    Von 4 Z auf 7 Z fehlen 3 Z, 3 Z an!
    Von 3 H auf 4 H fehlt 1 H, 1 H an!
    Welche Gruppe hat richtig gelegt?
    Nun spricht jede Gruppe nochmals vor, während die Lehrerin an der Folie mitzeigt. Anschließend spricht jeder seinem Partner vor.
    Lehrerin: Nun wissen wir auch die Antwort auf unsere Rechengeschichte. → Die Kinder lesen ihre Frage vor und nennen die genau darauf abgestimmte Antwort (verschiedene Möglichkeiten).

* *Zeichnerische Darstellung*
Die Kinder bearbeiten Arbeitsblatt 54 Nr. ①.

* *Sicherung*
  - Zum Einüben der Sprechweise werden etwa drei bis fünf weitere Aufgaben (eine leere Hunderterstelle mit Null besetzen!) an der Tafel gelöst. Während der folgenden Einzelarbeit und an den Folgetagen ruft die Lehrerin einzelne Kinder an die Tafel und läßt sich vorrechnen. Jedes Kind muß den Rechenweg sicher beherrschen!
  - *Einzelarbeit:* AB 54 Nr. ② und ③
    Lösung Nr. ②c: Das war gar nicht schwer und gefiel mir sehr.

Name:	Datum:	AB 54

Das schriftliche Abziehen (ohne Übergang)

1 ⓐ Zeichne zur Rechnung!

	H	Z	E
	4	7	9
–	3	4	5

	H	Z	E
	100	10	1
–			
Unterschied			

ⓑ Sprich: Von 5 E auf 9 E fehlen 4 E, 4 E an!

Von ☐ Z auf ☐ Z fehlen ☐ Z, ☐ Z an!

Von ☐ H auf ☐ H fehlen ☐ H, ☐ H an!

2 Sprich beim Rechnen leise mit!

ⓐ

H Z E	H Z E	H Z E	H Z E	H Z E	H Z E
9 9 5	9 6 7	7 8 8	4 7 9	6 9 8	9 7 9
– 6 4	– 1 3 1	– 5 5 2	– 4 2 2	– 4 0 7	– 2 5 1

ⓑ

8 8 7	3 9 8	5 9 6	6 5 7	9 7 3	7 6 9
– 4 2 4	– 3 0 6	– 1 1 1	– 2 4 7	– 4 1 2	– 3 4 3

ⓒ Überprüfe, ob du bei ⓐ und ⓑ richtig gerechnet hast!
Schreibe dazu unter jede Ziffer den richtigen Buchstaben!

0	1	2	3	4	5	6	7	8	9
M oder N	S oder L	G oder H	A oder U	E	J	R	C	W oder F	D oder T

3 Schreibe die Rechnung dazu auf!

Von 4 E auf 6 E fehlen ☐ E, ☐ E an!

Von 6 E auf 8 E fehlen ☐ Z, ☐ Z an!

Von 3 E auf 5 E fehlen ☐ H, ☐ H an!

	H	Z	E
–			

3. Einheit: Überprüfen der Subtraktion mit der Umkehraufgabe

∗ *Anknüpfung*

Auftrag: Schreibe dazu die Aufgabe auf und rechne sie aus!

Tafelzeichnung: Gemeinsame Kontrolle an der *Tafel:*

					HZE
	□	□	||||||	.....	2 6 5
–		□	||||	..	– 1 4 2
					1 2 3

Dabei werden nochmals die Regeln für die *schriftliche Darstellung* wiederholt: Wir schreiben die Stellen genau untereinander, setzen das Minuszeichen und ziehen den Strich mit dem Lineal.

∗ *Erarbeitung*

Lehrerin: Bei Minusaufgaben machen Kinder mehr Fehler als bei Plusaufgaben. Wir müssen die Minusaufgabe deshalb überprüfen. → Schüleräußerungen: Durch Überschlagen, mit der Umkehraufgabe.

Tafelanschrift 1: Wir überprüfen die Minusaufgabe

und überschlagen: 270 – 140 = 130	mit der Umkehraufgabe (Platz für Tafelanschrift 2)

Lehrerin: Wir brauchen die Umkehraufgabe nicht extra anzuschreiben. → Schüleräußerungen, z. B.: Wir zählen 123 und 142 zusammen und rechnen dabei von unten nach oben. Wenn wir richtig gerechnet haben, erhalten wir die obere Zahl.

Tafelanschrift 2: und zählen von unten nach oben zusammen.

Sprechen: 3 E + 2 E = 5 E, 5 E an (zum Zeichen der Kontrolle einen kleinen Punkt unter 5 E setzen) usf.

Zum Einüben nehmen die Kinder nochmals Arbeitsblatt 54 Nr. ② her und sprechen nacheinander laut zu einer Aufgabe die Umkehraufgabe vor, während alle Kinder unter jede Ziffer einen Punkt setzen.

4.8 Die schriftliche Subtraktion mit Übergängen

Lernziele:

- Verstehen und Anwenden des Ergänzens mit Übergängen
- Erweitern des Minuenden und Subtrahenden um 10 beim Zehnerübergang, um 100 beim Hunderterübergang

Material

Rechengeld, Arbeitsblätter 55 und 56 sowie Folien davon

1. Einheit: Subtraktion mit Zehnerübergang

∗ *Einstieg*

Lehrerin: Lisa hat 252 DM auf ihrem Sparbuch gespart, ihr Bruder Thomas 138 DM. Thomas sagt: Du hast mehr gespart als ich. Doch den Unterschied kann ich so schnell nicht ausrechnen, weil die untere Zahl mehr Einer als die obere hat.

Tafel:

252 DM
− 138 DM
☐ DM

Partnerarbeit: Je zwei Kinder zeichnen die Geldbeträge geordnet untereinander, während die Lehrerin zur Kontrolle auf eine Folie zeichnet oder sie an die Flanelltafel legt.

∗ *Erarbeitung des Zehnerübergangs*

Lehrerin: Oma besucht Lisa und Thomas. Sie schenkt jedem Kind 10 DM. Lisa bekommt zehn Einmarkstücke, Thomas einen Zehnmarkschein. Zeichne das Geld mit rotem Stift dazu! Beide wollen das Geld später zur Sparkasse bringen. Bleibt der Unterschied zwischen dem gesparten Geld gleich oder nicht? → Schüleräußerungen und Begründung, z. B. durch Zurückführen auf ein einfacheres Beispiel: Wenn Lisa 300 DM hätte und Thomas 200 DM, ist der Unterschied 100 DM.

Bekommen beide 10 DM dazu, ist der Unterschied trotzdem 100 DM.

Tafelanschrift: Wie groß ist der Unterschied?

200	—(+ 100)→	300
+ 10		+ 10
210	—(+ 100)→	310

Wenn ich zu zwei Zahlen die gleiche Zahl dazuzähle, bleibt der Unterschied gleich.

Lehrerin: Betrachtet eure Zeichnung! Nun könnt ihr auch die untere Zahl auf die obere ergänzen.

→ Schülervorschläge und Korrektur durch die Lehrerin

Sprechen: Von 8 E auf 12 E fehlen 4 E, 4 E an, 1 Z gemerkt!

Von 4 Z auf 5 Z fehlt 1 Z, 1 Z an!

Von 1 H auf 2 H fehlt 1 H, 1 H an!

Lehrerin: Wer kann noch einmal genau erklären, wie wir den Unterschied zwischen 252 DM und 138 DM ausrechnen können?

→ Schüleräußerungen und *Tafelanschrift:*

Wir ergänzen mit Zehnerübergang

HZE		H Z E
2 5 2	Von 8 E können wir nicht auf 2 E ergänzen. Deshalb legen wir zur oberen Zahl 10 E dazu und zur unteren Zahl 1 Z. Der Unterschied bleibt gleich.	2 5 [12]
− 1 3 8		− 1 [4] 8

(12 und 4 rot einrahmen!)

Hefteintrag nach der Wiederholung am folgenden Tag.

Name:	Datum:	AB 55

Das schriftliche Abziehen mit Zehnerübergang

1 ⓐ Zeichne zur Rechnung!

	H	Z	E
	4	5	3
−	1	2 1	9

Damit wir ergänzen können, zählen wir zu jeder Zahl [10] dazu!

	H	Z	E
			[10] ① ① ①
−		[10] [10] [10]	

ⓑ Sprich:

Von 9 E auf 13 E fehlen 4 E, 4 E an, 1 Z gemerkt!

Von ☐ Z auf ☐ Z fehlen ☐ Z, ☐ Z an!

Von ☐ H auf ☐ H fehlen ☐ H, ☐ H an!

2 Sprich beim Rechnen leise mit und schreibe die kleine Merkzahl mit einem roten Stift!

ⓐ

H Z E	H Z E	H Z E	H Z E	H Z E	H Z E
8 7 2	6 8 1	7 5 2	9 6 4	5 9 3	9 2 0
− 5 8	− 4 6 5	− 3 3 6	− 1 2 6	− 3 7 4	− 5 0 7

ⓑ

8 8 5	7 4 6	6 3 7	5 7 4	9 5 0	8 6 4
− 4 7 6	− 5 2 8	− 2 0 9	− 1 2 7	− 1 3 8	− 6 3 8

ⓒ Überprüfe, ob du richtig gerechnet hast, und streiche erreichte Ergebniszahlen durch!

218	226	814	219	228	216	413	447	416	409	812	838

3 Überschlage zuerst, rechne dann genau und vergleiche die Ergebnisse!

ⓐ 530 − _____ = _____ ⓓ _____ − _____ = _____

ⓑ _____ − _____ = _____ ⓔ _____ − _____ = _____

ⓒ _____ − _____ = _____ ⓕ _____ − _____ = _____

ⓐ	ⓑ	ⓒ	ⓓ	ⓔ	ⓕ
532	694	853	671	944	763
− 429	− 168	− 247	− 356	− 338	− 655
_____	_____	_____	_____	_____	_____

∗ *Wiederholen und Übertragen*
Die Lehrerin zeigt das *Arbeitsblatt* 55 Nr. ① als *Folie*. Wir stellen fest: Von 9 E können wir nicht auf 3 E ergänzen, deshalb zählen wir zu beiden Zahlen 10 dazu, oben in der Einerspalte und unten in der Zehnerspalte. Nach Anweisung der Kinder zeichnet die Lehrerin fertig. Beim Ergänzen spricht die Klasse im Chor, während die Lehrerin das Ergebnis in die Stellentafel schreibt. Dabei wird geklärt: In der Rechnung schreiben wir den Zehner in der Einerspalte nicht auf, wir merken ihn uns und schreiben ihn *mit rotem Stift* als kleine Merkzahl in die Zehnerspalte bei der zweiten Zahl. Gemeinsam werden an der *Tafel* etwa drei weitere Beispiele vorgerechnet.

∗ *Sicherung*
- Arbeitsblatt 55 Nr. ② und ③
  Während der Einzelarbeit läßt die Lehrerin wieder einzelne Kinder an der Tafel vorrechnen, bis alle das Verfahren beherrschen.
- Überprüfen von Aufgaben mit der Umkehr- und mit der Tauschaufgabe, z. B.:

252		T ▷	252
− 138			− 114
114	U		138

2. Einheit: Die Subtraktion mit Hunderterübergang

∗ *Problemstellung*

Tafelanschrift: 537 − 384	*Lehrerin:* Du kannst nun schriftlich abziehen mit Zehnerübergang. Zeichne zu dieser Rechnung Geld oder Hunderterquadrate, Zehnerstriche oder Einerpunkte! Suche dann zusammen mit deinem Partner einen Rechenweg!

∗ *Erarbeitung*
Auswerten des Partnergesprächs sowie Ergänzung durch die Lehrerin:
- Von 4 E auf 7 E fehlen 3 E, 3 E an!
- Von 8 Z können wir nicht auf 3 Z ergänzen. Wir brauchen noch 10 Z, dann haben wir 13 Z. Bei der unteren Zahl müssen wir dann auch 1 H dazuzählen, damit der Unterschied gleich bleibt.
  Auftrag: Male bei jeder Zahl den Hunderter rot dazu!
- Nun können wir rechnen: Von 8 Z auf 13 Z fehlen 5 Z, 5 an, 1 H gemerkt!
- Von 4 H auf 5 H fehlt 1 H, 1 H an!

Folie zur Kontrolle

Lückentext an der *Tafel* als Wiederholung und Zusammenfassung:

Wir ergänzen mit Hunderterübergang

HZE	H Z E	
5 3 7	5 [13] 7	Von 8 Z können wir nicht auf 3 Z (ergänzen). Deshalb zählen wir zur oberen Zahl (10 Z) dazu
− 3 8 4	− [4] 8 4	und zur unteren Zahl (1 H). Der (Unterschied) zwischen den Zahlen bleibt gleich.

Beim schriftlichen Rechnen zählen wir die 10 Z im Kopf dazu und notieren nur 1 H als Merkzahl.

$$\begin{array}{r} 5\ 3\ 7 \\ -\ 3_1\ 8\ 4 \end{array}$$

Gemeinsames Rechnen von etwa drei Beispielen an der Tafel sowie *Arbeitsblatt 56* Nr. ①.

∗ *Weiterführung*

– Subtraktion mit zwei Übergängen

– Überprüfen von Aufgaben mit Umkehr- und Tauschaufgaben sowie durch Überschlagen, z. B.:

563	Von unten nach oben	[T]	563	Überschlag:	560
− 287	zusammenzählen!		− 276		− 290
276 [U]					270

– Subtraktion von Zahlen mit Null

490	409	400	409	490	409
− 265	− 265	− 265	− 260	− 206	− 65
225	144	135	149	284	344

Mit der Null muß wie mit jeder Zahl gerechnet werden!
An eine leere Hunderterstelle denken wir uns eine Null.

– Folie und Hefteintrag
Ziehe die gleiche Zahl so oft vom Ergebnis ab, wie es geht!
Überprüfe jede Aufgabe mit der Umkehraufgabe!

934	768	□	□	□	
− 166	− 166	− 166	− 166	− 166	(Endergebnis jeweils
768	□	□	□	104	angeben!)

– Berechnen von fehlenden Stellen

6 0 □	Lösungsweg:	6 E + 6 E = 12 E, 2 E an, 1 Z gemerkt!
− □ 6 6		Von 7 Z auf 10 Z fehlen 3 Z, 3 Z an, 1 H
2 □ 6		gemerkt! Von 3 H auf 6 H fehlen 3 H, 3 H an! (602 − 366 = 236)

Name:	**Datum:**	**AB 56**

Das schriftliche Abziehen mit Hunderterübergang

1 ⓐ Zeichne fertig!

	H	Z	E
	3	2	4
–	1	6	3

Damit wir ergänzen können, zählen wir zu jeder Zahl 100 dazu!

	H	Z	E
		100 10 10	
–	100 100		

ⓑ Sprich:

Von ☐ E auf ☐ E fehlen ☐ E, ☐ E an!

Von ☐ Z auf ☐ Z fehlen ☐ Z, ☐ Z an! 1 H gemerkt!

Von ☐ H auf ☐ H fehlen ☐ H, ☐ H an!

2 Rechne nun mit zwei Übergängen!

ⓐ Zeichne fertig!

	H	Z	E
	3	4	5
–	1	7	9

	H	Z	E
		100	10 1 1 1 1 1
–	100	10 10 10 10 10 10 10 10	

ⓑ Sprich:

Von ☐ E auf ☐ E fehlen ☐ E, ☐ E an, ☐ Z gemerkt!

Von ☐ Z auf ☐ Z fehlen ☐ Z, ☐ Z an, ☐ H gemerkt!

Von ☐ H auf ☐ H fehlen ☐ H, ☐ H an!

3 Schreibe die Merkzahlen mit rotem Stift!

ⓐ

	H	Z	E
	5	4	2
–	3	6	8

	H	Z	E
	8	3	1
–	4	6	4

	H	Z	E
	7	0	2
–	5	6	6

	H	Z	E
	9	2	0
–	4	8	5

	H	Z	E
	6	5	4
–		6	7

	H	Z	E
	4	1	3
–	2	4	4

Überprüfe deine Ergebnisse und streiche falsche Zahlen durch!

174 184 276 | 367 447 357 | 236 146 136 | 545 435 445 | 567 566 577 | 169 179 269

5. Multiplikation und Division

Lernziele
- Wiederholen der Reihen des kleinen und des Zehnereinmaleinses
- Wiederholen des Malnehmens von zweistelligen Zahlen mit einer einstelligen Zahl
- Dividieren von zwei- und dreistelligen Zahlen durch eine einstellige Zahl mit Hilfe des Zerlegens
- Überprüfen der Ergebnisse mit Hilfe der Umkehraufgaben

Material: Arbeitsblatt 57

1. Einheit: Wiederholung der Multiplikation

∗ *Kopfrechnen:* Zehnereinmaleins

∗ *Wiederholen der Multiplikation von zweistelligen Zahlen*
Tafelanschrift/Folie:

In ein Flugzeug sollen die Koffer von den Urlaubern eingeladen werden. Der Gepäckwagenzug hat sechs Wagen. Auf jedem Wagen sind 45 Koffer.

Die Kinder nennen Frage und Rechnung und erklären den Rechenweg.
Tafelanschrift: Wie viele Koffer müssen eingeladen werden?

$6 \cdot 45 = \square$	Wir zerlegen in Z und E.
$6 \cdot 40 = 240$	Wir nehmen die Z mal.
$6 \cdot 5 = 30$	Wir nehmen die E mal.
	Wir zählen die Ergebnisse zusammen.

Tafelanschrift: $8 \cdot 36 = \square$ $7 \cdot 39 = \square$ $9 \cdot 34 = \square$
Die Kinder wiederholen die o.a. Rechengeschichte und verwenden dabei die neuen Zahlen. – Hefteintrag der Rechnungen

∗ *Vielfache*
Je zwei bis drei Kinder erhalten ein Folienstück mit einem „leeren Koffer", auf das sie die Vielfachen von 30 bzw. 40 bis 90 eintragen.

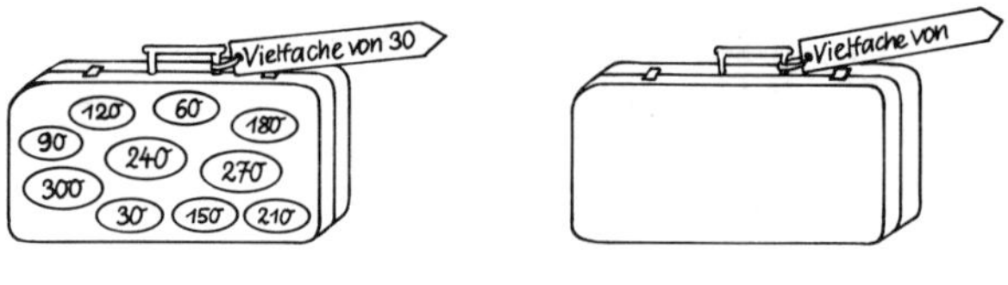

Anschließend zeigt die Lehrerin verschiedene Folienstücke und tippt auf eine Zahl. Ein Kind nennt die zugehörige Zerlegaufgabe, z.B. $630 = 9 \times 70$.

2. Einheit: Geteiltaufgaben mit dem Ergebnis < 20

∗ *Hinführung*

Kurze Lehrererzählung: Frau Wunder hat in Zahlenhausen ein kleines Schreibwarengeschäft. Frau Wunder ist eine pfiffige Frau. Aus ihren Restbeständen (also den nicht verkauften Waren) macht sie herrlich bunte Wundertüten, die die Kinder dann gerne kaufen.

Tafelanschrift: Frau Wunder macht Wundertüten.

Sie hat	In jede Tüte
96 Buntstifte	6
57 Luftballons	3
64 Aufklebebilder	4
85 Lose	5

Wie viele Tüten kann Frau Wunder jeweils füllen?

∗ *Erarbeitung*

Tafelanschrift: 96 : 6 = □

Die Kinder schlagen mögliche Rechenwege vor, die die Lehrerin würdigt und ggf. aufgreift.

Tafelanschrift: 96 : 6 = □

60 : 6 = 10
36 : 6 = 6

Erklärung: Wir zerlegen 96 in 60 (das Zehnfache) + 36 (den Rest). Nun können wir leicht teilen und die Ergebnisse zusammenzählen.
→ Frau Wunder kann 16 Tüten füllen.

Lehrerin: Geteiltaufgaben müssen wir immer mit der Umkehraufgabe überprüfen.

Tafelanschrift: 96 : 6 = 16   U ▷ 16 · 6 = □

60 : 6 = 10   10 · 6 = 60
36 : 6 = 6   6 · 6 = 36

Mündliche Wiederholung des Rechenweges anhand der weiteren Beispiele und anschließender Hefteintrag.

∗ *Sicherung*

– *Folie/Arbeitsblatt:*
Suche das Zehnfache und zerlege! Teile und überprüfe mit der Umkehraufgabe!

a)	36	45	54	42	51	39	48	57	60	: 3
b)	60	52	68	48	72	56	64	76	80	: 4
c)	70	65	85	60	90	80	75	95	100	: 5
d)	90	78	102	72	114	96	84	108	120	: 6

e)	84	105	133	91	112	98	126	119	140	: 7
f)	104	120	96	112	144	128	152	136	160	: 8
g)	135	153	117	171	126	162	144	108	180	: 9

– Arbeitsblatt 57 Nr. ①

3. Einheit: Geteiltaufgaben mit dem Ergebnis >20

∗ *Kopfrechnen*

Die Lehrerin nennt eine Zahl, z. B. 360, zu der die Kinder die Zerlegaufgaben nennen.

Tafelanschrift:

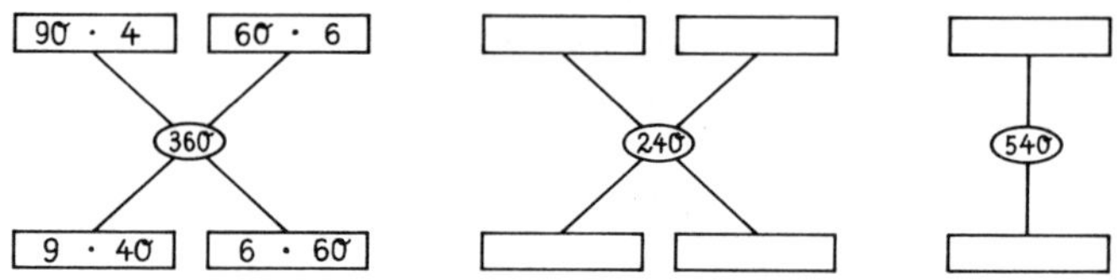

∗ *Hinführung*

Lehrerin: Du erinnerst dich an Frau Wunders Wundertüten. Friederike hat gerade eine Wundertüte um 96 Pf gekauft. Sie findet darin drei Holzstifte. Friederike rechnet nach, ob sie mit der Wundertüte einen guten Kauf gemacht hat.

Die Kinder wiederholen den Sachfall mit eigenen Worten und nennen Frage und Rechnung.

Tafelanschrift: Wieviel kostet ein Stift?

96 Pf : 3 = □ Pf

∗ *Erarbeitung*

Die Kinder schlagen mögliche Rechenwege vor, die die Lehrerin aufgreift und ggf. an die Tafel schreibt:

. . . rechnet so:	. . . rechnet so:	(Namen der Kinder eintragen!)
96 Pf : 3 = □ Pf	96 Pf : 3 = □ Pf	
30 Pf : 3 = 10 Pf	90 Pf : 3 = 30 Pf	
30 Pf : 3 = 10 Pf	6 Pf : 3 = 2 Pf	
30 Pf : 3 = 10 Pf		
6 Pf : 3 = 2 Pf		

Vergleich der beiden Rechenwege:

. . . sucht das Zehnfache von 3 und zerlegt in die Zehnfachen und die Einer. Das ist umständlich.

. . . denkt an das Zehnereinmaleins und rechnet: 90 = 3 · 30 . . . zerlegt deshalb in eine möglichst große „Dreißigerzahl“ und in eine Dreierzahl. (Wenn die Kinder den zweiten Weg nicht finden, bietet ihn die Lehrerin als Weg des Rechenlöwen an.)

Lehrerin: Wir überprüfen mit der Umkehraufgabe.

Tafelanschrift: 32 Pf · 3 = ☐

30 Pf · 3 = 90 Pf
2 Pf · 3 = 6 Pf

Lehrerin: Friederikes Bruder Achim hat eine große Wundertüte für 1 DM 75 Pf gekauft. In der Tüte sind fünf Farbkreiden.

Tafelanschrift: Wieviel kostet eine Farbkreide?

175 Pf : 5 = ☐	U ▷	35 Pf · 5 = ☐
150 Pf : 5 = 30 Pf		30 Pf · 5 = 150 Pf
25 Pf : 5 = 5 Pf		5 Pf · 5 = 25 Pf

Erklären des Rechenwegs: Der Teiler ist 5, wir suchen deshalb die nächst kleinere Fünfzigerzahl (evtl. zählen: 50, 100, 150). Nun zerlegen wir 175 in 150 und 25 und können teilen.

* *Gemeinsames Zusammenstellen eines Merkplakats* (evtl. neuer Tag)
Die Kinder suchen zu jeder Aufgabe die Schritte und erklären den Rechenweg. Dabei werden jeweils auch die Vielfachen von 30 bis 90 genannt.

So zerlegen wir beim Teilen:

282 : 3 = ☐ 270 : 3 = 90 12 : 3 = 4	Beim Teiler 3 zerlege ich in eine Dreißigerzahl und eine Dreierzahl. (Sprechen: 30, 60, 90, 120, ... 300)
252 : 4 = ☐ ________ ________	Beim Teiler 4 zerlege ich in eine Vierzigerzahl und eine Viererzahl. (Sprechen: 40, 80, ... 400)
375 : 5 = ☐	...
414 : 6 = ☐	...
518 : 7 = ☐	...
776 : 8 = ☐	...
694 : 9 = ☐	...

* *Sicherung:* Arbeitsblatt 57

Name:	Datum:	AB 57

Geteiltaufgaben

1 Suche das Zehnfache und zerlege! Überprüfe mit der Umkehraufgabe!

48 : 3 = ☐ 108 : 6 = ☐ 144 : 9 = ☐ 119 : 7 = ☐

30 : 3 = ____

18 : 3 = ____

U U U U

☐ · 3 = ☐

10 · 3 = ☐

☐ · 3 = ☐

2 Denke an das Zehnereinmaleins und zerlege vorteilhaft! Überprüfe mit der Umkehraufgabe!

414 : 6 = ☐ 414 : 3 = ☐ 414 : 9 = ☐ 414 : 2 = ☐

360 : 6 = ____

U U U U

3 ⓐ Kreise farbig ein!
Vierzigerzahlen rot
Dreißigerzahlen grün
Neunzigerzahlen blau

ⓑ Male den halben Kreis farbig aus!
Achtzigerzahlen rot
Sechzigerzahlen grün

630 120 400 720 240 210 540 640 270 160 450 480 280 560 150 300 350 180 200 420 360 810 320 490

ⓒ Schreibe ins Heft: 630 = 70 · ☐

630 = 90 · ☐

6. Die Einführung neuer Größen

6.1 Die Gewichtsmaße Gramm, Kilogramm und Tonne

Im Sinne eines integrativen Unterrichts kann die Einführung mit dem Sachunterrichtsthema *„Beim Bäcker"* verbunden werden oder auch als Anlaß zur Wiederholung dienen.

Lernziele

- Direktes Vergleichen von Gewichten durch Heben und Wiegen in der Hand
- Indirektes Vergleichen mit Hilfe willkürlicher Maßeinheiten
- Indirektes Vergleichen mit Hilfe der standardisierten Maßeinheiten Gramm und Kilogramm
- Erkennen der Invarianz von Größen sowohl bei willkürlichen als auch bei standardisierten Maßeinheiten
- Entwickeln von Größenvorstellungen (1 g, 10 g, 100 g, 500 g, 1 kg, 10 kg, 100 kg, 1 t)
- Umwandeln von g, kg und t
- Rechnen mit den Gewichtsmaßen

Material

Zwei Einkaufstaschen (in unterschiedlichen Farben) und ein Korb mit diversen Lebensmitteln vom Bäcker, für jedes Kind ein Sitzkissen, zwei Tischdecken oder entsprechendes Papier, zwei Balkenwaagen, von den Kindern mitgebrachte Waagen, ein Gewichtssatz, Folien, Kfz-Schein, Arbeitsblatt 58

1. Einheit: Wir vergleichen Gewichte (Doppelstunde)

∗ *Vorbereitung am Vortag*

Die Lehrerin besorgt möglichst haltbare und wiederverwendbare Lebensmittel, z.B. Mehl, Zucker, Kaffee, Dosenmilch, Butter, Schachtel mit 10 Eiern, eine Packung Kekse, Zwieback, Marmelade, Honig, Toastbrot, Vollkornbrot, ein Laib Brot, eine Tafel Schokolade, eine Packung Cornflakes, eine Packung Salz (für jedes Kind ein Lebensmittel). Die Gewichtsangaben werden überklebt.

∗ *Einstieg*

Die Lehrerin bringt die Dinge in einem Korb mit und stellt ihn auf den Tisch: O, da habe ich ganz schön schleppen müssen. Was meint ihr, wie schwer der Korb ist? Denkt an eure Büchertasche! → Etwa drei Kinder heben mit einer Hand die Einkaufstasche und mit der andern ihre Büchertasche und vergleichen: Die Tasche ist so schwer wie/schwerer als/leichter als die Büchertasche.

∗ *Erarbeitung: Schätzen und direktes Vergleichen von Gewichten*
Lehrerin: Ich möchte nur wissen, welche Sachen den Korb so schwer machen. Packen wir ihn einmal aus!
Jede Sechsergruppe erhält einen Stoffbeutel oder eine große Papiertüte mit sechs Lebensmitteln. Reihum ergreift ein Kind in der Tasche jeweils einen Gegenstand, errät ihn durch Ertasten und legt ihn in die Mitte des Gruppentisches.
Lehrerin: Ihr sollt nun herausfinden, welche Dinge den Korb so schwer machen. Dazu teilen wir unsere Sachen in zwei Gruppen ein, in leichtere und schwerere Dinge.
Gruppenarbeit: Reihum nimmt nun ein Kind zwei Dinge nach Wahl in die Hände und vergleicht die Gewichte, z. B.: Das Mehl ist schwerer als die Kekse... Dabei werden die Lebensmittel in zwei Gruppen (leichter/schwerer) geordnet. Jede Gruppe trägt auf einer *Folie* ihre Ergebnisse ein:

Wir vergleichen Gewichte

schwerere Dinge

leichtere Dinge

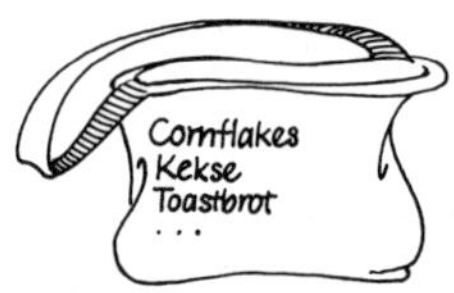

(Bei jedem Wort genug Platz lassen für das später zu ermittelnde Gewicht!)

Nun werden die leichteren Dinge von allen Gruppen in eine Tasche gepackt und die schwereren in eine andere. Drei Kinder nehmen beide Taschen in die Hand und vergleichen das Gewicht der beiden Taschen.
Lehrerin: Womit können wir überprüfen, ob wir richtig geschätzt haben?
→ Schüleräußerungen (Waage; wer kann erklären, wie eine Waage funktioniert?...)
Lehrerin: Auf dem Spielplatz gibt es ein Gerät, mit dem man auch gleiche oder verschiedene Gewichte feststellen kann. → Wippe. Erklärung der Funktionsweise im *Gespräch:* Wie eine Wippe zeigt uns auch die Waage an, ob zwei Sachen gleich schwer sind (Waagebalken gerade) oder ob eine schwerer ist als die andere. Beim schwereren Gegenstand neigt sich der Waagebalken nach unten, beim leichteren Gegenstand nach oben.
Je nach Art und Anzahl der Dinge erkennen die Kinder beim Wiegen:
- Die Tasche mit den schwereren Dingen ist tatsächlich schwerer.
- Viele leichtere Dinge sind genau so schwer oder gar schwerer als wenige schwerere Dinge.

* *Ordnen von Dingen nach ihrem Gewicht*
Die Klasse wird nun geteilt und bildet zwei Kreise mit ihrem Sitzkissen auf dem Boden. In die Mitte wird eine Tischdecke oder Papier gelegt. Ein Kreis ordnet die Tasche mit den schwereren Dingen, die andere Hälfte die Tasche mit den leichteren Dingen. Dazu nimmt reihum ein Kind zwei Dinge in die Hand, stellt fest, welches schwerer ist, und legt zur Kontrolle beide Dinge auf die Balkenwaage. So entsteht in jeder Gruppe eine Reihe mit von leicht nach schwer geordneten Dingen. (Sind entsprechend viele Waagen vorhanden, kann auch in Sechsergruppen geordnet werden.)
An der Folie wird die Ordnung durch Zahlen angezeigt, z.B. 1 Dosenmilch, 2 Kaffee, 2 Zucker (gleich schwer wie Kaffee), 3 Mehl.
Hefteintrag: Wir ordnen Lebensmittel nach ihrem Gewicht
(Jeder Kreis schreibt seine geordneten Lebensmittel in der Reihenfolge von leicht nach schwer auf.)

2. Einheit: Willkürliche Maßeinheiten als Gewichtseinheiten

* *Anknüpfung und Zielangabe*
Lehrerin: Wir haben gestern die Lebensmittel nach ihrem Gewicht geordnet. → Die Kinder wiederholen: Dazu haben wir immer zwei Dinge in die Hand genommen und das Gewicht verglichen. Dann haben wir immer zwei Dinge auf die Waage gelegt und verglichen.
Lehrerin: Wir hätten die Dinge vielleicht noch schneller nach ihrem Gewicht ordnen können. → Vorschläge der Kinder, vermutlich: Waage mit Gewichtsanzeige, Waage mit Gewichtssteinen
Lehrerin: Wir haben nur diese beiden Waagen, aber keine Gewichtssteine. Doch wir können ja andere Gegenstände als Gewichtssteine nehmen. → Vorschläge; dabei wird verdeutlicht: Das Gewichtsmaß muß immer gleich sein.
Zielangabe: Eine Gruppe wiegt ihre Dinge mit gleichen Heften aus, die andere mit gleichen Büchern (z.B. Rechenbücher).
Dann wird gewechselt. Hefte und Bücher sind unsere Gewichtssteine.

* *Wiegen mit willkürlichen Maßeinheiten*
Die Lehrerin nimmt einen Gegenstand, z.B. die Kekse, und wiegt sie mit Heften aus. Vor dem Auswiegen mit Büchern fragt sie die Kinder: Brauchen wir zum Wiegen der Kekse mehr oder weniger Bücher? ... Begründe! → Die Hefte sind leichte, kleine Gewichtssteine, die Bücher sind schwere, große Gewichtssteine. Wenn man den gleichen Gegenstand mit den kleinen Gewichtssteinen wiegt, braucht man mehr Gewichtssteine als beim Wiegen mit großen Gewichtssteinen.

Tafelanschrift:

Wir wiegen mit Gewichtssteinen:		
	Hefte	Bücher
Kekse	...	...
...		

Während die Lehrerin die Tabelle an der Tafel weiterführt, wiegen die Gruppen und tragen ihre Ergebnisse an der Tafel ein.
Seitentafel: Wir nehmen Hefte und Bücher als Gewichtssteine. Das Brot wiegt so viel wie ... Hefte. Es wiegt so viel wie ... Bücher.
Je leichter ein Gewichtsstein ist, um so (mehr) Gewichtssteine braucht man. Je (schwerer) ein Gewichtsstein ist, um so weniger Steine braucht man.
Wenn eine Gruppe fertig ist, übertragen diese Kinder die Tabelle an der Tafel ins *Heft* und ordnen dabei die Gegenstände nach ihrem Gewicht von leicht nach schwer. Dann versuchen sie, die beiden fehlenden Wörter des Lückentextes an der Seitentafel zu finden, der nach der gemeinsamen Lösung ebenfalls ins *Heft* eingetragen wird.
Inzwischen stellt die Lehrerin die Lebensmittel auf einen Demonstrationstisch.

3. Einheit: Kennenlernen der Grammgewichte

* *Vorbereitung:* Entfernen der Klebstreifen, mit denen die Gewichtsangaben überklebt wurden.

* *Anknüpfung*
  Lehrerin: Wenn du manche unserer Lebensmittel genau betrachtest, kannst du ablesen, was sie wiegen.
  Jede Tischgruppe erhält ein oder zwei Lebensmittel und sucht die Gewichtsangabe. → *Tafelanschrift 1:*
  Kleine Gewichte wiegen wir mit Gramm (g).
  Sprechreihe: Die Kekse wiegen 250 g.
  Der Kaffee wiegt 500 g.
  ...

* *Handelnder Umgang mit den Gewichten*
  Die Lehrerin zeigt einen *Gewichtssatz:* Heute habe ich „richtige“ Gewichtssteine mitgebracht. → Je zwei oder drei Kinder nehmen sich einen Gewichtsstein, lesen den Aufdruck, wiegen ihn in der Hand und sprechen: Wir haben 1 Gramm ...

Tafelanschrift 2: In unserem Kasten sind diese Gewichte:

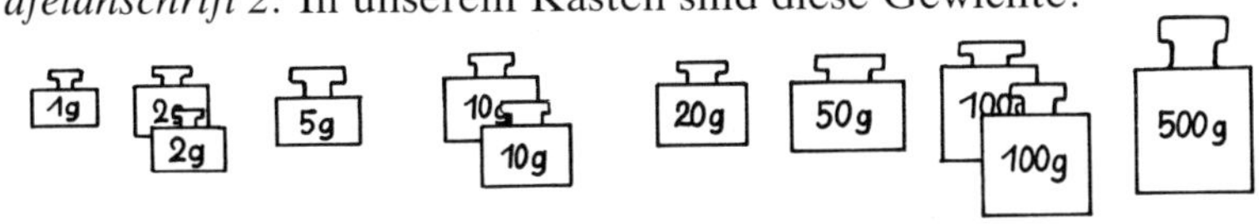

Hefteintrag: Tafelanschrift 1 und 2
Die Kinder umfahren ihr Gewicht, zeichnen einen Kreis ins Heft und tragen das betreffende Gewicht ein.
Dann tauschen sie mit anderen Kindern, zeichnen wiederum ins Heft usf., bis zum Schluß jeder alle Gewichte gehalten und umfahren hat. (Optimal ist es, wenn für jede Sechsergruppe ein Gewichtssatz vorhanden ist.)
Lehrerin: Wir prüfen nach, ob die Gewichtsangaben auf den Packungen auch stimmen. Hier habe ich die Kekse. Auf der Packung steht 250 g. Wie können wir mit möglichst wenig Gewichten wiegen? Wer einen passenden Stein hat, bringt ihn bitte her!
Tafelanschrift 3: Kekse 250 g = 100 g + 100 g + 50 g
Analog werden die weiteren Angaben überprüft und auch die Lebensmittel ohne Gewichtsangabe gewogen, bei ausreichend vielen Balkenwaagen in Gruppenarbeit.

∗ *Sicherung*
- Die Kinder übertragen Tafelanschrift 3 ins Heft (dabei löscht die Lehrerin jeweils die Zahl eines Gewichtssteins).
- Fertige Kinder können die Gewichtsangaben auf der Folie von der 1. Einheit ergänzen.
- *Hausaufgabe:* Die Kinder bringen am nächsten Tag Waagen von zu Hause mit, damit jede Gruppe eine Waage bis wenigstens 1000 g hat.

4. Einheit: Anbahnen von Größenvorstellungen

∗ *Würdigen der Hausaufgabe*
Die Kinder stellen ihre mitgebrachten Waagen vor, z. B.: Das ist eine Personenwaage (Küchenwaage, Babywaage, Briefwaage ...).

∗ *Wiederholung*
Lehrerin: Nun haben wir unsere Lebensmittel schon oft gewogen. Wer weiß noch ein Lebensmittel und sein ungefähres Grammgewicht? → Die Kinder zählen auf.

∗ *Zielangabe*
Lehrerin: Heute sollt ihr noch andere Dinge wiegen, und zuvor ihr Gewicht schätzen.

* *Erarbeitung*
Vorbereitete Tafelanschrift/Folie:

	Was wiegt ungefähr					
	1 g	10 g	50 g	100 g	250 g	500 g
geschätzt	...					
gewogen	...					

Sprechreihe, z.B.: Ich schätze, daß ein Einpfennigstück 1 g wiegt. Die von den Kindern genannten Gegenstände werden in der Tabelle eingetragen. Nun erhält jede Gruppe eine Waage, überprüft die Schätzungen und sucht unter den Schulsachen (auch Geldmünzen, Cuisenairestäbe) und Dingen im Klassenzimmer Repräsentanten zu den angegebenen Gewichten.
Im Gespräch werden die Ergebnisse gesammelt und ausgetauscht. Dabei wird die Tabelle fortgeführt.

* *Vorstellen des Kilogramms*
Lehrerin: Jetzt haben wir nur leichtere Dinge mit Gramm gewogen. Es gibt aber noch schwerere Dinge, die man mit einem größeren Gewichtsstein wiegt...
Die Lehrerin zeigt ein Kilogramm und läßt es von Hand zu Hand gehen.
Gespräch und *Tafelanschrift:*
Große Gewichte wiegen wir mit Kilogramm.

$$500\text{ g} + 500\text{ g} = 1000\text{ g}$$
$$1000\text{ g} = 1\text{ kg}$$

Erklärung: Kilo ist ein anderes Wort für 1000. 1 kg bedeutet deshalb einmal 1000 g.
In der Tabelle oben wird die *Spalte 1 kg* ergänzt. Die Kinder schätzen zuerst und wiegen dann wiederum nach.

* *Sicherung*
- *Hefteintrag:* Tabelle (nur die gewogenen Dinge) und Tafelanschrift
- Fertige Kinder können nun berechnen, wie schwer die Tasche (vgl. 1. Einheit) war.

* *Weiterführung*
- Wir backen Brot
- Gruppenarbeit: Wir stellen Fragen für unseren *Unterrichtsgang zum Bäcker* zusammen, z.B.:
  Wieviel kg Mehl/Zucker... verbrauchen Sie an einem Tag?
  Wieviel kg Brot/Semmeln/Brezeln backen Sie an einem Tag?
  Wieviel kg Weißbrot/Vollkornbrot verkaufen Sie an einem Tag?
  Wieviel kg Brotteig/Semmelteig... machen Sie an einem Tag?...

– *Sachaufgaben*

(Hinweis: Den Namen des besuchten Bäckers sowie dessen Angaben verwenden!)

Im Jahr 1800 (also vor 200 Jahren) hat jeder Mensch bei uns etwa 300 kg Brot in einem Jahr gegessen. Heute ißt jeder nur etwa 70 kg im Jahr.
Bäckermeister Weiß arbeitet täglich von Montag bis Samstag.
An einem Tag verbraucht er etwa 80 kg Weizenmehl und 50 kg Roggenmehl.
a) Wieviel Weizenmehl und wieviel Roggenmehl muß er sich für eine Woche liefern lassen?
b) Wieviel Mehl verbraucht er in einer Woche insgesamt?
Für einen Brotteig mit 10 kg Mehl braucht Bäckermeister Weiß noch 6 Liter Wasser, 180 g Salz und 360 g Hefe.
1 Liter Wasser wiegt genau 1 kg. Wie schwer ist der Teig?
Bäckermeister Weiß beginnt schon früh am Morgen, Brötchen zu backen. Zum Herrichten der Zutaten braucht er etwa 5 Minuten, für das Kneten etwa 15 Minuten und für das Formen etwa 30 Minuten. Etwa 20 Minuten müssen die Brötchen im Gärschrank liegen. Dann müssen sie etwa 25 Minuten backen und danach noch etwa 25 Minuten abkühlen. Wie lange dauert es, bis Bäckermeister Weiß die ersten Brötchen verkaufen kann? (Zeichne eine Zeitleiste! Zeichne für 10 Min. jeweils 1 cm!)

(Angaben aus: Die Bäckerei. Ein Thema für den Sachunterricht in der Grundschule. Hrsg.: Zentralverband des Deutschen Bäckerhandwerks eV, Bondorfer Str. 6, 5340 Bad Honnef, in Zusammenarbeit mit dem Lehrmittelverlag Wilhelm Hagemann, Karlstr. 20, 4000 Düsseldorf)

5. Einheit: Die Tonne

∗ *Folienbild als Einstieg:*

Wer darf über die Brücke?

Pkw Kran Schulklasse (etwa 30 Kinder)
Lkw Bagger Ochse

∗ *Erarbeitung*

Schüleräußerungen zum Bild (der Text ist vorerst noch abgedeckt): Das Verkehrszeichen bedeutet eine Tonne und zeigt, daß diese kleine Brücke höchstens eine Tonne aushält.

Tafelanschrift: 1 t = 1 Tonne
1 t = 1000 kg

Aufdecken des Textes: Die Kinder notieren auf dem *Block,* wer über die Brücke darf.

Vorlesen und Gespräch:

- Ein mittelgroßer Pkw und der Ochse wiegen etwa 1 t. Die anderen Fahrzeuge sind schwerer.
- Schulklasse: Jeder notiert sein Gewicht und multipliziert es mit 30.

Erweitern der Erfahrungen: Wo ist dir die Tonne schon begegnet?
→Verkehrsschilder 3 t/4 t, Lkw, Schiff, Kran...

Die Lehrerin zeigt ihren *Kfz-Schein* und liest daraus vor: Mein Auto, ein..., wiegt...kg. Das ist das Gewicht, wenn das Auto leer ist. → *Tafelanschrift:* Leergewicht...kg

Das Auto ist so gebaut, daß ich nur Sachen mit einem bestimmten Gewicht einladen darf. Wieviel diese wiegen dürfen, sagt mir das Ladegewicht in meinem Schein. Es sind ... kg. → *Tafelanschrift:* Ladung ... kg

Lehrerin: Beim Zuladen muß ich auch das Gewicht der mitfahrenden Personen mitrechnen. Wieviel darf ich zuladen, wenn ich z.B. 60kg wiege? → ... kg

Lehrerin: Das Leergewicht und die Ladung ergeben zusammen das Gesamtgewicht *(Tafelanschrift).* Rechne das Gesamtgewicht meines Autos aus und überlege, ob ich damit über die Brücke mit dem Schild 1 t fahren dürfte.

Auftrag: Laß dir zu Hause den Kraftfahrzeugschein eures Autos zeigen und schreibe die Marke, das Leergewicht, die Ladung und das Gesamtgewicht eures Autos auf!

∗ *Weiterführung*

- Auswertung der *Hausaufgabe:* Die Kinder lesen ihre Angaben (Marke, Leergewicht und Ladung) vor, die die Lehrerin in eine Tabelle auf einer *Folie* einträgt. Anschließend berechnen die Kinder das Gesamtgewicht.

	Autotyp	Autotyp	Autotyp	Autotyp	Autotyp
Leergewicht					
Ladung					
Gesamtgewicht					

– *Arbeitsblatt 58* Nr. ②–⑤: Es genügen Kurzantworten. *Lösungen:*
Nr. ②: 80 : 4 = 20, 20 Elefanten.
Nr. ③: 1000 kg : 50 kg = 20, 20 Tage
Nr. ④: 500 kg: 200 kg = 2 Rest 100, 3 Kamele
Nr. ⑤: 4 t × 35 = 140 t (= Gewicht des Blauwals)

Die Angaben wurden diversen Tierbüchern und Lexika entnommen.

6.2 Der Kilometer

Lernziele
- Aufsuchen einer Strecke mit der Länge 1 km und Gewinnen einer Größenvorstellung
- Schätzen von Entfernungen
- Rechnen mit m und km

Material
Ein 20 m oder 50 m-Bandmaß, zehn Schilder (100 m, 200 m ... 1000 m), etwa drei Stoppuhren, ein Softball, eine 100m-Schnur; für je zwei Kinder ein Würfel; Arbeitsblatt 58

1. Einheit: Kennenlernen des Kilometers

∗ *Einstieg: Folienbild*

∗ *Ordnen und Erweitern der Vorkenntnisse*
Schüleräußerungen und Einbringen des Vorwissens, dabei *Tafelanschrift:*

Der Kilometer
Große Entfernungen messen wir in Kilometern.
1 Kilometer = 1000 Meter
1 km = 1000 m
0,5 km = ein halber km = 500 m
Wie lange brauchen wir für 1000 Meterschritte? Ich schätze ... Minuten.

Name:	Datum:	AB 58

Gewichtiges von Tieren

(1) Wie schwer ist jedes Tier? Ordne die Gewichte nach der Größe, dann weißt du es!

1 kg 30 g 250 g 6 kg 1 t 1 g 100 kg 10 g 100 g

4 kg 10 kg 2 t 700 kg 20 g 35 kg 80 t 4 t

Fliege	☐,	Zwergmaus	☐,	Wellensittich	☐,
Frosch	☐,	Eichhörnchen	☐,	Igel	☐,
Katze	☐,	Hase	☐,	Gans	☐,
Schwan	☐,	Hund	☐,	Schimpanse	☐,
Schwein	☐,	Löwe	☐,	Gorilla	☐,
Pferd	☐,	Eisbär	☐,	Kuh	☐,
Nilpferd	☐,	Elefant	☐,	Saurier	☐

75 kg 150 kg 250 kg 600 kg

(2) Wie viele Elefanten sind so schwer wie ein Saurier?

R ______________________ A ______________________

(3) Eine Kuh braucht täglich etwa 50 kg Pflanzen als Nahrung. Für wie viele Tage reicht 1 t Nahrung?

R ______________________ A ______________________

(4) Ein Kamel kann eine Last von etwa 200 kg tragen. Bei einem VW Golf darf man etwa 500 kg zuladen. Wie viele Kamele bräuchte man für diese Last?

R ______________________ A ______________________

(5) Der Riese unter den Tieren, der Blauwal, ist so schwer wie 35 Elefanten.

F ____

R ______________________ A ______________________

∗ *Vorbereitung des Unterrichtsganges*
Die Lehrerin kündigt eine Wanderung oder einen Unterrichtsgang an, wobei ein Kilometer ausgemessen werden soll. Dazu wird eine gerade, gut überschaubare und verkehrsarme Strecke ausgewählt, entweder unmittelbar an der Schule beginnend oder auch außerhalb des Schulsprengels.
Die Kinder stellen Möglichkeiten des Ausmessens zusammen: Messen mit Meterschritten, Messen mit dem Bandmaß (bekannt vom Weitwurf), Mitnehmen eines Schrittzählers, Abfahren mit dem Fahrrad. Die Lehrerin vereinbart mit den Kindern nötige Verhaltensregeln.

2. Einheit: Der Unterrichtsgang

- Am Anfangspunkt der ausgewählten Strecke *schätzen* die Kinder, wie weit 1 km reicht.
- Nacheinander versuchen zwei Kinder, am ausgerollten Bandmaß entlang *Meterschritte* zu machen und 1 km weit zu gehen. Am geschätzten Endpunkt bleiben sie stehen. Ein Kind mißt mit der *Stoppuhr* die Zeit.
- Evtl. fährt ein zuverlässiges Kind 1 km mit dem *Fahrrad.*
- Zwei weitere Kinder marschieren mit dem *Schrittzähler* und einer *Stoppuhr* los.
- Etwa vierzehn Kinder messen mit der *100m-Schnur* 1 km aus. Nach jeweils 100 m stellt sich ein Kind mit dem entsprechenden *Schild* auf. Die Kinder mit den Schildern bleiben bis zum Schluß stehen.
- Die übrigen Kinder gehen nun mit der *Stoppuhr* 1 km ab und zählen dabei ihre Schritte (für jeweils 100 Schritte einen Finger strecken!). Bei der Ankunft notiert die Lehrerin die Anzahl der Schritte und die Zeit.
- Die Kinder vergleichen die tatsächliche 1 km-Strecke mit der geschätzten Strecke (Standpunkt der zuerst losmarschierten Kinder): ...ist zu weit gegangen, ... hätte noch etwa ... m weiter gehen müssen.
- Die Kinder gehen oder laufen zurück und überblicken nochmals vom Anfangspunkt den Kilometer.
  Sprechreihe: Von hier bis zu... (Name des Kindes mit dem Schild) sind es 100 m. Von hier bis zu... sind es 200 m...
- *Spielerische Erfahrungen:*
  Ein Kind wirft an der Kilometerstrecke entlang so oft einen Softball, bis es am Ende des Kilometers angelangt ist, und zählt, wie viele Würfe es dazu braucht.
  Die übrigen Kinder stellen sich parallel zur Strecke mit ausgebreiteten Armen aneinander und stellen fest, wie weit sie reichen. Dann setzen sie neu an und stellen fest, wie oft die Schlange in den Kilometer „paßt“.

– Bei Fortsetzung dieser Wanderung oder auf künftigen Gängen schätzen die Kinder von günstigen Standpunkten aus weitere Kilometerstrecken.

∗ *Rückblick und Zusammenfassung*
Tafelanschrift: Von ... bis ... ist es 1 km. Für 1 km habe ich ... Schritte und ... Minuten gebraucht.

∗ *Weiterführung*
– *Schulviertelrallye:* Die Klasse wird in drei oder vier Gruppen eingeteilt. Jede Gruppe erhält einen Plan mit einem anderen eingezeichnetem Weg. Unter der Beaufsichtigung von Eltern stellen die Kinder die Länge von Strecken zwischen markanten Punkten fest und tragen diese auf einem *Laufzettel* ein, z. B.:

Meine Schrittlänge: ______ cm		Entfernung	
	Schritte	geschätzt	berechnet/gemessen
mein Schulweg			
Schule–Kirche			
Schule–Rathaus			
Schule–Kindergarten			
...			

– Umwandeln von Größen
1 km 500 m = ☐ 1050 m = ☐ km ☐ m
– Ergänzen auf 1 km und Abziehen von 1 km
753 m + ☐ = 1 km 1 km − 445 m = ☐ m

3. Einheit: Deutschlandreise

∗ *Einstieg*
Die Kinder erhalten das Arbeitsblatt 59 und äußern sich dazu, z. B.: Welche große Stadt liegt am nächsten bei uns? Welche Städte kennst du? In welchen Städten warst du schon? Wie könnte man mit der Deutschlandkarte spielen?

∗ *Durchführung eines Rechenspiels*
Spielregel: Je zwei Kinder spielen zusammen. Zuerst wählt jeder eine beliebige Stadt als Startpunkt aus (z. B. Nürnberg).
Nacheinander würfelt jeder einmal und darf in beliebiger Richtung so viele Strecken weit ziehen, wie er Augen gewürfelt hat. Bei jedem Zug wird untereinander die Kilometerangabe notiert. Zum Schluß wird addiert.

Wer die größere Kilometerzahl erreicht hat, kreist sie ein. Dann wird eine neue Stadt als Ausgangspunkt gewählt, und das Spiel beginnt von neuem. Gewonnen hat zum Schluß, wer die meisten Zahlen einkreisen konnte.

Beispiel:	4 gewürfelt	notiert
	von Nürnberg nach München	167 km
	von München nach Freiburg	412 km
	von Freiburg nach Stuttgart	207 km
	von Stuttgart nach Saarbrücken	226 km
		1012 km

∗ *Sachaufgaben*

a) Herr Brumm fährt mit seinem Lastwagen von Berlin über Magdeburg nach Erfurt. Wie viele km ist er insgesamt gefahren?

b) Am nächsten Tag fährt er von Erfurt ab und legt insgesamt 482 km zurück. Seine erste Strecke ist 265 km lang. Wie lang ist die zweite Strecke? In welcher Stadt kommt Herr Brumm an?

c) Herr Brumm fährt mit seinem Laster auf der Autobahn in einer Stunde 80 km. Wie weit kommt er in zweieinhalb Stunden? Suche diese Strecke auf der Karte!

d) Herr Brumm fährt von München über Stuttgart und Saarbrücken nach Frankfurt. Wie viele Stunden braucht er mindestens für diese Strecke? (648 km : 80 km)

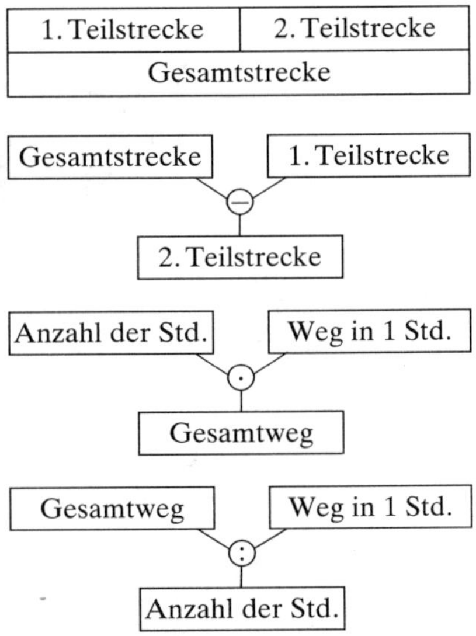

Die Kinder denken sich weitere Sachaufgaben aus.

Lokaler Bezug: Zu einer von der Lehrerin angefertigten Grobskizze des Schulviertels und seiner näheren Umgebung können die Kinder Fußgängergeschichten (4 km pro Std.) und Radfahrergeschichten (20 km pro Stunde) erfinden.

(Angaben auf AB 59 aus: Der große Shell-Atlas 82/83)

Name:	Datum:	AB 59

Deutschlandreise

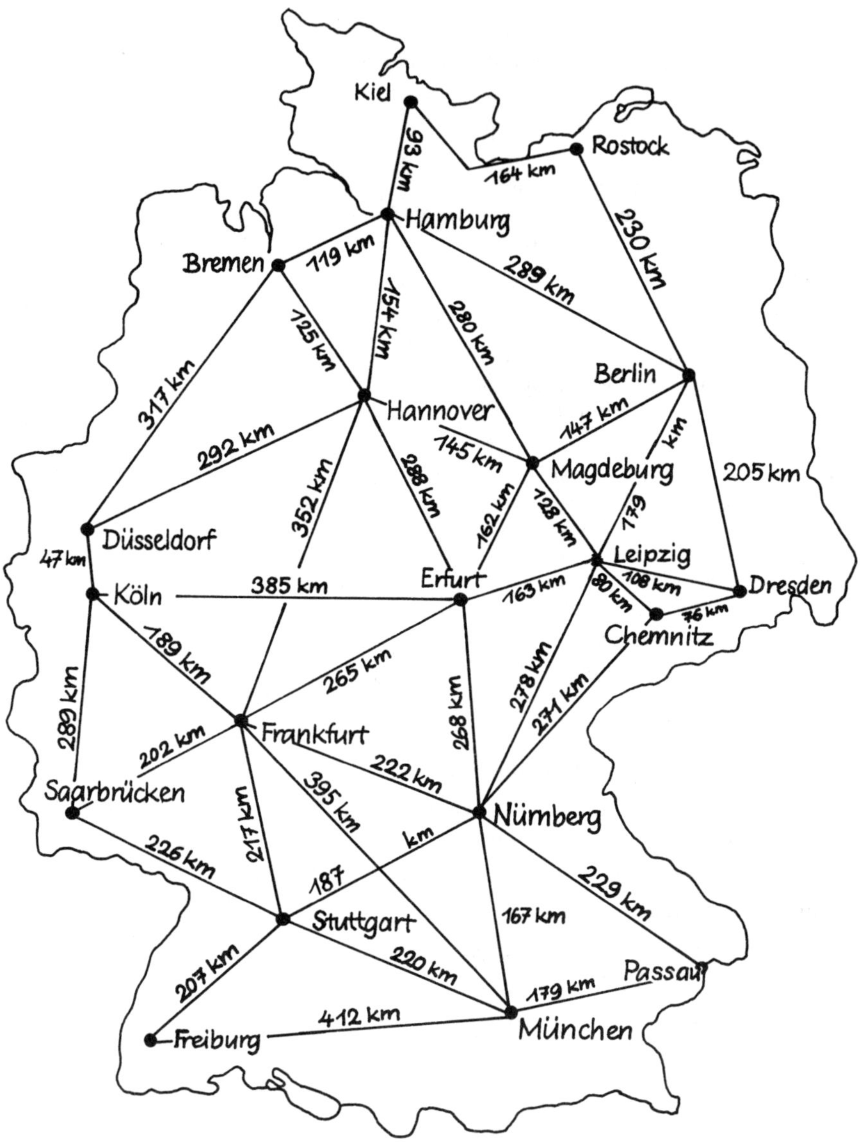

6.3 Die Hohlmaße Liter und Hektoliter

Lernziele
- Vergleichen von Gefäßen nach ihrem Fassungsvermögen
- Unmittelbares Vergleichen durch Umgießen des Inhalts
- Mittelbares Vergleichen durch Füllen mit einem willkürlichen Maß
- Gewinnen von Größenvorstellungen
- Rechnen mit den Größen

Material
Zur Demonstration: Ein Topf, Plastikdosen in verschiedenen Größen, Glaswürfel (Kubikdezimeterwürfel), Mineralwasserflasche, Schüssel, Vase, kleine Gießkanne, Teekanne, Saftkrug, Tasse, Joghurtbecher, Marmeladenglas, Würstchenglas, ein Schöpflöffel, ein Eierbecher, für jede Gruppe ein 1 l-Gefäß (keine Flasche), ein 10 l-Eimer, ein 1 l-Meßbecher, drei Wortkarten (1 l, ein halber Liter = 0,5 l, ein Viertelliter = 0,25 l), zwei 0,5 l-Meßbecher, vier 0,25 l-Meßbecher; Arbeitsblatt 60

1. Einheit: Vergleichen von Gefäßen nach ihrem Fassungsvermögen

∗ *Motivation*
Die Kinder sitzen im *Sitzkreis.*
Lehrerin: Herr Fleischmann hat Gulaschsuppe gekocht. Er hat gleich etwas mehr gekocht, denn am nächsten Tag schmeckt sie ihm besonders gut. Nun will er den Rest (Die Lehrerin hat vorher einen Topf etwa halb mit Wasser gefüllt und stellt ihn in die Mitte des Sitzkreises.) in eine verschließbare Plastikdose mit Deckel gießen. – Die Lehrerin zeigt Plastikdosen in verschiedenen Größen.
→ Problemstellung: Herr Fleischmann überlegt, welche Dose er nehmen soll.
Einige Kinder wählen eine Dose aus, in die ihrer Meinung nach der Rest paßt, überprüfen durch Umgießen und finden so die geeignete Dose heraus.

∗ *Zielangabe*
Lehrerin: Beim Kochen ist es oft wichtig, daß man abschätzen kann, wieviel Flüssigkeit in ein Gefäß hineinpaßt. Dieses Abschätzen sollt ihr später selbst üben.
Tafelanschrift: In welches Gefäß paßt mehr Wasser?
Auflösen des Sitzkreises.

* *Erarbeitung*
Jede Gruppe erhält zwei Gefäße, die sich in ihrem Fassungsvermögen nicht allzu sehr unterscheiden (s. Folie). Jede Gruppe benennt dann ihr Gefäß und gibt ihre Meinung kund. Die Gefäße mit dem jeweils größeren Fassungsvermögen werden schwarz unterstrichen.

Folie: In welches Gefäß paßt mehr Wasser?

Glaswürfel	oder Mineralwasserflasche
Schüssel	oder Topf
Vase	oder kleine Gießkanne
Teekanne	oder Saftkrug
Tasse	oder Joghurtbecher
Marmeladenglas	oder Würstchenglas

Wie kannst du es herausfinden?

Die Kinder füllen jeweils ein Gefäß mit Wasser und gießen es um. Ein Kind aus jeder Gruppe unterstreicht nun das Gefäß mit dem größeren Fassungsvermögen mit rotem Stift. Fassen beide Gefäße gleich viel Wasser, werden beide unterstrichen. Danach trägt jede Gruppe ihr Ergebnis vor.

Tafelanschrift: In welches Gefäß paßt mehr Wasser?
Gefäße sind innen (hohl).
Wir können sie mit Wasser (füllen).
Beim (Umgießen) können wir feststellen, ob zwei Gefäße (gleich) viel Wasser fassen oder nicht.

Die Kinder lesen den Lückentext, ergänzen die Wörter und schreiben den Text ins Heft, während die Lehrerin die Gefäße auf einem Tisch zusammenstellt. Für die folgende Einheit legt sie noch einen *Schöpflöffel* und einen *Eierbecher* dazu.

2. Einheit: Messen mit willkürlichen Maßeinheiten

* *Anknüpfung*
Die Kinder lesen nochmals den Text vom Vortag vor oder schildern mit eigenen Worten, was sie gelernt haben.

* *Zielangabe*
Lehrerin: Es ist umständlich, wenn man Flüssigkeiten erst umgießt, um festzustellen, ob sie in ein Gefäß hineinpassen. Doch wir können die Menge einer Flüssigkeit auch messen. → Die Kinder bringen ihre Vorkenntnisse ein. (Wenn sie den Liter bereits nennen, sagt die Lehrerin: Das stimmt. Damit werden wir später auch Flüssigkeiten messen. Doch vorher sollt ihr noch etwas ganz Wichtiges über das Messen lernen. Überlegt, wie man auch ohne den Liter messen kann.)
Tafelanschrift: Wir messen, wieviel Wasser in ein Gefäß paßt.

∗ *Erarbeitung*

Die Kinder schlagen Möglichkeiten vor.

Lehrerin: Hier auf dem Tisch steht für jede Gruppe ein Gefäß. → Die Kinder benennen die Gefäße und stellen fest: Alle fassen gleich viel Wasser. Überprüfen durch Umgießen.

Lehrerin: Jede Gruppe darf sich ein Gefäß als Meßbecher aussuchen (auf den Tisch mit den Gefäßen vom Vortag zeigen), mit dem ihr ausmessen könnt, wieviel Wasser dieses Gefäß faßt.

Die Gruppen berichten: Wir nehmen als Meßbecher das Marmeladenglas.

...

Die Lehrerin stellt einen mit Wasser gefüllten Eimer auf (je nach der Anzahl der Gruppen), aus der je ein Kind aus jeder Gruppe Wasser schöpft. Wenn eine Gruppe fertig ist, trägt sie ihr Ergebnis an der Tafel ein.

Tafelanschrift: Wir messen, wieviel Wasser in ein Gefäß paßt.
Gruppe 1: (Anzahl) Marmeladengläser
Gruppe 2: ... Tassen
Gruppe 3: ... Joghurtbecher
...

Lehrerin: Beim Umgießen haben wir festgestellt, daß in alle großen Gefäße gleich viel Wasser paßt.

Stummer Impuls: Die Lehrerin deutet auf die verschiedenen Zahlen. Erklärungsversuche der Kinder, z. B.: In das Marmeladenglas paßt mehr Wasser als in den Joghurtbecher (durch Umgießen zeigen). Deshalb kann ich das Gefäß (benennen) mit nur ... Marmeladengläsern füllen. Wenn ich den kleineren Joghurtbecher nehme, brauche ich aber ... Joghurtbecher.

...

Tafelanschrift: Wir messen, wieviel Wasser in ein Gefäß paßt.
Einen kleinen Meßbecher müssen wir (öfter) füllen als einen (großen) Meßbecher. Wir brauchen deshalb ein (gleiches) Maß.

Die Kinder lesen den Text, ergänzen die Lücken und schreiben den Text ins *Heft,* während die Lehrerin die Gefäße wiederum auf einem Tisch zusammenstellt.

3. Einheit: Messen mit dem Liter

∗ *Anknüpfung*

Lesen des Tafeltextes vom Vortag. Die Lehrerin unterstreicht „gleiches Maß“. → Die Kinder nennen den Liter.

Die Lehrerin zeigt den 1 l-Meßbecher: Das ist das Maß, mit dem bei uns Flüssigkeiten gemessen werden. Es ist ein Liter.

Tafelanschrift: ein Liter
1 l

∗ *Gewinnen von Größenvorstellungen*
Einzelne Kinder wählen vom Tisch mit den diversen Gefäßen eines aus (Ich schätze, in die Vase paßt 1 l.) und füllen es mit dem Litermaß. Die 1 l-Gefäße werden nun auf einem gesonderten Tisch gesammelt. Dazu wird eine *Wortkarte* 1 l gestellt.
Tafelanschrift: In diese Gefäße paßt 1 l: ...
Nun zeigt die Lehrerin auf die übrigen Gefäße. → In manche paßt mehr als 1 l, in manche weniger als 1 l.
Einige Kinder ordnen diese auf zwei Tischen an.
Die Lehrerin zeigt die beiden 0,5 l-Meßbecher, deutet auf den Literbecher, läßt die Kinder schätzen und vergleichen und dann umgießen.
Tafelanschrift: Zwei Becher mit je einem halben Liter enthalten zusammen einen Liter: 0,5 l + 0,5 l = 1 l
(An die Kommaschreibweise bei DM und Pf erinnern!)
Die Kinder suchen nun auf dem Tisch Gefäße, die einen halben Liter fassen, zeigen sie und prüfen nach. Diese Gefäße werden wiederum zusammengestellt und mit einer Wortkarte versehen.
Tafelanschrift: In diese Gefäße paßt ein halber Liter: ...
Analog wird mit den Viertellitergefäßen verfahren.
Tafelanschrift: Vier Becher mit je einem Viertelliter enthalten zusammen einen Liter.
0,25 l + 0,25 l + 0,25 l + 0,25 l = 1 l
In diese Gefäße paßt ein Viertelliter: ...
Schließlich werden die größeren Gefäße ausgemessen.
Tafelanschrift: In diese Gefäße paßt mehr als 1 l.
Topf 2 l, ...
Hausaufgabe: Suche zu Hause noch drei größere Gefäße und miß mit dem Litermaß nach!
Lehrerin: Für 100 l gibt es ein eigenes Maß, den Hektoliter.
Hekto ist ein anderes Wort für „hundert“.
Tafelanschrift: 100 Liter = 1 Hektoliter
100 l = 1 hl
Lehrerin: Wenn eine Badewanne bis zum Rand gefüllt ist, sind 180 l, also fast 2 hl Wasser darinnen. 1 hl Wasser reicht dann etwas weiter als die halbe Wannenhöhe.

∗ *Weiterführung:* Sachaufgaben
– Die Zahlen der folgenden Sachaufgabe werden von der Lehrerin je nach Klassensituation verändert.

Folie:

In unserer Klasse trinken in der Pause 6 Kinder einen Viertelliter Milch, 8 Kinder einen Viertelliter Kakao und 4 Kinder einen Viertelliter Saft.

a) Wie viele Liter Milch werden getrunken?
b) Wie viele Liter werden insgesamt getrunken?
c) Wie viele Liter Milch und Kakao werden pro Tag an der Schule gebraucht, wenn jede Klasse gleich bestellt hat und unsere Schule ... Klassen hat?
d) Wie viele Liter Milch und wie viele Liter Kakao muß die Hausmeisterin für eine Woche bestellen?
e) Eine Kuh liefert täglich etwa 20 l Milch. Wie viele Kühe haben unsere Schule an einem Tag mit Milch versorgt?

Hinweis: Bei a) und e) Milch und Kakao zusammenfassen!

- In einem Kasten mit Mineralwasser sind 20 Flaschen mit je einem halben Liter.
  a) Wie viele Liter Wasser sind das insgesamt?
  b) 1 l Wasser wiegt 1 kg. Eine Flasche wiegt 300 g. Der Kasten wiegt 1 kg 800 g. Wie schwer ist der Kasten, wenn alle Flaschen voll sind?

  Hast du auch einen Kasten mit Getränken zu Hause? Dann wiege und rechne!

- *Arbeitsblatt 60*

  (Angaben aus der Zeitschrift: Tu was! im Juli 1992. Domino Verlag München, S. 10)

- Weitere Informationen und Rechenanlässe zur Vertiefung der Thematik:

Mit einem tropfenden Wasserhahn werden an einem Tag 17 l Wasser verschwendet.
Beim Gang in die Toilette werden jedesmal 9 l bestes Trinkwasser in die Kanalisation gespült. Wer Wasser sparen will, muß einen Ziegelstein in den Spülkasten legen. Dann paßt weniger Wasser hinein.
Wer seine Zähne bei fließendem Wasser anstatt mit einem Zahnputzbecher putzt, verschwendet jedesmal 25 l Wasser.
Bei uns verbraucht jeder täglich rund 150 l Wasser.

Name: Datum: **AB 60**

Wasser ist kostbar!

1 Fange bei deinem nächsten Vollbad das warme Wasser mit einem 5l-Eimer auf und gieße es in die Wanne! Zähle mit, wie viele 5l-Eimer du brauchst! Zeichne am Wasserrand in der Wanne mit wasserfestem Stift einen Strich oder klebe ein Klebeband hin!

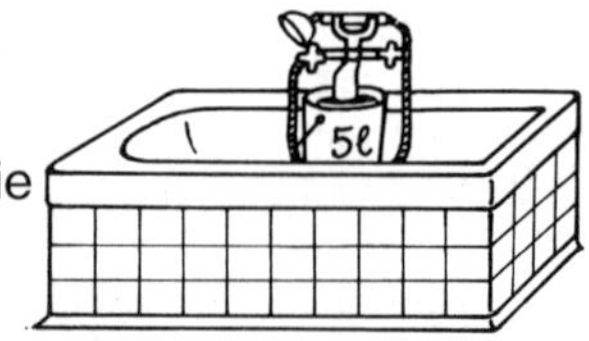

F Wie viele Liter brauchst Du für ein Vollbad?

R ☐ · 5l = ☐ l

A ________________________________

2 Duschen spart Wasser!

So kannst du es beweisen: Dusche in der Badewanne und stecke den Stöpsel in den Abfluß! Vergleiche nun die Wassermenge mit dem Vollbad! Schätze, wieviel Wasser du beim Duschen gebraucht hast! ☐ l

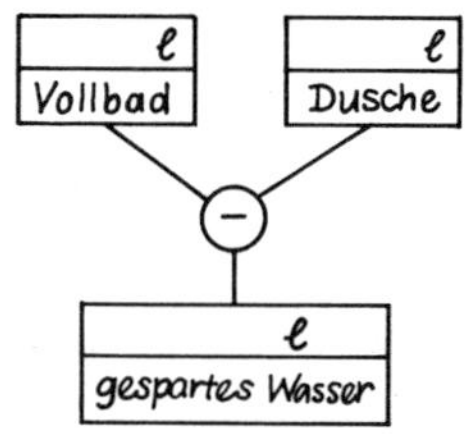

So kannst du nachrechnen: Für ein Vollbad brauchst du etwa 120 l. Für jede Minute, die du duschst, brauchst du eine 10 l-Gießkanne voll Wasser. Wieviel Wasser kannst du sparen, wenn du das Duschen in 5 Minuten schaffst?

R 120l – ☐ · 10l = ☐ l

3

Ein Mensch besteht fast zu drei Vierteln aus Wasser. 1 l Wasser wiegt genau 1 kg. Halbiere dein Gewicht und halbiere die Hälfte nochmals! Zähle nun die Hälfte und ein Viertel zusammen, dann weißt du, wie viele Liter Wasser in deinem Körper sind!

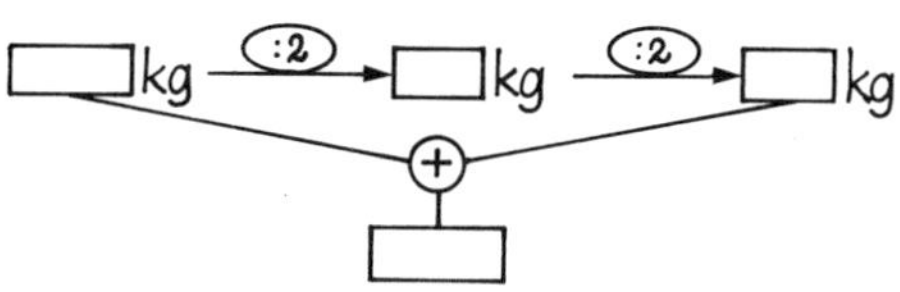

A ________________________________

____

____

Literatur

Anselm, Hans: Mathematikunterricht in der Grundschule. Theorie, Methode, Lernziele, Beispiele. München 1979

Floer, Jürgen/Haarmann, Dieter (Hrsg.): Mathematik für Kinder. Grundlegung – Beispiele – Materialien. Weinheim/Basel 1982

Floer, Jürgen (Hrsg.): Arithmetik für Kinder. Materialien – Spiele – Übungsformen. Frankfurt a.M. 1985 (Arbeitskreis Grundschule, Band 63)

Kriegelstein, Alfred: Der Mathematikunterricht in der Grundschule. Handreichungen zum bayerischen Lehrplan. München 1975

Lauter, Josef (Hrsg.): Der Mathematikunterricht in der Grundschule. Donauwörth 1976

Lehrpläne:
- Baden-Württemberg: Lehrplan Grundschule Mathematik
- Bayern: Lehrplan für die Grundschule 1981
- Hessen: Rahmenrichtlinien. Primarstufe Mathematik 1976
- Nordrhein-Westfalen: Grundschule. Richtlinien Mathematik 1985
- Rheinland-Pfalz: Lehrplan Mathematik Grundschule 1984

Leutenbauer, Helmut: Das praktische Übungsbuch für den Mathematikunterricht in der Grundschule. Donauwörth 1982[2]

Lichtenstein-Rother, Ilse/Röbe, Edeltraud: Grundschule – Der pädagogische Raum für Grundlegung der Bildung. München/Wien 1982

Müller, Gerhard/Wittmann, Erich: Der Mathematikunterricht in der Primarstufe. Braunschweig 1977

Naudersch, Hans: Sachrechnen in der Grundschule. München 1989

Radatz, Hendrik/Schipper, Wilhelm: Handbuch für den Mathematikunterricht an Grundschulen. Hannover 1983

Regelein, Silvia: Der gesamte Mathematikunterricht im 2. Schuljahr. München 1990

Regelein, Silvia: Lernspiele im Mathematikunterricht. Neue Lernspiele für die Grundschule. München 1988

Schlagbauer, Albert (Hrsg.): Kopfrechnen aktuell. 3. Jgst. Donauwörth 1978